农产品市场营销

赵意焕　主编

王妍　孙楚　副主编

郑州大学出版社

图书在版编目(CIP)数据

农产品市场营销／赵意焕主编；王妍，孙楚副主编. —— 郑州 ：郑州大学出版社，2024.5

ISBN 978-7-5773-0209-6

Ⅰ. ①农… Ⅱ. ①赵…②王…③孙… Ⅲ. ①农产品 – 市场营销学 – 研究生 – 教材 Ⅳ. ①F762

中国国家版本馆 CIP 数据核字(2024)第 046759 号

农产品市场营销

NONGCHANPIN SHICHANG YINGXIAO

策划编辑	胥丽光		封面设计	王 微
责任编辑	邰 静		版式设计	王 微
责任校对	樊建伟		责任监制	李瑞卿

出版发行	郑州大学出版社		地 址	郑州市大学路 40 号(450052)
出 版 人	孙保营		网 址	http://www.zzup.cn
经 销	全国新华书店		发行电话	0371-66966070
印 刷	郑州宁昌印务有限公司			
开 本	787 mm×1 092 mm 1 / 16			
印 张	16.25		字 数	357 千字
版 次	2024 年 5 月第 1 版		印 次	2024 年 5 月第 1 次印刷

书 号	ISBN 978-7-5773-0209-6		定 价	49.00 元

前　言

本教材的内容体系服务于农业管理专业硕士研究生的培养目标,对于其他层次相近学科亦有一定的适用性。随着乡村振兴战略的不断推进、农业农村现代化进程的加快,农产品市场营销实践走在理论前面的现象更加突出,有必要及时更新完善有关农产品市场营销教材。在农产品市场营销课程中,既需要有足够的基础性、系统性的理论知识,也需要有紧跟时代的先进理念、先进技术在农产品市场营销中的实践经验总结与推广应用。

本教材以马克思主义商品生产、商品交换的相关论述为理论指导,借鉴国内李崇光的《农产品营销学》和美国学者理查德·库尔斯、约瑟夫·乌夫的《农产品市场营销学》,结合近年来农产品市场营销实践中的新做法、新经验、新应用,根据农业管理专业硕士的培养目标,构建了适用于农业管理专业的《农产品市场营销》教材,突出基础性、专业性、先进性、简洁性。基础性是指内容包含农产品市场营销比较完整的理论体系;专业性是指内容更加突出农业管理领域所需要的专业性农产品市场营销知识;先进性是指在各部分内容中融入最新技术应用;简洁性是指各部分内容要点突出,阐释精炼。

前三章是关于农产品市场营销的理论与方法的内容,属于基础性内容,即第一章农产品市场营销概述、第二章农产品市场竞争与市场营销环境、第三章农产品市场调查预测与计划控制。专业应用性内容具体安排在第四章至第七章,内容分别为农产品市场营销策略、农产品市场营销的功能与管理、农产品分类营销、农产品国际市场营销。第八章至第十章内容体现创新性、前沿性,目的是综合提升当前乡村振兴中产业经营主体中农产品市场营销实践经验,突出农产品市场营销中的最新实践,这三章的内容分别为:现代农业产业园的农产品市场营销、新技术在农产品市场营销中的应用、农产品市场营销的信息化平台及其应用。

本书内容框架设计、审核通稿工作及第一章至第三章内容的撰写由河南农业大学文法学院赵意焕教授完成;第四章至第七章由河南农业大学文法学院王妍副教授完成;第八章至第十章由河南农业大学孙楚老师完成。本教材是在2023年河南省研究生精品教材项目"农产品市场营销"(项目编号:YJS2023JC15)和2023年河南农业大学研究生精品教材项目"农产品市场营销"的支持下完成的。

编　者

2024 年 3 月

目 录

农产品市场营销概述

本章主要介绍农产品市场营销理论与实际产生的社会条件、发展历程、农产品市场营销的职能特点、农产品市场营销的研究方法等内容。通过本章的学习,能够对农产品市场营销理论的内容框架有基本的认识,对农产品市场营销实践活动能获得初步的基于唯物史观的审视和理解。

第一节　农产品市场营销理论

一、农产品市场营销理论的产生

人类社会第一次把劳动产品作为商品进行交换,交换的就是农产品。尽管农产品作为商品进行买卖的历史是最长的,但是作为一门理论知识,农产品市场营销的历史并不太长。农产品市场营销作为一门理论知识,产生于资本主义工业革命以后。西方资本主义国家在工业化进程中,通过各种途径,使农村人口成为城市的雇佣工人,农村逐步成为具有一定资本的农场主经营的领域。有土地、有资本的农场主可以直接雇佣劳动者生产经营农产品,也可以出租给其他生产者进行经营。不管由谁来负责生产经营,在资本主义生产方式下,生产的农产品主要是为了作为商品来销售。在资本主义社会中,商品生产成为占统治地位的生产方式。"社会一旦有技术上的需要,则这种需要就会比十所大学更能把科学推向前进。"①理论来自实践。随着农产品作为商品生产的深度、广度的不断增加,伴随商品生产、商品交换而产生的对实践经验总结的农产品市场营销理论就产生了。

商品生产方式成为占统治地位的生产方式是西方资本主义国家的主要特征,因而农产品市场营销理论也最早出现在西方国家。"生产力按几何级数增长,而市场最多也只是按算术级数扩大。"②在无止境的赚钱欲望驱使下,农产品生产数量急剧增加,而现有市场承载量

---

① 马克思恩格斯全集(第39集)[M].北京:人民出版社,1974:198.
② 马克思.资本论(第一卷)[M].北京:人民出版社,2018:34.

有限,再加上贫富两极分化,必然导致周期性经济危机的爆发,资本家把牛奶倒入垃圾池,也不会送给劳动人民食用。这种社会机制迫使农产品生产经营者寻找农产品的销售出路,服务资本家的政府也出台相关政策予以支持。这些社会实践促成了农产品市场营销理论的产生和发展。

欧美现代农产品营销的理论最早出现于美国。约翰·富兰克林·克罗威尔1901年撰写的《产业委员会产品分销报告》,被认为是已知有关农产品营销的最早文献[1]。在该报告中,克罗威尔对农产品的销售过程进行了分环节的描述,包括农产品从生产者进入消费者手中的分销体系,以及货币在这个体系中各环节的分配比例等。1903年,本杰明·H.希巴德在威斯康星大学开设了"农产品合作市场营销"课程;1916年,L.D.H.韦尔德出版了《农产品市场营销》;1921年,本杰明·H.希巴德出版了《农产品营销学》;同年,西奥多·麦克林出版了《有效的农业营销》。上述成果被认为是农产品营销理论的奠基之作。1932年,弗莱德·克拉克和韦尔法出版了《农产品市场营销》一书,该书对农产品营销职能进行了分类研究,把农产品营销职能划分为集货(收购)、加工、分级、包装、储存、运输、融资、承担风险、标准化和销售等职能,这就使农产品市场营销理论逐步成为参与农产品经营的各类人员开展工作的指导性内容。

二、农产品市场营销理论的发展

农产品市场营销理论随着商品经济、市场经济的发展而发展。20世纪30年代的资本主义世界经济大危机的根本原因就是供给与需求不匹配,大量商品积压,劳动人民无力购买。西方学者只看现象,不挖掘问题产生的本质,就把造成农产品积压的原因归于经营者的营销策略、营销技能问题,进而把研究目标定位于如何提升农产品市场营销技能,并不断丰富拓展农产品市场营销的理论领域。此外,在这个时期,新发明的冷冻技术使食品加工与市场逐渐分离,食品经过加工,可以通过冷冻技术长距离运输到新的销售市场。同时,越来越多的超级市场出现了,需要更有规模、更有效率的农产品营销活动。20世纪60年代,农产品营销主要关注农产品的加工、运输、储藏和销售问题;20世纪80年代以后,农产品营销理论越来越重视农产品营销与生态环境的关系等问题,研究内容逐步拓展到产前、产中、产后全过程及国际营销领域。

随着人们对生态环境、食品安全等问题的关注度增加,农产品营销的理论内容也在与时俱进地发展,农产品绿色营销理论就是其中一项重要内容。农产品绿色营销的内涵是农产品营销的组织或个人的营销活动在追求自身利益的同时,必须兼顾消费者和社会的利益,在农产品开发、生产、流通和服务的全过程,避免对自然资源的浪费,避免对社会和自然环境的

---

① 李崇光.农产品营销学[M].2版.北京:高等教育出版社,2010:18.

危害,促进自然生态和社会生态环境的持续发展。随着绿色可持续发展理念的不断强化,越来越多的生产者和消费者都关注农产品从田间到餐桌的全过程安全问题。构建生态园、在生态园体验绿色生产过程等新营销形态开始出现。随着以互联网为核心的现代信息技术的发展和应用,农产品的网络营销得到快速发展,网络营销平台的构建和使用、网络消费群体的形成等成为农产品营销理论的新内容。

农产品营销理论源自美国,并在美国得到持续发展,美国农产品营销学者及其理论就成为世界农产品营销理论领域的权威,影响最大的是美国普渡大学学者理查德·库尔斯。理查德·库尔斯于1955年出版了《农产品营销学》第一版,随后在1961—2002年,相继推出了第二版至第九版。第九版包含的内容十分广泛,主要包括市场营销学问题框架、食品市场和机构、价格和销售成本、职能和组织问题、政府和食品营销、商品营销等。该书在理论基础方面综合了经济学和管理学的相关知识,根据不同农产品生产、流通、消费等内容,结合政府关于各类农产品的价格管控政策等问题,比较具体全面地论述了农产品的市场营销行为及其规律。1998年,由美国加州州立理工大学、澳大利亚蒙纳士大学和新西兰梅西大学三所大学的教授联合出版的《食品营销学——国际的视野》,是一项现代农产品营销学国际合作研究的重要成果。

三、农产品市场营销理论的主要内容

农产品市场营销理论的研究对象是农产品营销整体活动及其发展规律,即研究农产品生产与经营企业、个人以及相关社会组织如何从满足消费者或社会需求出发,有计划地组织农产品生产、集货、分类、加工、包装、运输、储藏、销售和服务,从而实现盈利目的。农产品市场营销理论是对农产品作为商品进行生产、流通、消费的各个实践环节、实践内容的理论概括,它的具体内容随着社会实践的发展变化而演变。对于农产品市场营销理论所涉及的主要内容,可以从不同的角度来把握。从宏观层面来看,农产品市场营销涉及国内外的政策环境、地域文化、经济发展水平等方面,国内国际农产品市场的构建和经营,就需要对各种宏观影响因素进行深入的调研和把握。从微观层面来看,农产品市场营销涉及成本与收益的比较,涉及生产经营效率的控制,涉及对不同消费者、不同流通渠道的认识和把握。多数研究者从农产品自身独特属性出发,研究不同农产品的市场营销策略。因而,农产品市场营销理论也包括对农产品属性的分析、对不同类型农产品市场营销策略的分类研究等,如谷物营销、棉纤维营销、畜牧产品营销、园艺产品营销、油料作物产品营销、烟草营销等。

农产品的含义十分宽泛,按照农产品分级与标准化体系的定义,农产品包括农业、畜牧业、水产业、林业等产品,如粮、棉、油、麻、果、蔬、茶、肉、蛋、奶、鱼、烟、糖、菌、花、木、竹、皮、毛等内容。每类农产品,又可以进行不同角度划分,例如,把果蔬根据季节划分为时令果蔬与非时令果蔬;根据品质划分为绿色有机果蔬和普通果蔬;根据生产方式划分为设施农业果蔬和非设施农业果蔬。任意一种果蔬,例如苹果又可以根据产地、营养、口感、大小、颜色等进行不同的划分。不同种类的农产品,意味着有不同的市场,需要不同的营销策略,因而农产品营销实践十分丰富,相关的营销理论也具有多样化特征,不同的研究者往往侧重于对某几个方面进行研究。对于作物农产品营销的教学理论体系,多数农产品营销教材主要侧重于农产品的市场分析、价格控制、营销渠道及方式、流通效率、分类别营销策略等内容。

在理查德·库尔斯第九版《农产品市场营销学》的教材中,作者用较多的章节分析与食品有关的市场营销问题,涉及的主要内容有:食品市场营销介绍,农业和食品市场分析,食品消费和营销,食品加工和制造,食品的批发和零售,国际食品市场,食品市场中的竞争,农产品和食品价格,食品营销成本,食品市场组织结构的改变,食品行业中的合作,食品储藏,食品营销控制。在该教材的其余章节中,尽管没有以食品作为主题词,但是同样也属于食品类的农产品,例如牛奶和奶制品营销,家禽和蛋类产品营销,谷物营销,水果和蔬菜营销等。可见在这个被公认为权威的农产品市场营销教材中,重点是食品类的市场营销理论。

农产品市场营销的理论体系可以从不同的方面进行构建,理查德·库尔斯的农产品营销理论体系分为六个方面:①市场营销学问题架构,从总体上论述什么是市场营销、市场营销过程,侧重于研究食品市场营销的相关问题;②食品市场和机构,着重分析食品偏好、食品消费模式、食品科学和食品营销、食品加工商的管理、食品批发零售与食品商店、美国食品进出口与全球食品贸易等;③价格和销售成本,主要研究食品价格与市场供求关系、食品市场竞争状况、影响农产品价格的因素、在商业周期中农产品的价格与成本、食品营销费用、营销盈余与食品价格之间的相互关系等;④职能和组织问题,主要研究食品市场的专业化及组织化、食品产业及农业产业的购并联盟整合、食品行业合作社的类型、食品行业现代合作社存在的问题、市场开放和需求扩展、市场力量和谈判力量、市场信息、标准和等级、食品产业的运输、食品储藏业务、食品及农产品风险管理和期货市场等;⑤政府和食品营销,主要研究政府对农产品市场价格的干预、农产品市场管制与消除垄断、促进消费者健康安全的政策制度等;⑥商品营销,着重研究主要食品类别的营销策略,如牲畜和肉类加工行业的分散化经营、奶制品营销渠道、家禽的生产与销售、谷物与油料作物行业结构与竞争、农产品国际贸易等。

四、中国特色农产品市场营销理论

农产品作为商品生产在我国漫长的历史中从未占据重要地位,也不存在农产品销售难题。部分农产品销售难是改革开放以来才出现的问题,因而对农产品市场营销能力的要求也仅仅是最近几十年的事情。中国以中国特色社会主义市场经济为特征,既发挥市场在资源配置中的决定作用,也很好地发挥政府指导作用。从脱贫攻坚到乡村振兴,社会主义社会集中力量办大事的优越性得到充分体现,农产品生产与经营成为需要动员举国力量的大事,中国特色农产品市场营销理论就产生于这样的时代条件之下。在新中国成立后的集体经济、计划经济时代,农产品营销问题不是主要问题,不存在农产品销售难的问题。进入社会主义市场经济时代,国外廉价农产品大量涌入国内,国内农产品受市场价格影响,导致部分农产品滞销、部分农产品脱销的现象时有发生,因而内在地要求提升农产品市场经营能力,推动了农产品市场营销理论的形成和发展。

为了促进农产品顺利进入市场,保障农产品生产者的基本收益,国家一直通过重要政策进行管控。2023 年中央一号文件对农产品生产经营提出了多方面的指导意见。文件指出引导大型农业企业发展农产品精深加工;引导农产品加工企业向产地下沉、向园区集中,在粮食和重要农产品主产区统筹布局建设农产品加工产业园;要完善农产品流通骨干网络,改造提升产地、集散地、销地批发市场。并要求各地相关部门根据中央一号文件的部署,尽早优化本地的交通运输条件,为各类物流经营者提供更加完善的交通基础设施。各县乡村镇需要对农产品产地、集散地、销地批发市场的场地规模进行适当扩展,能够提供较好的配套设施及服务。各地都要布局建设一批城郊大仓基地,支持建设产地冷链集配中心。文件还明确指出乡村产业的集散地是县城或城市郊区,这里有条件建设一定面积的农产品仓库,从而汇聚附近各乡村产业主体生产经营的产品。由上述可见,农产品生产、流通、储存、消费等问题,都需要各级政府予以关注、支持,同时各对口帮扶单位也承担了农产品营销的部分任务。这些做法具有中国特色,从而使中国特色农产品市场营销理论区别于西方资本主义国家的内容。

中国特色农产品市场营销理论的构建者在充分借鉴西方资本主义国家的管理学、经济学、市场营销学的知识体系基础上,结合中国农产品生产营销实践,从不同维度丰富了农产品市场营销内容。中国特色农产品市场营销理论不仅重视理论的构建和发展,也非常重视理论对现实的指导作用,出版了许多具有可操作性的农产品市场营销著作。这类著作一般首先介绍农产品营销的基础理论内容,包括农产品营销基本概念、农产品市场环境分析、农产品市场营销调研与预测、农产品营销的主要策略等。其次着重阐述农产品营销策划与实施的相关内容,包括农产品营销策划书的写作、农产品开发与宣传策划、农产品企业形象设计与策划等。最后结合当前营销实践,策划一些重要主题性农产品营销方案,如国内外主要节庆日的农产品营销、观光体验式农产品营销、文化创意旅游中的农产品营销等。

国内影响比较大的农产品市场营销理论成果,是由华中农业大学经济管理学院李崇光教授带领团队主编的《农产品营销学》。这本教材由 2004 年的第一版更新到 2021 年的第四版。这本教材是在对国内外相关理论和实践的充分把握基础上形成的,理论体系比较全面。在第四版中,把全部内容分为五部分,第一部分是农产品营销原理,内容包括农产品营销的基本概念和研究方法,农产品市场与营销环境分析,农产品消费者分析,农产品营销计划与控制等。第二部分是农产品营销策略,内容包括农产品的产品策略、价格策略、渠道策略和促销策略。第三部分是农产品营销职能与功能,内容包括农产品供应链管理、农产品标准与分级、农产品期货市场等。第四部分是农产品分类营销,分别介绍了谷物、棉纤维、畜牧产品、园艺产品、油料作物、烟草等产品的营销策略。第五部分是农产品网络营销与国际营销,内容包括农产品网络营销的运营模式、农产品新媒体营销,农产品国际目标市场的细分和选择、农产品国际市场营销策略。

五、学习农产品市场营销理论的态度与方法

尽管作为一门学科,农产品市场营销理论源自西方资本主义国家,但是并不意味着我国在农产品市场营销的理论与实践方面与西方有太大的差距,也不意味着学习和掌握这门学科知识有太大的难度。实际上,在经济学、管理学等领域,西方学者的研究比较侧重于对社会现象的描述,在农产品市场营销方面也是如此。能够解决农产品市场营销中存在的根本问题的是生产方式。生产决定交换与分配,生产方式的优化才利于农产品的生产、流通与消费。在中国特色社会主义市场经济环境下,最根本的指导思想是马克思主义,特别是马克思主义政治经济学。因而要学好农产品市场营销理论,首先要学习好马克思主义政治经济学,从生产方式中寻找市场营销中存在的各种难题及应对策略。

我国传统文化中有"无奸不商""买卖心不和"的朴素认识,这是对单纯以赚钱为目的的商品生产、商品交换的一种观点。要通过农产品市场营销理论的学习,成长为具有科学态度、科学方法的农产品市场营销人才,就需要从农产品生产者和消费者双方的关系及诉求来领悟各个知识要点。农产品市场营销所研究和表述的内容是服务于农产品经营者一方的,而在实践过程中,农产品经营者需要站在消费者一方考虑问题,因为每一个农产品经营者都不可能经营全部的农产品,也就是说每一个农产品生产经营者同时也是农产品的消费者。这就要求农产品市场营销的研究者、学习者和实践者,能够从消费利益共同体的角度出发,构建有益于生产者和消费者双方的农产品市场营销知识技能,使生产者能够供应有利于消费者健康的农产品,使消费者能够认同和支持生产者。用科学技术、科学态度维护农产品生产者、经营者、消费者的利益,有效避免出现"无奸不商""买卖心不和"等社会现象。

要想掌握好农产品市场营销理论,还需要充分了解该学科属于交叉学科的属性。农产品市场营销学融合了经济学、管理学、市场营销学等学科知识,是从经济学分离出来的一门学科。随着社会实践的发展变化,各类学科知识也在发展变化,当前的农产品市场营销理论中更加广泛地吸收了经济学、管理学、心理学、社会学、农学、生态学、园艺学等学科的精华,成为一门新型的、交叉型的学科。因而要学习好农产品市场营销理论和技能,就需要学习掌握上述学科的部分基础知识。农产品市场营销是市场营销学在农产品领域的应用,需要充分考虑农产品的独特属性,而农产品是十分庞大的一个体系,即使同一类别的农产品也会有许多差别,根据产品不同制定和应用不同的营销策略是一个基本原则。农产品营销理论同样离不开对具体农产品的研究。因而学习农产品营销理论,还需要结合特定农产品自身特

征去学习。

农产品生产经营方式随着时代的发展在发展变化,特别是以互联网为核心的现代信息技术的发展与应用,对农产品市场营销活动带来了巨大的影响。直播带货、网红经济、订单农业、采摘农业、体验经济、农业生态园等营销模式对传统营销方式带来巨大冲击。理论来自实践,理论滞后于实践,是农产品市场营销领域的一个显著特征。学习和应用农产品市场营销理论,需要以掌握基本原理为基础,以实践应用为目标,以新技术新应用为导向,不断学习农产品市场营销中的新知识、新技能,以理论指导实践,以实践理解理论。

第二节　农产品市场营销实践的历史演进

农产品的生产活动始终伴随人类,但是作为商品生产的农产品并不是在人类历史每个阶段都存在。农产品作为商品生产的生产方式占统治地位的历史更是短暂,从而农产品市场营销实践的历史并不久远。在漫长的人类历史中,尽管早就出现了商品生产、商品交换,但是商品生产方式一直没有占据统治地位,农产品生产的目的主要是满足生产者或生产者所服务人群的自身需要,而不是作为商品来生产的。当商品生产成为占统治地位的生产方式,即人们生产的一切产品都是作为商品来生产的,农产品也是如此,这样的社会中必然会产生销售难的问题。之所以需要发展农产品市场营销理论,正是因为在现实中出现了农产品销售不出去的难题,这个难题最早就出现在资本主义生产方式中。农产品市场营销实践是伴随着商品生产方式成为占统治地位的生产方式而产生的,也将随着商品生产方式的消亡而消亡。

一、资本主义国家早期的农产品市场营销实践

最早出现农产品销售难的国家是美国,19世纪上半叶末期,美国烟草成为第一种过剩农产品。殖民政府和种植业主为了避免烟草生产过剩,主要采取的办法是在烟草生产的不同阶段控制产量和价格。在美国南北战争结束后,西部大开发活动极大增加了农场的耕地面积,而农场主以销售农产品为主要目的。美国开始在国内建立现代农产品营销系统,尽管如此,仍然存在大量农产品销售困难的情况。为了解决农产品滞销问题,美国逐步发展起来许多大型的食品加工企业和各类农产品市场体系。1848年,芝加哥同业行会成立,不久就发展成为美国数一数二的粮食交易市场。1865年,芝加哥成立了全国畜牧产品交易市场,该市场很快成为当时世界上最大的牲畜市场。19世纪70年代,冰块开始用于保存肉类产品;80年代,带冷藏设备的货运火车开始出现,带动了大型全国性包装工厂的产生;80年代末,美国明尼阿波利斯成为全国谷物加工中心,带动了现代谷物加工厂和企业的产生和发展;

1880 年,锡罐和其他罐状容器的生产和使用,促使大规模的水果和蔬菜进入罐头制造领域。在这一时期,交通运输业也在快速发展,为农产品的远距离运输和销售创造了条件。

农产品生产、加工和销售业务量的增加,导致了农产品销售领域的垄断现象和不道德行为的产生。农场主开始有组织地抗议铁路系统的不合理收费,抗拒中介从中渔利,农产品营销实践中出现了极大的混乱现象。这些问题的解决需要政府的干预。1887 年,美国通过了《州际商业法案》,授权州际商业委员会监控州际货运价格;1890 年,美国通过了《谢尔曼法案》,奠定了反垄断政策的基础,同时开始关注和严格管理私人农产品经营活动。在农产品市场营销实践中,美国从早期拓展国外市场,逐步转变为开拓国内市场。1908 年,美国农业部的海外市场部更名为生产和分配部。1914 年,美国国会成立了市场办公室,用于收集和发布有关农产品市场的信息。第一次世界大战以后,美国农产品市场又发生了新的变化,主要表现为通过控制生产能力影响消费能力。美国政府不断帮助调整国内农产品市场营销方式,帮助整个国内市场营销系统提高效率和稳定秩序,并出台系列法案,控制农产品市场营销中的不道德行为。在这个时期,美国先后出台了《包装行业法案》《牲畜产品法案》《商品交易法》等法案,主要用于控制市场中介的不道德行为,目的是使国内市场更有效率。

二、20 世纪 30 年代经济大危机后的西方农产品市场营销实践

1929—1933 年资本主义世界经济危机源自美国,资本主义国家爆发经济危机是社会化大生产与生产资料私人占有之间矛盾激化的表现,但是资本主义经济学家意识不到这一点。在经济危机期间,大量商品积压卖不出去,农产品同样如此。一方面大量牛奶等农产品被生产者当作垃圾倒掉,另一方面失业工人衣不蔽体、食不果腹。资本主义国家的学者只是从经济表象看待问题,认为大量农产品卖不出去,是因为农产品市场经营体系不完善,农产品市场营销技能有待提高,为此更加重视研究和发展农产品市场营销理论与技能。这次世界经济危机使农产品价格合理化问题成为一个难题,研究者开始转向农产品的产量控制问题。在逐利型商品市场方式下,生产越多,才能够卖出去越多,多生产多盈利是基本原则。经济危机爆发后,主张政府干预经济的凯恩斯主义开始被各国重视和应用,各国纷纷出台干预经济活动的政策法案,促进就业,刺激需求,并规范市场交易准则。1930 年,美国出台了《鲜活农产品法》,规定了水果和蔬菜交易的发展和规范。该法案要求具有一定规范的果蔬经营企业必须在农业部登记,申请许可证。该法案还对农产品交易方式进行了法定限制,例如要求签订合约;对不公正交易有明确的处罚(停业、吊销执照和罚款等)。这一时期,英国出台了《考文特花园市场法》,日本出台了《中央批发市场法》,韩国出台了《安农法》等。资本主义国家企图通过出台农产品市场规范法案,优化供需关系,促进农产品生产流通的顺利进行。1936 年,美国又出台了《鲁滨逊-帕特曼法》,主要内容是关于农产品的交易规则和销售规程。这个法案的大多数条款都是针对食品行业制定的,主要用于防止那些在市场上影响比

较大的公司依靠自身优势采取对其他竞争者不公平的手段，从而使买方和卖方能够在相对平等的机制中进行交易。

赚钱是资本主义生产的唯一目的，农产品作为商品来生产就是为了赚钱，只有不断扩大再生产，不断拓展销路，才能够持续增加销售收入。为了能够持续扩大再生产，不断获得更多盈利，资本主义国家动用各种手段，第二次世界大战的爆发，就解决了产品销路问题。战争能够带来大量需求，在战争期间，农产品的生产与销售都不再是一个难以解决的问题了。在第二次世界大战结束以后，战争带来的需求已经成为过去，人们重新回归到正常的供需关系环境中，农产品产出的增加再一次超过了市场营销机制的进步。资本主义经济学家认为，只要农产品市场营销系统能够更好地运行，所有的农产品都能够以比较合理的价格售出。美国政府再次开始重视农产品市场营销问题，1946 年，美国国会通过了有关市场分析和研究的法案。在法案中，美国国会批准将一笔资金专门用于对市场营销各个方面的研究。这样的政策支持使"二战"后美国对市场营销各方面的研究有了长足发展，同样也使农产品市场营销的研究取得了多方面的发展。

美国是第二次世界大战的受益国，"二战"后美国民众生活水平快速提高，消费者对农产品的数量、质量和消费服务有了更多的需求。需求的增加促进粮食加工业和营销服务业的发展。越来越多的食品加工是由专业的市场营销企业提供的，减少了消费者在这方面的负担。食品零售商店业务技能也不断改进，经历了革命性的转变，超市越来越大众化，自助式的营销机制不断完善。这个时期速冻技术开始得到广泛应用，交通运输业也不断发展，通信技术的不断提高，很多市场营销活动都由本区域或当地市场扩展到了全国范围，各种连锁经营模式不断涌现。早期就建立起来的中央市场机构被相对分散的市场经营活动所代替，不断增加的劳动力成本促使人们更加重视市场营销系统的机械化和标准化。越来越多的研究者认识到，解决农产品市场营销的主要方法是如何提高农产品市场营销的效率。

三、20 世纪七八十年代以来的西方农产品市场营销实践

20 世纪七八十年代以来，世界总体形势处于和平发展状态，以互联网为核心的现代信息技术得到快速的发展和应用，个性化需求日益突出，人们对自然和自身的认识得到进一步发展，绿色可持续发展受到重视，绿色食品、健康食品、生态农业等概念相继出现，给农产品市场营销带来了许多新命题。

为了使农产品的供给和需求能够基本保持平衡，同时使价格为消费者和生产者所接受，许多西方资本主义国家更加重视使用农业政策工具进行调节，以便解决市场价格问题和付款不足等问题，例如农场主储备计划、实物付款方案等。20 世纪 70 年代早期，美国农产品出口开始激增，美国的农场主开始关注出口。这也使美国农产品价格影响了世界经济的发展。20 世纪 80 年代，美国农产品出口开始回落，农产品和土地价格随之降低，给农场主带来了新

难题。20 世纪 80 年代中期,西方资本主义国家开始大量增加国外投资、兼并多样化市场,同时进行新产品研发,这些活动增加了农产品生产流通的机遇,拓展了农产品生产经营者进行市场营销的选择方式,极大改变了农产品市场营销系统。从 20 世纪 90 年代开始,农产品市场营销又发生了一些新的变化。消费者食品偏好受到重视,农产品市场加工的科学技术得到较大的发展,越来越多的消费者开始关注健康问题,人们越来越重视选择有机天然食品、有利于健康的功能性食品、特殊性质的食品、家庭饮食的替代品、旅行食品等。这些新变化为农产品市场营销提出了新要求。尽管在西方资本主义国家,特别是美国,农产品市场营销系统已经得到多方面的完善,基本形成了一个在高效率环境下能够供应品质繁多的农产品的运行系统,然而,如何保证农产品的安全和价格合理等问题依旧没有得到很好解决。矛盾的根源在于,一方面需要更好地组织和控制生产,另一方面又需要扩大农产品的市场潜力。

在这个时期,西方资本主义国家农场生产规模不断扩大,产量不断增加,农产品市场营销组织也不断增加。西方资本主义国家的农产品营销主体主要是农业企业、农业批发商和零售商。小农户一般按照协同联合方式进入市场,小农户的协同联合方式主要有农协和合作社等。组织起来的农户协同组织,在农产品市场营销中不仅具有较强的谈判能力,而且还具有其他组织所没有的销售优势,例如有较强的货源组织能力。在美国,约有 48 000 个合作社为 1 亿人服务,其中农业合作社为美国 200 万农场主提供的服务所产生的业务量约占合作社全部业务量的 80%(Barton,2004)[①]。美国的果蔬营销中主要是农场主与生产合作社、产地中间商和大型超市或批发企业签约进行销售(占销售量的 98%),农户市场和露天市场销售只占 1.5%(Kohls,1990)[②]。美国由合作社提供的化肥、石油占 44%,贷款占 40%;由合作社加工的出口农产品占农产品出口总量的 80%;由欧盟各国的农业合作社销售的农产品占当地市场份额的 60% 左右;法国有大约 90% 的农户成为各类农业合作社成员,合作社收购了全国 60% 的农产品,占食品加工业产值的 40%[③]。

进入 21 世纪以来,人们越来越重视农业生产给自然环境带来的污染问题、生态问题、健康问题、高质量生活服务等问题。绿色农产品、有机农产品、绿色可持续发展等理念对农产品市场营销的影响越来越大。农产品绿色营销的含义是,农产品营销的组织或个人在从事营销过程中,在追求自身利益的同时,还必须兼顾消费者和社会的利益,特别是要重视对生态环境的保护。在农产品开发、生产、流通和服务的全过程中,避免对自然资源的浪费,避免对社会和自然环境的危害,实现自然生态和社会生态环境的可持续发展。绿色生态农产品是农产品生产经营的主要方向和趋势。欧洲 2010 年的有机农业面积为 900 万公顷,到

① 李崇光. 农产品营销学[M]. 2 版. 北京:高等教育出版社,2010:25.
② 李崇光. 农产品营销学[M]. 2 版. 北京:高等教育出版社,2010:19.
③ 回良玉. 大力扶持农民专业合作社　加快发展现代化农业经营组织[J]. 中国农民合作社,2009(1):1-3.

2015 年增加了 21%，达到 1110 万公顷。欧盟 28 个国家，除英国以外，有机农业面积都在不断增加①。据调查，美国 72% 的消费者愿意购买有机蔬菜和水果产品②。有的国家超级市场销售农产品时，已经禁止提供可能造成生态污染的塑料包装袋，以保护生态环境。

随着网络信息技术的发展和信息平台的广泛应用，通过互联网平台销售农产品已经成为农产品市场营销的重要方式。农产品网络营销能够使农产品信息得到快速传播，便于实现顾客参与式的产品设计和生产，便于农产品营销的价格策略和产品策略的调整，促进农产品营销渠道、促销、交易、服务等营销职能的统一，还能够实现交互式的营销活动。通过网络平台营销，能够大大降低农产品的营销成本，提高农产品营销效率。

四、我国农产品市场营销实践的发展

新中国成立后，为了尽快建立一个独立自主、繁荣昌盛的社会主义国家，首先需要优先发展重工业和国防事业，在这个过程中，广大农村劳动者兴修水利、改善农业生产条件，提高农业产量。这一时期，农业剩余产品主要用于支持国家的工业化建设，不存在销售难的问题。随着国家工业体系的建成和应用，以及计划经济转变为商品经济、市场经济，农产品逐步从作为食物生产转变为作为商品生产，化肥农药的使用，极大提高了农产品产量，农产品销售难题开始出现。2001 年中国加入世界贸易组织以后，随着国外大量廉价农产品的进口，我国农产品销售困难的情况越来越严重，农产品市场营销理论和技能越来越受到研究者和政府的重视。我国农村人口多，在家庭联产承包经营方式下，人均耕地少，每家每户生产经营的农产品数量、种类有限，在市场竞争中处于弱势地位。在某些年份，国外大豆进入我国国内市场的数量几乎达到我国大豆产量的 100%～150%，而当时我国除了 3% 的关税手段之外，再无其他有效控制手段。尽管《中华人民共和国农产品质量安全法》和《中华人民共和国食品安全法》分别于 2006 年 11 月 1 日和 2009 年 6 月 1 日全面实施，但是我国的食品安全制度及管理仍然不够完善，这就使我国农产品在国际市场竞争中处于不利地位。2009 年《农村经济绿皮书》指出，受农产品安全性等因素的影响，2008 年我国农产品贸易逆差达到 181.5 亿美元，为历史上最大的贸易逆差③。总体上说，我国农产品在国际市场上处于弱势地位。

尽管我国农产品在国际市场营销中举步维艰，但是在国内市场中，农产品市场营销实践却越来越活跃。在工业化、信息化时代和市场经济环境中，农产品由于依赖自然条件的特征，在市场营销中自然风险与市场风险并存，因而世界许多国家对农业都持保护态度，出台

---

① 农科专家. 欧洲有机农业蓬勃发展［EB/OL］. https://www.sohu.com/a/169638984_99893188. 2017-09-05.
② 俞东平, 杜相革, 陈永民等. 有机农业发展概况［J］. 世界农业, 2022(4):15-18.
③ 李崇光. 农产品营销学［M］. 4 版. 北京:高等教育出版社, 2021:24.

许多鼓励农业发展的政策。我国自 2006 年开始取消农业税,随着市场经济的发展,又逐步开始增加对农业生产领域的补贴。同年,我国出台了《中华人民共和国农民专业合作社法》,鼓励农民自愿组织发展专业合作社,提升参与市场竞争的能力。截至 2020 年,全国依法登记的农民专业合作社接近 222 万家,约是 2015 年年底的 1.45 倍;其中,依法登记的农民专业合作社已经辐射全国近半农民(普通农民成员占比超过 95%)①。随着中国经济的发展,越来越多的企业参与农业生产经营。农产品生产经营中出现了龙头企业、农产品经营公司、"基地+合作社+农户"等经济方式。

2020 年我国宣布全面建成小康社会,在此之前,尽管我国农产品营销中存在滞销或相对过剩的状况,但只是发展不平衡的一种体现,是局部过剩或结构性过剩。总体上看,我国农产品市场营销存在大量进口和国内农产品结构性过剩并存的局面,主要粮食作物,特别是大豆、玉米等进口数量较大,水果蔬菜国内局部区域或特殊时期会出现过剩或不足。随着我国经济社会的发展,农产品供给增长的同时,需求也在快速增长。农产品市场营销中存在的主要问题是地区与品种结构性过剩以及营销效率不高,部分农产品滞销和价格波动问题时有发生。近年来,我国农产品在国际贸易中存在进口量和出口量均上升的局面。2005—2019 年,我国农产品贸易总额由 558.4 亿美元增至 2284.3 亿美元,年均增长 10.6%。其中出口额由 273.4 亿美元增至 785.7 亿美元,年均增长 7.8%;进口额由 285 亿美元增至 1498.5 亿美元,年均增长 12.6%②。我国农产品贸易逆差总体呈波动上升趋势,且主要粮食作物全部转为净进口。我国是人口大国,如果因为国际局势变化导致主要粮食进口障碍,必然严重影响国家的安全稳定,因此,必须在主要粮食作物的生产经营领域下功夫,努力实现"中国人的饭碗里面装上自己种的粮食"。

我国从计划经济转变为社会主义市场经济,从农产品剩余不足到结构性过剩,使我国农产品市场营销的实践策略需要符合我国具体国情。我国是人口数量巨大的发展中国家,发展不平衡不充分是当前的基本国情,为了使全国人民同步进入小康社会,2015 年开始了举全国之力的脱贫攻坚战。在脱贫攻坚阶段,各地根据情况实施了不同的帮扶政策,如东西协作、万企帮万村、其他结对帮扶措施等。各种帮扶的共同点就在于发展农村经济,使被帮扶地区的农产品能够顺利销售出去,能够以比较好的价格销售出去。例如中共中央办公厅对口帮扶的对象是河南省光山县,中共中央办公厅驻光山县的工作队成员就设法把光山县的各种农产品销售到北京市场。贵州省铜仁市的结对帮扶者是江苏省泰州市,泰州市便把铜仁市的农产品带到东部市场,并且努力以比较好的价格销售出去。通常情况下,帮扶者自身也成为被帮扶对象农产品的消费者。这就是我国先富带后富的一种做法,也成为农产品市

---

① 吴植栋,郭萍,郑沃林.农民专业合作社再联合的羊群行为[J].世界农业,2022(3):74-84.
② 李崇光.农产品营销学[M].4 版.北京:高等教育出版社,2021:4.

场营销中的一个独特做法。这种做法在乡村振兴阶段仍存在。

进入新时代,在绿色发展理念指导下,我国绿色生态有机农业得到快速发展。截至2017年年底,我国共有11 835家企业获得有机认证,有机证书18 330张,数量比2013年翻了一番;有机认证机构45家,比2013年增长了70%。有机农产品的面积和产量都位居世界前列。截至2019年,我国有机产品认证机构增至90多家,有效认证证书21 746张,获证企业13 813多家,分布在全国33个省(自治区、直辖市、特别行政区)[①]。我国2012年3月1日开始实施《有机产品认证目录》,该目录中的产品范围包括谷物、蔬菜、水果、坚果、花卉、香辛作物、畜禽、水产、烘焙食品等。随着人类社会的进步,人与人之间的和谐、人与自然之间的和谐问题越来越重要,一个重要的体现就是农产品的生产与经营的方式的选择,绿色有机农产品生产经营是一个需要持续关注的问题。

支付宝、微信支付等现代信息技术在商品交易中的应用,极大提升了农产品交易效率,我国农产品电子商务平台的发展极为迅猛。截至2019年年底,全国农村网商超过1300万家;电子商务实现了全国832个贫困县全覆盖;农村电商公共服务体系进一步完善;2021年,中国农村网络零售额达到2.05万亿元,同比增长11.3%;到2020年,28个省(自治区、直辖市)的淘宝村数量已达5425个[②]。农产品市场营销实践中的信息技术应用,具有便捷性、能够满足个性化需求的特征,能够在为消费者提供农产品的同时,获取消费者的消费需求,便于不断调整营销策略。

2023年中央一号文件指出,我国需要从农业大国转变为农业强国,农业强国具有以下五个特征:供给保障强、科技装备强、经营体系强、产业韧性强、竞争能力强。经营体系强是五个特征之一,为了构建强有力的农产品市场经营体系,中央一号文件指出了具体的措施,即需要深入实施"数商兴农"和"互联网+"农产品出村进城工程,鼓励发展农产品电商直采、定制生产等模式,建设农副产品直播电商基地;提升净菜、中央厨房等产业标准化和规范化水平;培育发展预制菜产业。我国人口众多,国内农产品市场巨大,需要不断优化农产品市场营销的经营机制和具体技能,特别是重视解决区域性、结构性农产品过剩问题,通过信息化手段,使农产品供应与需求更好地对接起来。

第三节　农产品市场营销的职能与特点

马克思在《资本论》中讲,"商品价值从商品体跳到金体上,像我在别处说过的,是商品

---

① 马建花,王萍. 中哈有机产品现状及标准化发展途径[C].第十七届中国标准化论坛论文集.2020:6.
② 吴本健,李哲,巩蓉蓉,等. 农村电子商务发展能否提升农民主观幸福感[J]. 中国农业大学学报(社会科学版),2023(2):129-146.

的惊险的跳跃。这个跳跃如果不成功,摔坏的不是商品,但一定是商品占有者"。① 商品价值从商品体跳到金体上的意思,就是商品销售成功了。如果这个跳跃不成功,就是商品无法销售出去,那么损失的就是商品占有者。商品占有者主要是商品生产者,在营销过程中,中间批发商或零售商也可以从商品生产者那里获得商品占有权。不管商品占有权在生产者那里或者在经销商那里,农产品如果卖不出去,最根本的还是农产品的生产者受损失。因而农产品市场营销的首要职能是让农产品生产者有利可图,其次在市场经济环境中,丰富多样、物美价廉的农产品是消费者所需要的,也是社会稳定的基础,所以农产品市场营销对于维护生产者、消费者的利益都非常重要。除此以外,在农产品市场营销整个过程中,还有许多环节,每个环节都有一定的独特作用与职能。农产品市场营销的职能是营销组织和主体在农产品营销活动中所必须执行的基本任务,主要包括集货(收购)、分级、加工、包装、储藏、运输、融资、承担风险、标准化和销售等职能。

一、农产品市场营销的基本职能

农产品市场营销的职能是营销组织和主体在农产品营销活动中所必须执行的基本任务,主要包括集货、分级、储藏、加工、包装、运输、分销、消费者服务等职能。在人们对农产品的个性化、多样化需求日趋强烈的时代,农产品市场营销越来越重视其服务职能。

(一)集货职能

集货职能就是通过收购或其他组织方式,把分散在各个生产者、所有者那里的农产品集中在一起,便于农产品的市场化营销。一定数量的农产品是农产品市场营销的基础,而各级各类农产品往往分散在不同的生产者那里,山区里的各种农产品更是分散。分散在不同地域、不同所有者那里的农产品需要集中在一起,才便于组织规模化的市场营销。2023 年中央一号文件指出,要完善农产品流通骨干网络,改造提升产地、集散地、销地批发市场,布局建设一批城郊大仓基地;支持建设产地冷链集配中心,要建立建设县域集采集配中心。这些措施都是为了提升农产品的集货能力。在市场经济中,只要有盈利空间,当农产品生产出来后,往往就有收购商前去收购,这就是一个集货的过程。如种植小麦的把麦子卖给小麦收购商;种植花生的,在花生成熟后,把花生卖给收购商。对于山区里面过于分散的农产品,收购商一般会设置一个专门的收购店面,让有需求者把分散的农产品,如分散采集来的药材、野果等送到收购店。收购商收购了一定量的农产品,再联系不同的需求者购买,例如收购的野果供应给野果经销商,收购的蔬菜供应给城市的超级市场等。

(二)分级职能

为了便于进行农产品的市场营销,需要将农产品进行分级分类,在这个过程中,分级分

---

① 马克思.资本论(第一卷)[M].北京:人民出版社,2018:127.

类标准是不可缺少的。因而,对农产品进行分级分类的前提是农产品的标准化。农产品的等级和标准为农产品营销活动提供了一个质量基础和道德基础,不符合标准的农产品必然无法参与市场竞争。统一的质量等级标准,有助于提高农产品市场营销效率。比如,肉类中的特优级、特级、优级、普通等,不同等级符合不同的标准。对于不同的价格,应符合人们"一分价钱一分货"的心理认同,高级别农产品对应着高价格。再例如,根据苹果的形体大小、色彩差别等进行分级分类,分别予以不同的包装,便于消费者根据自己的偏好选择不同等级标准的苹果。对农产品分级分类便于提高农产品的市场营销效率,农产品市场营销过程中就需要承担对农产品分级分类的职能。对农产品分级分类进行营销,可以根据营销效果,判断消费者的偏好,从而利于生产者根据市场需求调整生产活动。

(三)储藏职能

农产品市场经营中的储藏职能是基于多种原因的,一是供给与需求在时间、场所、数量等方面不完全一致;二是需要维持营销渠道一定数量的存货;三是农产品容易腐烂变质。在农产品的运输、加工等环节就需要具备良好的农产品储藏能力。"藏粮于地,藏粮于技",不仅说明粮食安全需要一定的耕地面积的保障,并不断提高耕作技术,而且也说明农产品需要有一定的储藏数量,这是社会安全稳定的基础。在农产品市场营销中,如果能够使消费者在任何时间都可以消费到各种农产品,那么对各种农产品的储藏保鲜能力就必须具备。在农产品市场营销中需要具备储藏能力的主体,主要包括生产者、商业性的仓储经营者、食品加工者、运输商、农产品加工者、投机商和其他中介。在营销活动中,影响储藏成本的因素主要有储藏设备或场所的成本、利息、农产品质量下降、风险成本等。农产品储藏者一般通过提高仓库的储藏数量、储藏技术和改善储藏管理来降低储藏成本。储藏活动对于稳定市场、稳定价格和稳定消费者预期等都有重要作用。

(四)加工职能

从牛身上挤出的牛奶无法直接销售,需要通过消毒包装等加工环节才成为消费者能够消费牛奶。许多农产品从生产者到消费者之间都需要经过一些加工环节,例如养猪场的猪需要宰杀后才能够作为肉食提供给消费者;小麦加工成面粉才能够用来食用等。在农产品市场营销中,对农产品的加工职能定义比较宽泛。农产品加工包括对原始形态的农产品进行罐装、冷冻、脱水等,使之成为更加方便使用的食品;还包括对未加工的农产品的分解拆卸,例如屠宰牲畜并将其切割成肉块,从大豆榨取油料等。农产品加工商还可以把不同的农产品混合在一起,制造出新产品,例如将肉类、蔬菜、水果和其他产品综合起来做出预制菜等。农产品加工商在农产品市场营销中具有重要地位,它一头密切联系着生产者,为生产者的产品提供出路;另一头密切联系着消费者或其他中间商,为其提供稳定的农产品来源。

(五)包装职能

农产品市场营销中的包装职能,目的在于保护农产品,并使其方便运输和储藏。农产品种类繁多,性质各异,不同的包装具有不同的效果。例如草莓、樱桃、桑葚这些容易因为触摸受损的农产品,需要精细化的包装保护其不受损变质,这里农产品的包装物就需要具备这样的保护作用。鸡蛋容易破碎,安全的包装才能够保证其运输安全。随着农产品市场营销实践的不断发展,包装具有的不同价值不断被开发出来,例如在特殊的节日,对农产品予以不同的包装,赋予其不同的含义,满足消费者不同的心理需求,促进消费等。

(六)运输职能

"要想富,先修路",这句话就是讲交通运输的重要性,农产品的生产比较分散,更是需要具有一定的运输条件,才利于其集货和运输。运输使农产品发生空间位置的转移,没有充分的运输条件,农产品市场就难以得到拓展;没有充分的运输条件,消费者想消费多样性农产品的需求也难以得到满足。运输既影响农产品营销效率,也营销农产品营销成本。农产品有许多特殊属性,对运输有独特的需求。农产品容易腐烂变质等性质也增加了运输的复杂性;部分农产品具有独特的生物特性和庞大体积等特征,使其对运输工具有特殊要求,例如大牲畜等。目前主要运输方式有铁路运输、汽车运输、空运、水运等。不同运输方式的选择主要考虑成本的高低、服务的弹性、设备的依赖程度等。近年来,农产品供应链、冷链物流等关于运输的概念受到关注。农产品供应链借用了经济学、管理学中的"经济链""价值链"的概念,把农产品的生产销售各环节看作是一个互相关联的链条。物流是指利用现代信息技术和设备,提供将物品从供应地向接受地准确地、及时地、安全地、保质保量地、门对门地运输的合理化先进的服务。冷链物流是指具备冷藏保鲜功能的物流体系。科学的运输体系能够增加农产品附加值,节约流通费用,降低不必要的损耗,提高农产品市场营销绩效。

(七)分销职能

农产品分销职能是指农产品生产经营企业将其产品分配给经销商、代理商、批发市场、城市销地市场、城市超市等,从而减少库存,提升农产品流通效率。农产品批发商与零售商是主要的分销渠道。批发商通常能够有效地从产品产地集中各种数量适中的产品,再把产品转售或进一步加工。零售商通常只储备比较少的产品,但产品的品种一般比较丰富。农产品批发商又分为综合批发商和专业批发商。综合批发商经营多种农产品,专业批发商一般只经营某一种或两种农产品。农产品经销商中还出现了一些新的类型,如食品服务的配送商,这些配送商专门给餐馆、航空公司等机构提供农产品的配送服务。农产品零售商处于农产品市场营销链的最末端,直接服务消费者。农产品零售商具有许多营销职能,必须能够正确地购买和推销多种多样的农产品。现代的超级市场能够提供几千种农产品。这些农产品有些周转快,有些周转慢,超市管理人员需要高效调整库存。还有些农产品需要特殊的储藏设备和陈列设备等。农产品服务业的服务质量高低也影响着消费者对农产品的需求和营销,例如火锅、烧烤等食品服务受欢迎程度高,就带动了养鸡业、牛羊等肉质农产品的生产经营。

（八）消费者服务职能

随着农产品生产能力的不断提升,农产品市场将逐步发展成为买方市场。农产品经营者不仅需要考虑如何把农产品销售出去,还要考虑如何留住自己的原有客户,并能够不断增加新客户。这就促使农产品经营者多为消费者考虑,在销售农产品的同时,尽力为消费者提供各种服务,例如要能够满足消费者的退货需求、换货需求、相关信息需求、送货上门需求等。

二、农产品市场营销的特点

农产品市场营销涉及农产品生产者、中间商、消费者、农产品服务业等多个环节、多类主体。农产品市场营销主体需要从满足消费者和社会需要的角度出发,科学合理地组织农产品生产活动,高效率地运用对农产品的集货、分级、加工、包装、运输、储藏和服务职能,从而实现盈利目的。农产品市场营销的特点,需要从农产品自身、农产品市场、农产品营销环境、农产品消费者几个方面来把握。

（一）农产品的特点

农产品是农产品市场营销的客体,农产品具有不同于工业品的特点。①农产品具有生物性、自然性,例如蔬菜、水果、肉类食品、牛奶、花卉等,这些农产品具有鲜活性,容易腐烂变质。农产品一旦失去其鲜活性,其价值就大打折扣,甚至无法销售出去。②农产品具有季节性,尽管现代技术能够使各类农产品在全年都出现在市场上,但是消费者仍然倾向于购买时令农产品。③消费者对农产品的需求具有大量性、连续性、多样性等特点。农产品是人们的基本生存需要,但是不同的消费者对农产品有不同的偏好,因而对农产品的需求具有多样性。尽管总体上对农产品的需求数量是巨大的,但是对于某个具体的消费者,其日常消费数量是有限的,这就是农产品不会随着价格变化而产生消费数量的较大变化。④大宗农产品的市场经营相对稳定,例如小麦、玉米、大豆、大米等,其品种更新时间长,耕种面积变化受到国家控制。⑤农产品市场营销受到政府的特殊控制,民以食为天,农产品市场的稳定运行是国家安全稳定的基础,因此几乎每个国家都重视对农产品生产经营的调控,以避免物价大起大落、供应不稳定的现象发生。

（二）农产品市场的特点

农产品市场是农产品市场营销活动的载体或各种营销主客体因素及其关系的综合。西方资本主义经济学家把市场划分为四个类型:完全竞争市场、完全垄断市场、垄断竞争市场、寡头垄断市场。这样划分的依据有四个:①市场上参与竞争者的数量;②市场主体提供的产品的差别程度;③各市场主体对市场价格的控制程度;④各市场主体进入或退出一个行业的难易程度。根据以上标准,把农产品市场界定为近似完全竞争的市场类型。完全竞争市场具有的特征就是农产品市场的特征。完全竞争市场的特征有以下三个方面:①市场上存在大量的卖者和买者。单个卖者的销售量和单个买者的购买量都很小,在整个市场上都只能占据很小的市场份额,单个的卖者供应能力的变化或单个买者购买能力的变化对整个市场基本不会产生影响。尽管近年来,各地都在打造自己的特色农产品、品牌农产品,但是从总体上看,农产品市场垄断能力的形成比较有难度。如果形成了垄断,不利于消费者,也不利于国家的安全稳定。②市场上不同生产者出售的产品基本是同质的。这就是说,从消费者消费使用的角度来看,不存在产品品质的较大差别。例如不同生产者生产的韭菜,对消费者来说都是韭菜。由于品种、生产过程等原因,不同生产者生产的农产品在质量、性能、销售条件等方面差别不大。③没有进出壁垒。农产品营销主体进入、退出的成本不大。农产品经营者便于自由选择经营的内容,随时可以自由选择从亏损项目转入盈利项目。

(三)农产品营销环境的特点

农产品市场营销环境的含义比较宽泛,可以分为宏观营销环境和微观营销环境。农产品宏观营销环境也可以称为总体环境,能够影响微观环境中的每一个因素。农产品宏观营销环境主要包括政治环境、法律环境、经济环境、人口环境、生态环境、社会文化环境和科学技术环境等。宏观环境中的每一项又包含了多方面的内容,以社会文化环境为例,在进行农产品营销时,要考虑所在区域的宗教信仰、消费习俗、消费理念等因素。农产品营销的微观环境主要涉及六类主体,即农户、农业企业、营销中间商、顾客、竞争者、社会公众,农产品微观环境就是指这六类主体之间的关系状况。

综合来讲,农产品营销环境是由多种因素构成的,各种环境因素之间相互作用、相互影响,关系复杂,并且随着社会经济及国际环境的变化而变化。大体上可以把农产品营销环境特点概括为三个方面:①复杂性。在微观营销环境中,各类主体数量多,文化程度差异大,关系复杂;在宏观营销环境中,各因素之间及宏观环境与微观环境之间都存在着彼此影响的问题,并且各种因素还会不断变化。复杂性特征给农产品经营者带来许多困扰,因而良好的农产品营销环境需要多方面的努力。②动态性。社会经济活动在发展变化,科学技术在发展变化,政治法律在变化,国内国际环境也在变化,因而农产品市场营销环境具有动态性特征。例如,随着我国农业生产力的提高、市场经济的发展,对农产品规模化生产、规模化营销提出了新要求;随着可持续发展理念的推行,绿色有机生态农产品被消费者关注,农产品市场经营业务也需要进行相应的调整。③客观性。客观性是指环境是独立于农产品经营者的因素,不因农产品经营者的意志为转移。农产品市场经营者可以选择适应环境,而不易改变环境。农产品市场营销主体可以根据环境的不同、环境的变化,主动调整自己的营销策略。

(四)农产品消费者的特点

农产品消费者主要是人类自身,随着现代养殖业的发展,也存在部分养殖农产品以其他农产品为原料的情况,例如大型养鸡业、养猪业、养牛业等都是以豆类、玉米等农产品加工成的饲料作为饲养食物的。尽管如此,农产品消费者的主要对象仍然是人类自身,作为农产品消费者的人类,在消费农产品时一般具有八个方面的特征:①普遍性。普遍性是指每个消费者都需要消费农产品,只要人类存在,就需要消费农产品,这是不同于工业品的一个特征。②稳定性。稳定性是指正常情况下,每个人每天能够消费的农产品数量是基本稳定的,这是人类的基本生存特征。③零散性。零散性是指消费者在消费农产品时根据自身方便,有时买得多些,有时买得少些,随时需要,随时购买。④多样性。多样性是指消费者消费的农产品一般是多种多样的,这是人类获取均衡营养的需要。⑤阶段性。阶段性是指随着生活水平的变化,消费者对某些农产品会减少消费量,而增加对其他农产品的消费数量,例如收入高的家庭会增加禽、蛋、奶等农产品的消费,收入低的家庭一般只消费基本的粮食蔬菜等。⑥可诱导性。可诱导性是指某些消费者本没有打算购买某种农产品,在别人行为刺激或销售人员诱导下购买农产品的现象。⑦季节性。由于农产品具有季节性,消费者偏好时令季节的农产品。⑧地区性。不同地区的消费者会具有不同的消费偏好,例如我国北方人喜欢吃面食,南方人喜欢吃大米等。

第四节　农产品市场营销的研究方法与意义

一、农产品市场营销的研究方法

理论来自实践又指导实践,开展农产品市场营销活动,需要以一定的理论为指导。因而农产品市场营销的研究方法,也是为了丰富农产品市场营销理论而开展研究的方法,同时也是为了更好地服务于农产品市场营销实践的研究方法。农产品市场营销实践是随着经济社会的发展而变化的,研究实践活动是为了抓主要矛盾、提炼出规律性的内容,因而对于农产品市场营销理论的概括提炼主要集中在某几个方面,从而可以把农产品市场营销的研究方法区别为以下几种研究方法。

(一)产品研究法

农产品种类繁多,不同农产品的品性差别很大,对流通、交易过程有不同的要求,因而在农产品市场营销实践中需要充分考虑农产品市场营销的产品条件,依据不同的农产品选择不同的交易措施。不少农产品市场营销课程都包括不同种类农产品市场营销理论,如谷物营销、油料营销、烟草营销、奶制品等营销。有研究者认为,产品研究方法是从单个产品的角度进行营销职能分析、系统分析和结构分析。例如,研究小麦、饲料等一系列产品的市场营销系统。农产品市场营销需要根据农产品本身的情况进行研究。基于对农产品本身的研究,能够把某种农产品从一个整体角度分析其供求关系、市场问题和消费问题;同时,还能够对该农产品进行进一步的分类研究,使农产品营销理论更加具体、更加深入。不同农产品的市场营销具有不同的特点和规律性内容,基于某种产品的研究,便于分析特定产品的加工、运输、储藏、分级、销售需要的条件和策略,使理论更具有现实指导价值。农产品营销可以有多种分类方法,可以分为食品营销和纤维品营销。食品营销中包括粮食、油料、蔬菜、水果、肉食品、奶产品等营销。粮食产品营销中可以分为大米、小麦、玉米等营销。鲜奶产品的营销要求不同于小麦的营销要求,鲜奶的物流链需要冷链,冷冻技术及方式贯穿于鲜奶加工、运输、储藏和销售等环节。有些农产品适合用期货交易,而另外一些就不适合用期货交易。

(二)功能研究法

功能研究法是依据农产品营销中具有的不同功能而开展的研究。农产品市场营销具有不同的功能和职能,农产品市场营销功能反映的是农产品营销活动在营销系统中所发挥的作用;农产品市场营销职能突出的是农产品市场营销活动所执行的任务。农产品营销功能主要有六个:①交易功能;②形态改变功能;③空间转移功能;④价值增值功能;⑤满足消费者需求功能;⑥组织和风险回避功能。例如对交易功能的研究,交易是农产品供给与需求对接的一个过程,是农产品市场营销的核心。农产品从生产者到消费者的传递过程中,必然伴随着农产品所有权的转换,即交易。而每次农产品所有权的转换又伴随着农产品价格的变化,需要把握农产品价格原理和定价策略。此外,农产品营销的功能与职能有区别,也有联系。农产品营销中的形态改变功能是指农产品营销活动中需要通过一定的方式和手段,使农产品的物理形态改变,包括农产品的外观形状、体积、颜色改变等。如液态牛奶,可包装成袋装或瓶装的样式,也可加工成奶粉、奶糖等。使农产品的形态改变的业务就是农产品加工业务。因而基于农产品形态功能改变的研究,必然涉及农产品加工环节的相应内容,例如农产品加工方式、对农产品加工的管理等。其他功能研究同样有这样的问题。因此,农产品市场营销功能的研究成为又一种重要的研究方法。

(三)机构研究法

农产品市场营销机构指在营销体系中各种各样的经营者组织,如经销商、代理商、中介组织、行会组织、批发商、零售商等。农产品市场营销的机构研究方法侧重于研究作为中间人的相关代理机构的本质特征及营销活动的组织和安排。农产品营销中间人包括经销商(批发商和零售商);代理商(经纪人和佣金代理商、投机中间商、加工者和生产者、中介机构等)。经销商与代理商的区别在于,前者获得了商品的所有权,后者没有获得商品所有权。机构研究法有助于我们了解专业的中间人在农产品市场营销中的重要性。专业的中间人之所以有存在的空间,是因为在农产品市场营销中,中间人在以下三个方面更有效率:①能够更有效率地从事储藏、运输、加工、零售业务。中间人能够更加专业地从事这些业务,从而使农产品生产者集中力量进行生产,让消费者更有时间从事其他活动。②专业化产生的收益意味着农产品营销体系存在规模效益,即农产品营销的平均成本会随着销售产品的增加而降低。例如,满满一卡车谷物中平均每单位谷物的运输成本,就比不足一卡车谷物的平均成本要低。特别是产品的加工成本和包装成本存在的规模效益更大。规模经济促使了中间人的产生。③中间人能够降低搜寻和交易的成本。市场把买卖双方联系起来进行交易是需要一定费用的,通过专业化分工,中间人可以降低买方和卖方的搜寻成本。

(四)行为系统研究法

行为系统研究法是将农产品营销作为一个整体的、复杂的系统,研究分析该系统中包含的要素和要素之间的关系。行为系统研究法主要研究农产品市场营销体系中的发展变化情况。农产品市场营销者需要从整体、系统的角度适应环境及新变化、新要求,努力调整自己的行为,并试图影响消费者的行为。农产品市场营销系统可以分为宏观营销系统和微观营销系统。农产品宏观营销系统包括农产品创造和交易相关因素及其相互关系等,如农产品营销的目标、管理制度、农产品营销环境以及消费者群体等因素及其相互关系。农产品微观营销系统包括农产品营销单个主体、单个组织机构内部要素及其相互关系。

行为系统研究法主要侧重于以下四个方面的研究:①对农产品影响主体的投入—产出体系的研究;②对农产品市场营销主体影响力的研究;③对农产品市场营销主体中的员工、管理者的研究,研究他们是否能够及时得到信息,员工能否迅速执行管理层的决策等;④对各方面的发展变化问题的研究,变化是市场的主要特征,农产品营销主体如何去适应市场的变化是非常重要的一个问题。上述四个方面是行为系统的一个体系,必须全面考虑,不能片面地理解某一个方面。例如,一个公司可能没有采取最佳投入产出比,但这是出于沟通渠道不畅或是想占有更大的市场份额。还有的公司为了提升自己在市场的影响力,选择收购相关公司进行整合;或者预计将来的市场会发生变化而收购其他公司;或者收购一家拥有管理和技术经验的公司并对其进行有效整合,以便适应市场变化。行为系统研究法的优点在于,它克服了功能研究法的缺陷,重视系统协同观念对提高系统整体效率的作用。行为系统研究法能够将农产品营销系统的宏观和微观系统综合起来,对子系统和各要素进行整合研究,寻求系统效率的最大化。

(五)营销管理研究法

农产品市场营销管理是指农产品市场主体组织制订或履行能够满足消费者、赚取利润的计划过程,即农产品市场主体怎样和其他主体进行竞争、抓住市场机遇。农产品的营销管理研究法主要是从管理决策角度对农产品市场营销活动进行研究,主要涉及营销负责人怎样分析市场,制订计划,制定更好的营销战略,尽最大可能满足消费者的需求和愿望。例如,研究农产品市场细分策略、定价策略、分销策略、促销策略以及营销组合策略等,以便实现农产品营销管理及决策的科学化。营销管理研究涉及以下三个重要原则:①农产品市场主体应该知道消费者的需求并且尽可能满足他们的需求。从营销管理理念来看,农产品营销主体应该集中力量满足消费者的需求,这样才能获得利润。以市场为中心的农产品营销主体在开始生产农产品的时候,就需要考虑消费者需要什么。②农产品营销主体应该注重农产品的差异化。例如,生产不同质量、不同价格、不同商标的产品,提供不同的服务。③农产品营销主体应该知道消费者有不同的偏好。因此,农产品营销主体应该充分考虑细分市场,即把具有相同偏好的消费者分类,然后根据公司的定位确定相应的目标市场。营销管理研究法有助于理解市场中为什么一些主体能赚取更多的利润,即这些主体更能满足市场需求。通过营销管理研究我们也能够知道为什么在市场经济条件下有那么多的产品和营销方法。例如,有些公司可能选择低价战略,另一些却强调高质量高价格;有些公司选择多元化生产,而另一些则侧重于专业化;一些公司为其产品做广告,而另一些不做广告;一些公司选择通过超市、折扣店、饭店销售农产品,而另一些则通过网络。

二、研究农产品市场营销的意义

在我国社会主义初级阶段,需要通过社会主义市场经济促进农产品的生产和流通,农产品市场营销实践日益丰富,需要通过科学的研究方法总结其规律性内容,进一步指导实践,优化农产品市场经营状况。具体来说,研究农产品市场营销有以下四个方面的意义。

(一)有利于提升农产品市场流通效率

研究农产品市场营销的目的之一是不断优化农产品从生产者到达消费者的效率,效率越高越利于农产品经营者获得收益,也利于满足消费者对农产品营销服务的需求。农产品市场营销策略随着经济社会的发展和科学技术的提高而不断调整,以便提高流通效率,例如对农产品市场营销中的物流研究。农产品物流是指为了满足消费者需求而进行的农产品物质实体及相关信息从生产者到消费者之间的物体性流动,主要包括农产品生产、收购、运输、储存、装卸、搬运、包装、配送、流通加工、分销、信息活动等一系列环节。科学高效地组织物流,有利于降低农产品生产资料的采购成本,有利于抑制农产品生产资料的不合理涨价,有利于保证农产品生产资料的质量。农产品生产受自然条件制约较大,各地因气候、土壤等情况的不同,适宜生产不同种类的农产品,这就要求农产品进行空间范围的合理布局和规划,同时意味着要满足人们的多样化需求,就需要通过物流系统实现不同地区农产品的流通。再如对农产品库存管理的研究,通过科学的库存管理,能够提高农产品物流系统的效率,从而提高农产品市场营销中的竞争力。库存是农产品市场营销的"蓄水池",能够使农产品流通活动有效有序。农产品库存管理是对农产品生产经营者在经营全过程中的各种物品、产成品以及其他资源进行的管理和控制,使其保持在经济合理的水平上。良好的库存管理能够利于维护农产品消费市场的稳定,维持农产品生产的稳定,保障企业物流,平衡企业流动资金。

(二)有利于完善国内农产品市场营销体系

在我国社会主义市场经济条件下,完善的国内农产品市场营销体系离不开对农产品市场营销活动的充分认知,需要不断丰富对农产品市场营销的研究成果。完善国内农产品市场营销体系,首先,通过深入把握农产品市场营销的规律和内在要求,不断完善农产品市场营销领域的法律法规或政策制度的建设,例如对交易活动、销售活动的规范,经营主体的行为规范,农产品质量安全的规范,营销合同合约的规范等的认知与建设。同时,为了促进国内农产品市场的统一、有序,还需要采取多种措施,促进国内市场的自由贸易和公平交易,抑制农产品流通中的地方保护主义等。其次,通过对农产品经营主体行为的研究,不断提升农产品市场营销中的组织化程度。社会主义市场经济是组织起来的市场经济,需要重视农产品生产经营者的组织化建设。完善的农产品组织体系包括直接营销组织和营销服务组织,如农产品批发商、代理商、经纪人、零售商、进出口企业、农产品加工企业、运输企业、商品检测机构、银行、法律部门、市场信息部门、市场管理部门等。提高农产品营销的组织化程度,是加强农产品市场经营体系的需要,是建设农业强国的需要。在提高农产品营销组织化建设中,尤其需要重视农产品生产经营者的合作社建设。合作社能够帮助农产品生产经营者从事他们作为单独的小型生产经营单位所不能从事的活动,例如通过拓展销路、协调市场及提升谈判能力来增加收入;统一规模化采购能够降低采购成本;为合作社成员提供其他方式所不能获得的产品和服务;稳定和扩大市场;使农产品生产者可以进入供给、采购、加工市场等。

(三)有利于农产品市场的标准化建设

统一的农产品质量等级标准一旦被广泛使用,能够有利于提高农产品市场营销过程的运行效率和定价效率。统一的农产品质量等级的运用,利于降低买卖双方的搜寻交易成本,利于建立一个更为有效的价格发现机制。农产品的标准化还利于降低其他方面的营销成本,例如将低质量产品从优质产品中区分出来,以此降低农产品的损坏率。农产品的标准化建设利于提高市场的竞争和定价效率。农产品质量等级的标准化可以从两个方面来提高定价效率:①使用等级划分可以使消费者将他们的偏好信号传递给生产者,这样就能够提高消费者对生产过程的控制能力。②统一质量等级的运用为生产者根据消费者偏好进行调整提供了激励。统一的等级和标准同样有利于更好地满足消费者。例如,如果通过使用等级标准划分,将使消费者建立起对产品质量的信心,也可以使生产者的供给更好地与消费者的需求相匹配。随着生产技术和知识水平的提高,运用特殊的程序来严格控制产品的质量是有条件实现的;生物技术的发展也有助于生产出统一标准的农产品。

(四)有利于提升农产品国际贸易能力

农产品国际贸易是农产品市场营销的重要内容,对农产品市场营销理论的研究有助于提升农产品国际贸易能力。实际上,农产品国际贸易发展十分迅速,20世纪50年代,世界上农产品国际贸易份额大约是2%,到21世纪初,已经达到了15%,美国成为世界上最大的农产品出口国,同时也是主要的农产品进口国①。农产品国际贸易能够促进农产品在全世界的流动,满足不同地区对农产品数量和种类的需求。由于农产品具有地域性特征,不同国家有不同的资源禀赋,能够生产一定种类和数量的农产品,但是不能够生产所有种类或数量足够的农产品,这是农产品国际贸易的基础条件。通过研究农产品市场营销能够认识到,影响一个国家或地区农产品生产经营的资源包括土地、劳动力、气候、管理技术及影响生产成本的其他因素。与生产小麦相比,中美洲国家有着适合进行香蕉生产的劳动力资源和气候条件,而北美国家则更适合生产小麦。之所以需要农产品的国际贸易活动,就在于农产品资源禀赋在全世界的分配不均衡,同时又存在消费者需求的多样化和每种商品所需资源的差异性。通过对农产品国际营销问题的研究,能够使相关决策者更充分认识到组织农产品生产的重点所在。农产品国际贸易活动也能够鼓励每个国家根据本国的资源禀赋状况进行生产,选择生产成本低的农产品。农产品的国际贸易能够鼓励资源使用效率最大化,进而利于提高全球的资源使用效率水平。农产品资源效率在全球水平上的提高,即从全球层面上实现更高的产出和更低的成本,有助于丰富全球人口的农产品供给,总体上提高人们的生活水平。

拓展案例

农产品市场营销策略的多元化发展

由于农产品自身的地域性、依赖气候等自然条件的特征,又因为生产经营主体、生产经营组织机制具有的多样化特征,再加上现代化信息技术、物流条件、消费者多样化个性化需求等因素,农产品市场营销策略日趋多元化。文章《从〈农产品市场营销理论与策略〉看农产品市场营销策略多元化发展》分析了《农产品市场营销理论与策略》一书中涉及的主要销售策略,即产品策略、价格策略、渠道策略和促销策略,本文分析介绍的农产品营销内容体系是传统的多元化表现。实际上农产品市场营销的多元化趋势还体现在其他方面,例如大食物观导向下的多元化,现代信息技术和物流条件发展引起的多元化等。

大食物观区别于以前人们对食物的概念界定,以前把食物定义为主粮,如小麦、大米等,其他食品都是辅助性食品。大食物观意味着只要人们可以摄入营养的都是食物,例如向植物、动物、微生物要热量,要蛋白,全方位多途径开发食物资源的观念,就是大食物观。大食物观的建立,一方面提高了人们对营养物质的认识,丰富了人类摄入营养的食物类别;另一方面也把传统的"粮食安全"理念调整为"食物安全"。大食物观念带来了农产品市场供应者的经营理念的改变,只要是可供人们摄入的物质都是食物。基于大食物观,农产品的市场

---

① 李崇光.农产品营销学[M].4版.北京:高等教育出版社,2021:21.

经营主体将会进入更多新的领域,给消费者提供更多种类的食物。在基于大食物观的政策环境里,一方面,促进食物来源渠道多元化,从耕地资源向整个国土资源拓展,除了依靠18亿亩耕地生产食物之外,还可以拓宽食物生产空间,从33亿亩森林、4亿公顷草原、300万平方公里海洋中发掘食物来源。依据大食物观,人类应能够充分利用物种间资源互补的特点,拓展粮田功能,如在南方构建稻田养鱼、稻鱼共生等现代循环农业发展新模式,实现一田多用,丰富食物供给。同时,大力发展生物产业,为丰富食物来源渠道提供充足动力。另一方面,通过加强生产技术的改进与创新,促进生物合成和人工合成等新兴技术成熟化,提高食物转化利用效率;重点开展微波、红外、太阳能等食品制造过程新型能源替代技术开发,促进食物绿色生产。在大食物观导向下,农产品生产领域的广泛拓展,将使农产品市场供给的种类更加丰富、数量更加充足、质量也将不断提升,从而推进农产品市场营销的理论与实践向更广更深的领域拓展。

现代信息技术能够为农产品市场营销的多元化提供充分的技术支撑,而越来越便捷的物流条件能够使网络订单在较短的时间能达成交易目的。在网络平台进行销售是其中一种方式。在第三方网络平台上进行推广销售,第三方网络平台可直接与某些地方特色农产品的生产企业对接,下游则是直接面对海量的网络购物者。这种方式能够将产品的生产者和消费者两大主体紧密联系起来,吸引更多的企业和用户加入,形成品牌集聚效应。另外,基于数字信息交互传播技术,能够向潜在消费者实时传输直播化和视频化的数字信号,通过构建特定的购物情境开展多样化的营销活动。品牌严选、顾问式导购、农产品产地直播、产品秒杀等,直播带货、网红经济、流量经济等都是现代信息技术支撑的农产品营销新模式。

资料来源:①刘洋.从《农产品市场营销理论与策略》看农产品市场营销策略多元化发展[J].中国瓜菜,2022,35(2):117-118.②钟钰,崔奇峰.从粮食安全到大食物观:困境与路径选择[J].理论学刊,2022(6):102-109.

思考题

　　1.农产品市场营销活动产生的社会条件是什么?

　　2.农产品市场营销的职能有哪些?

　　3.农产品市场营销的特点是什么?

农产品市场竞争与市场营销环境

本章主要介绍农产品市场竞争的主要特征、农产品市场的宏观营销环境与微观营销环境及农产品消费者分析等内容。通过本章的学习,能够初步理解农产品市场及其相关影响因素,着重掌握农产品市场是近似完全竞争市场的原因,并对农产品宏观环境所包含的政治、法律、经济、人口、自然生态、社会文化等因素有所认识,对农产品市场中的经营主体、中间商、消费者、竞争者、社会公众等微观因素也能够有基本的理解与掌握。

第一节 农产品市场概述

一、市场及其要素

市场理论源自西方资本主义国家,西方资本主义国家自称是市场国家。在资本主义社会,商品生产是占统治地位的生产方式,随着商品生产的不断发展,必然伴随着商品交换方式的发展。商品交换关系就是一种社会关系,当这种社会关系成为一种具有主导地位的社会现象时,相应的术语或概念就产生了,这就是市场。在西方经济学教科书中,把市场定义为一种纽带,纽带就是社会关系。西方经济学教科书是这样定义市场的:市场是由一些生产者和消费者为买卖某种商品而结成的相互关系,或者说得更简单一点,市场就是把买卖商品的各方联系在一起的纽带①。在西方经济学对市场的定义中,市场包含四个方面的要素。

(1)买者与卖者。每个市场都需要有一定的买者和卖者,没有买者和卖者,就没有市场。买者的行为就是需求,卖者的行为就是供给。买卖双方的存在是市场存在的必要条件,同时,买卖双方数量的多少是区分不同类型或不同结构市场的重要依据之一。数量的多少会影响市场的运行,会导致不同的运行效率。

(2)商品。如果劳动产品不用于销售,就没有商品,就没有市场。

---

① 《西方经济学》编写组.西方经济学:上册[M].2版.北京:高等教育出版社,人民出版社,2019:193-197.

（3）联系。市场是将买者和卖者联系起来的纽带。市场包含的联系有三种：①买者之间的联系，是指所有买者都应该对这个市场有一定程度的了解，有一定程度的参与。②卖者之间的联系，所有卖者也应当对这个市场有一定了解和参与。③买卖双方的联系，市场把买卖双方组织在一起，各取所需、自由交换。市场就是这三种联系的总合。

（4）进出市场的难易程度。进入市场的难易程度是指进入市场的条件高低、要求多少、成本高低等；退出市场的难易程度是指退出市场的损失大小、要求多少、条件高低。有些市场进出容易、成本较低；有些市场进出难度大，进入会遇到严重的障碍，退出会遭受很大的损失。

二、市场类型及其划分依据

西方资本主义国家是市场经济发达的国家，为了更充分发挥市场作用，对市场机制进行了多维度的研究，其中就包括划分市场结构。市场结构也称市场类型，研究者把市场划分为四种类型，划分的依据主要是商品供给者的数目、产品差别程度、进出难易程度、对价格的控制程度。如果从商品供给一方进行分析，可以把市场类型划分为完全竞争市场、垄断竞争市场、寡头垄断市场、完全垄断市场。如果把商品供给主体的数目更换为商品消费者的数目，则对应的市场类型就是消费者市场类型，例如只有一个需求者的市场就是买方垄断市场。市场类型及其划分依据见表2-1。

表2-1　市场类型表

市场类型	商品供给者的数目	产品差别程度	对价格的控制程度	进出市场的难易程度	相接近的商品市场
完全竞争	很多	完全无差别	没有	很容易	农产品
垄断竞争	较多	有差别	有一些	比较容易	轻工业、零售业
寡头垄断	几家	有差别或无差别	相当程度	比较困难	钢材、重工业、石油
完全垄断	唯一	唯一的产品，且无相近的替代品	很大程度，但经常受到管制	很困难，几乎不可能	公用事业，如水、电

这样的市场类型划分主要是从商品生产者、供给者角度进行划分的，而且主要是实体商品，在这种市场类型划分中，是把一些农产品市场看作是近似完全竞争的市场。完全竞争的农产品市场类似农村的集贸市场或菜市场，市场上有许多买者和卖者，进出市场容易；消费者购买了菜市场的农产品后不区分是哪家生产者生产的，每个买者和卖者的农产品数量在整个农产品市场中的份额是微不足道的。对比之下，可以把轻工业市场看作是垄断竞争市场，这里商品的生产供应者比较多，但是与完全竞争市场比，数量还是少了很多的；产品之间

之所以认为有差别,是因为不同生产者有自己的注册商品、技术,消费者能够识别区分。寡头垄断市场意味着整个市场上的供应方不超过 10 家,例如石油或电信领域、重工业。有些寡头垄断市场的产品可以看作是无差别的,如石油;而有些寡头垄断市场的产品是有差别的,如重工业的产品。完全垄断市场意味着只有一家商品供应者,在西方资本主义制度下,把政府从事的公共服务类商品,如水、电等,看作是垄断经营的商品。上述四种市场类型的划分依据中有价格控制一项,其含义主要是指商品供应者的商品在市场中所占份额越多,对整个市场的价格控制影响力就越大。

三、农产品市场力量

农产品市场力量是指农产品生产经营者能够具有影响市场行为和市场结果的能力。一般来说,市场力量是指对市场价格的影响,实际上它还可以影响到需求、物流、质量、营销活动等其他一些企业市场行为。农产品生产经营者努力通过寻求并利用市场力量来获得其经济目标。市场力量有许多体现,例如农产品加工商认为他们处于巨型零售商的控制之下,反过来,零售商会抗议加工商有过强的市场力量;消费者常常抱怨商品价格高,而初级农产品生产者又认为农产品的市场获利多数进了中间商的腰包。

农产品市场力量能够影响市场进程。农产品零售商无须直接与农场主谈判,仅仅通过自身的营销和定价行为就能够影响农产品的价格和销售。一个大型的零售商或农产品加工商通过广告宣传来影响价格和利润,这种影响就说明它具有市场力量。一个在行业中非常有影响力的农产品批发商对其他的批发商具有价格上的领导优势,这就表明它具有一定的市场力量;一个农产品加工商通过签订契约来控制产品的质量和生产时间,这也是在行使市场力量;消费者行使他的市场力量来联合抵制某一种农产品。可见,市场力量就是市场参与者通过对自身有利的行为来影响市场或其他参与者的市场行为。

市场力量通常与市场中的竞争状态有密切联系。在四种市场类型或市场结构中,除了完全竞争市场,其他三种都可以被称为不完全竞争市场。不完全竞争条件下的市场主体都具有市场力量,而完全竞争条件下的市场主体则完全不具备市场力量。因而许多研究者都把农业视为弱势产业,农产品生产经营者被视为弱势群体。不完全竞争与市场力量之间的确是相互联系的,但是企业处于不完全竞争状态并不等同于具有市场力量。因为在不完全竞争条件下,如果两个企业的市场力量是严格均等的,那么它们之间也可能不存在市场力量的对比,但它们可能同时对处于完全竞争条件下的第三方企业具有市场力量的优势。在完全竞争条件下不存在市场力量的问题,主要原因就是所有企业在市场上都缺乏力量。但是现实生活中,不完全竞争总是处于市场之中,因此也就存在着一方企业试图用各种方式来拥有比另一个企业更多的市场力量的机会和空间。

农产品市场力量的来源有多个方面:①农产品生产经营者的规模、数量和市场集中度。

一般来说,大型企业比小型企业具有更强的市场力量。农产品生产者的组织机构在市场力量上的影响力要远远比简单的销售商的数量和规模重要。农产品生产者的组织架构和核心竞争力越强,所具有的市场力量就越强。②供给控制。农产品市场力量最重要的来源是源自对农产品的生产和销售数量的有效控制能力。在正常情况下,那些具有较弱市场力量的销售商都是在对农产品的生产和供给的控制上存在一定困难。当农产品由于控制不好而将要发生变质或缺乏储藏空间而急需销售出去时,必然导致价格波动。③信息不对称。在获取市场地位的过程中,信息就是一种力量。一般来说,一家拥有最大量信息的企业将在市场力量上占有优势。④产品的多样化。农产品多样化有助于加强市场决策的灵活性,同时减少市场风险,多样化的企业具有更强的市场能力。⑤产品的差异化。相对于生产同质产品的企业,拥有高度差异化产品的企业一般能够占据优势地位。⑥对战略资源和决策的控制。一个具有主导地位的企业通常都能够控制市场上的一些变量,这些变量包括品牌、客户的忠诚度、零售货架的选择权以及零售价格,因而能够获得更大市场力量。⑦资金来源。一个拥有大量资金来源的企业更能经受竞争的考验,因而更有市场力量。⑧固定-可变成本比率。一个具有相对较高的固定成本的企业,一般都具有比较高的闲置生产能力,不利于对价格变化及时做出反应,灵活性差,这类企业的市场力量比较弱。

四、农产品市场开发

农产品市场开发是指为了提高农产品对于消费者的价值,进而增加经营者的利润而进行的一系列营销活动。广告、质量控制、产品包装、新产品开发、人员销售、促销、优惠券、服务、公共关系及其他一些活动都是农产品市场开发的工具。农产品市场开发是在不降低价格或不减少利润的情况下寻求扩大需求的方法。农产品市场开发的主要目的是增加需求,同时伴随着扩大销售和增加消费。农产品市场开发一般根据"4P"原则进行分类:产品(product)、价格(price)、促销(promotion)和地点(place),这几个变量是农产品生产经营者可以控制的变量,每个市场主体可以根据自己的情况进行选择,或者进行选择营销组合。超市的营销组合可以与便利店的营销组合不同,零售店和餐馆的营销组合不同。不能轻易说哪个组合更好,因为每一个组合都是为了满足消费者的不同偏好。

农产品市场营销的竞争是比较激烈的,因而市场开发在不同的农产品(如牛肉和猪肉)、农产品种类(如新鲜食品和速冻食品)、农产品分销渠道(零售食品店和餐馆)中显得非常重要。农产品市场开发活动,例如广告、公共关系、农产品研究和开发、质量控制及促销活动等,都能够影响整个市场的需求状态,也能够改变消费者的需求状态,影响农产品市场的竞争程度、农产品的价格等。广告是最有争议的市场开发手段之一,农产品领域的广告是一种传递价格和非价格信息的活动,具有劝说性质,也包含了大量关于农产品自身特征的信息。一个农产品的替代品越多,广告宣传就越有效。农产品市场营销控制在一个组织机构良好的主体中,可以获得有计划的财务支持,能够抑制由于价格较高而引起的供给过多。供给控制对农产品广告的成功至关重要。高价格、高销售收入和利润将扩大销售及市场份额。从长期来看,供给的增加将会影响广告宣传带来的价格上升。因此,对农产品生产者的组织非常有必要,否则,广告宣传就难以达到应有的效果。

在农产品市场开发中,还需要区分以消费者为导向的促销活动和以交易为中心的促销活动。消费者一般更容易从大众媒体、优惠券、包装等可视的促销中获得信息。在农产品市场开发中,每年花费在这些促销手段中的费用非常大。随着消费者收入的提高和消费者从满足生活所需到满足社会心理所需(如地位、尊敬、从属关系和区别)的变化,农产品市场开发能获得越来越大的收益。农产品市场开发也需要以大量有差异化的产品、服务和营销渠道为前提。农产品市场开发在现代农产品生产经营领域的重要性日益凸显,影响着农产品生产领域的发展状况。

第二节　农产品市场竞争

农产品市场在西方经济学中被视为接近完全竞争的市场类型,这也意味着农产品市场的竞争十分激烈。现阶段我国仍然坚持发展社会主义市场经济,鼓励发挥市场在资源配置中的决定性作用,这也正是市场竞争机制存在的制度基础。

一、农产品市场竞争特征

依据西方经济学关于市场结构或市场类型的定义,在接近完全竞争状态下,农产品市场竞争的主要特征体现为以下几个方面:①每个农产品经营者只能接受由市场的供给和需求曲线决定的市场价格。市场上的每个农产品经营主体都没有能力确定自己的产品价格或无权为自己的产品定价,他们所能做的事情是决定生产多少以及如何把他们产出的农产品销售出去。②由于每个农产品经营者不能影响产品的价格,所以他们就有强烈的愿望,希望通过降低成本或提高效率来增加收益。③每个农产品经营者都受成本价格的挤出效应的影响。任何短期的利润增加都会促使生产的长期增加,最终导致市场价格回落到"正常的"利润水平上。④农产品生产者独立进行生产决策,农产品生产者彼此之间不把对方视为竞争对手。⑤农产品经营者的主要决策是决定销售的时机、地点、销售形式等。单个农产品经营者不能通过广告或其他营销手段影响需求。

由于农产品市场经营者在市场竞争环境中具有上述特征,这就促使他们努力改变市场竞争结构,例如通过扩大农产品经营规模,提升价格影响能力等;或者通过农产品生产经营者的联合或合作等方式,提升农产品生产经营者对市场上农产品的数量控制,进而影响价格和收益。近年来,各地农产品生产经营主体热衷于区域品牌的建立,主要原因就在于通过区域规模化经营和其他控制措施,能够增强相关农产品的市场影响力,提升农产品市场竞争能力。

二、我国农产品市场竞争的发展趋势

当前我国农村的生产经营方式仍然是家庭联产承包责任制,尽管国家出台了许多政策,鼓励新型规模化的生产经营主体发展壮大,但是大多数农产品生产经营者仍然是以家庭为单位的。农产品生产者众多,竞争激烈程度就更大。随着鼓励发展地方特色农产品政策的推行,随着各地对本地农产品品牌建设的重视,部分农产品也逐渐呈现了不完全竞争的态势。总体来看,近年来我国农产品的市场竞争呈现出以下四个方面的特征。

(一)生产的规模化趋势加强

随着农业领域生产力的提高和市场经济的发展,人们越来越认识到小农户在市场经济中的弱势地位。家庭小农户生产经营的成本高、无法产生规模效益,不利于现代化技术设备的利用。因此,适度发展规模经济逐渐成为一种共识。各种合作社、新型农村集体经济组织逐渐增多,甚至一些地区组织了乡镇级别或县域级别的农民合作社、联合社。现代农业科学技术的广泛应用也需要不断加大对农村农业的资金投入、加强管理能力、优化资源配置等;农村土地流转政策的推行也为农产品规模化生产提供了政策条件。

(二)农产品的差异化逐渐扩大

随着人们生活水平的提高和市场经济的发展,个性化需求、品牌化需求越来越突出,消费者对地方特色农产品的偏好不断增强。国家也出台许多政策鼓励"一县一业""一村一品",为各地打造区域性特色农产品提供支持,这就使农产品市场营销中的差异化特征受到重视和发展。规模化农产品生产方式的逐步扩大,有利于生产经营者采取新技术、开发新产品,并利于通过多种措施加强农产品的差异化特征,以满足消费者对农产品的个性化需求,使农产品生产经营者获得更高的投资回报。

(三)农产品市场经营的进出门槛不断提高

新技术、新设备在农业生产中的应用提升了农产品生产经营能力,同时也提高了农产品市场经营的进出门槛。农产品生产经营技术的提高和生产规模的扩大,同以前的生产经营者相比,使新的进入者需要有更多的资金、技术及其他资源的支持。退出该领域,也意味着损失得更多。此外,农业生产资源是有限的,新的农产品生产经营者很难同原有的农产品生产经营者一样获得所需要的农业生产资源,这也使得新的农产品生产经营者进出的门槛变得更高。

(四)农产品市场信息的不完全

在西方经济学理论中,把农产品市场归类为接近完全竞争状态的竞争类型。完全竞争市场的一个典型特征是完全市场信息,但是农产品市场信息不对称的现象也是非常明显的。由于农产品的生长周期长,从播种到收获期间,生产者对农产品的施肥量和使用农药的种类数量等信息无法完全获知,农产品是精耕细作还是粗放管理等信息也无法精准获知,从而使消费者无法对农产品质量做出准确判断。另外,农产品消费者一般也不知道所有的替代品,很难对自己所面对的农产品进行质量和价值判断,对于市场价格信息同样难以完全掌握。尽管如此,由于在农产品市场上单个营销主体只能接受市场价格,交易双方数量众多,该类市场就具有西方经济学所定义的完全竞争市场特征。

第三节　农产品市场营销环境

农产品市场营销环境是农产品市场经营活动的外部条件,是农产品市场经营主体进行决策的依据。农产品市场营销环境可以分为宏观环境和微观环境。农产品市场营销宏观环境是指农产品市场经营主体及其活动之外的各种因素的综合,具体内容涉及政治、法律、经济、人口、自然生态环境、社会文化环境、科学技术环境等多个方面。农产品市场营销微观环境是指农产品市场经营主体及与其经营活动密切相关的要素和关系的总称。宏观营销环境通过微观营销环境发挥影响作用。

一、农产品市场营销的宏观环境

(一)政治环境

政治环境包括国内政治环境与国际政治环境。国内政治环境首先是一个国家的政治局势是否稳定,是否能够使农产品市场经营者在一个比较稳定的预期内安排生产经营活动。其次,国内政治环境涉及一个国家对农产品市场经营活动的支持或限制的政策有多少,政策是否友好。与农产品市场经营相关的政策有人口政策、能源政策、物价政策、财政政策、货币政策等,这些政策影响着农产品生产经营者对农产品生产开发、定价、渠道、促销等活动的决策行为。国际政治环境主要指对农产品进出口有直接或间接影响的国际局势或国与国之间的友好或敌对关系,国际政治环境友好则利于农产品的进出口业务。

(二)法律环境

市场经济需要法律法规的规范与约束,需要用一系列法律法规规范经济活动主体的权利、义务和行为。农产品市场营销的法律环境是指国家和地方制定的关于规范农产品营销活动的各种法令、法规的总和。为了规范农产品市场经营主体的市场行为,我国先后颁布了多项法律法规,如《中华人民共和国环境保护法》《中华人民共和国公司法》《中华人民共和国消费者权益保护法》《中华人民共和国食品安全法》《中华人民共和国广告法》《中华人民共和国农村土地承包法》《中华人民共和国反不正当竞争法》等。其他国家及国际组织也制定有许多关于农产品市场营销的法律法规,在农产品进出口业务活动中需要深入把握。

(三)经济环境

经济环境是影响农产品市场营销的主要宏观因素,直接影响着农产品的经营活动能力。经济环境可以用一些经济指标来描述,如收入状况、储蓄状况、消费结构等。经济发达地区对农产品的购买能力比较强,而经济发达程度又往往用人均收入或人均可支配收入来衡量。消费者的收入并不一定全部用来购买商品,个人的可支配收入才能够用来根据需要购买商品。可支配收入是指从个人收入中减除缴纳税收和其他经常性转移支付支出后所余下的实际收入,即能够用作个人消费或储蓄的余额。

(四)人口环境

人口环境主要包括人口总量、人口结构(年龄结构、性别结构等)、家庭规模等。人口总量大,对各类农产品的需求量就大。人口结构对农产品市场影响也有较大影响,例如老龄化社会对农产品需求的数量和种类就具有一定的特殊性。家庭规模大小影响着农产品的包装、分销等策略,例如在以小规模家庭为主的社会中,农产品分销包装就要适当地小型化。此外,人口的流动性也影响着农产品市场营销决策,例如我国农村人口季节性流入城市,城市人口增减的季节性特征对农产品营销数量的控制有直接的影响。

(五)自然生态环境

农产品的生产活动离不开土地、水源、能源等自然资源,以满足自己需要为目的的农产品生产,必然区别于以供应市场为目的的农产品生产。为了增加市场供应量,过度使用化肥农药必然会破坏土壤、破坏水源等,因此,近年来绿色食品生产、绿色农产品营销等概念开始受到重视。一个国家的农产品生产经营活动受到本国自然生态条件的限制,反过来又影响着本国自然生态环境质量。我国人多地少,水资源分布不均衡,这就要求各地农产品生产经营主体需要根据各地自然资源状况,合理开发、生产农产品。

(六)社会文化环境

农产品市场营销的社会文化环境是指相关国家或地区的价值观念、风俗习惯、宗教信仰、伦理道德、文化教育等方面的总和。例如,伊斯兰教禁食猪肉,印度教禁食牛肉等。每个国家或地区都有自己的社会文化特征,农产品市场营销主体需要充分了解所在区域的文化特征。利用各地节日文化,推出适合的农产品形态是近年来比较活跃的一种营销策略。例如中秋节前夕是推送各类月饼及伴随礼品的重要营销季节;在端午节前,农产品营销者要准备粽子及其相关食材或礼品。随着人们对自身健康的关注,对生态环境的关注,光盘理念的推行,农产品市场营销活动需要随之优化其经营策略。

(七)科学技术环境

科学技术的发展水平和应用状况不仅影响着农产品的生产活动,也影响着农产品的营销活动。现代生物技术中的细胞工程、遗传育种、基因工程等技术的开发与应用,使农产品数量大幅度增加,农产品的品质也不断改善。随着以互联网为核心的现代信息技术的应用,农产品的网络营销越来越占据重要地位。网络营销极大提高了农产品营销效率,节省了交易成本,扩大了交易范围,给农产品经营者和消费者都带来了多方面的便利。

二、农产品市场营销的微观环境

农产品市场营销的微观环境主要包括农产品生产主体、农产品营销主体、农产品消费者、农产品竞争主体、社会公众等。

(一)农产品生产主体

农产品生产主体主要包括农户、农业生产企业。农户生产的农产品一部分用于自己消费,另一部分用于市场销售。由于农产品生产周期长,具有季节性特征,农户往往从事多样化生产经营活动,即农忙时务农,农闲时务工。部分农户被称为专业户,是指从事一定规模的单一生产经营活动,如专业化养猪户,由于其时间精力需要全部用在养猪上,就没有条件从事其他业务了。农业生产企业是区别于家庭农户的生产单位,需要在工商管理部门登记注册,接受政府的管理监督,具有一定的资金支持,具有一定的人数规模,主要从事大规模的农产品生产或加工业务。

(二)农产品营销主体

农产品营销主体也称为农产品营销中介或中间商、营销渠道等。农产品营销主体主要协助农产品生产者完成农产品的销售业务,包括中间商、物流储运商、营销服务机构及金融服务机构等。部分农村生产者自己也从事农产品的营销活动。中间商是销售渠道公司,能够帮助企业找到顾客,并把产品卖给顾客。中间商包括批发商和零售商。物流储运商主要帮助完成存储货物或将货物从原产地运送到目的地,包括仓储公司和货运公司。营销服务机构是指为农产品生产经营主体提供营销服务的各种机构,包括市场调查公司、广告公司、传媒公司和营销咨询机构等。金融服务机构主要是指银行、信贷机构、保险公司以及其他金融机构,主要为农产品生产经营者提供金融服务。

(三)农产品消费者

农产品市场经营者的目的是赢得消费者,即使自己所经营的农产品被农产品消费者接受。农产品消费者是农产品市场经营的中心所在,是农产品市场营销微观环境的重要因素。农产品消费者对农产品的消费偏好、消费理念及其变化,都是农产品市场经营者调整决策的重要依据。农产品经营者准确把握各个市场的消费者需求特点及购买行为,能够针对目标市场消费者的特点制定相应的营销策略,及时高效地向目标消费者市场提供相应的农产品和服务。

(四)农产品竞争主体

农产品市场的竞争程度比较高,每个农产品经营主体都需要面临众多的竞争对手。农产品经营者要想在激烈的市场竞争中站稳脚跟,就需要认真研究竞争对手的情况,深入把握市场竞争类型及其特征。竞争的本质就意味着可替代性,因此"现代营销学之父"菲利普·科特勒把企业的竞争环境分为四个层次:①欲望竞争,指消费者想要满足各种欲望之间的可替代性;②类别竞争,指满足消费者某种欲望的各种方法之间的可替代性;③产品形式竞争,指在满足消费者某种欲望的不同产品形式之间的竞争;④品牌竞争,指在满足消费者某种欲望的同种产品的不同品牌之间的竞争①。在这四个类型的竞争中,农产品竞争的主要表现为类别竞争和产品形式竞争。

(五)社会公众

农产品市场营销的社会公众,主要是指对本组织实现其营销目的具有实际的或潜在的利益关系或影响的各种群体或个人②,主要包括政府公众、媒体公众、金融公众、群众团体公众、地方公众、一般公众、企业内部公众等。农产品市场营销主体所面临的广大公众的态度及行为会对农产品营销活动产生积极或消极的影响,因而要求农产品市场经营主体树立良好的社会形象,努力与广大公众保持良好的关系。尤其是政府在农产品市场营销中具有特殊的作用,政府既要市场上有丰富优质的农产品供应,又要维护消费者的权益,保持农产品价格稳定。同时,政府既要农产品生产经营者积极开展市场营销活动,又要严格规范其市场行为,避免农产品价格波动,避免有毒有害农产品在市场上出现。农产品市场经营者需要充分了解政府的要求和相关行为规范。

第四节　农产品消费者分析

对于农产品消费者来说,农产品是生活必需品,既有一定的稳定性,也有随着生活水平高低的变化、消费理念的变化而变化的特征。农产品经营者需要充分把握好农产品消费者的各种特征,针对目标群体,提供其所偏好的农产品。

一、农产品消费者的基本特征分析

1978 年国际标准化组织消费者政策委员会在日内瓦召开的第一届年会,将消费者定义为"为个人目的购买或使用商品和服务的个体成员"。根据这个定义,农产品消费者就是为了个人或家庭目的而需要购买农产品的群体。这就意味着,农产品消费者购买农产品的目的不是为了生产经营,而是为了自己生活消费或作为礼品赠送他人等。消费者的需求可以

---

① 李崇光.农产品营销学[M].4 版.北京:高等教育出版社,2021:37.
② 李崇光.农产品营销学[M].4 版.北京:高等教育出版社,2021:39.

分为现实需求和潜在需求,现实需求意味着消费者对农产品具有现实的购买和消费行为;潜在需求意味着尽管消费者尚未对某种农产品具有购买和消费行为,但是具有为了购买和消费这种农产品的可能性。

(一)需求特征

(1)多样性和差异性。由于消费者具有地域、民族、年龄、性别、宗教信仰、收入水平、文化程度等方面的差异,消费者对农产品的需求是多样性的和有差异性的。例如,我国地域辽阔,不同地域对农产品消费具有不同的特征,南方人爱吃大米,北方人爱吃面食等。又因为农产品是人类维持生命的必需品,不同的农产品具有不同的营养成分,因而每个人都需要尽量保持多样化地消费农产品。

(2)层次性和发展性。尽管农产品是人类生活生存的基本必需品,但是随着生产力水平的提高和市场经济的发展,农产品市场提供的农产品不断呈现出层次性的特征,例如对茶叶按照不同的品质制定不同的价格,使高收入群体能够消费到更优质的茶叶,低收入群体选择消费普通茶叶等。发展性是指部分农产品随着人们生活水平的变化,其重要性也在发生变化。例如粗粮在粮食欠缺年代是维持生活的主要食物;随着生活水平提高,人们开始更多食用细粮;再随着生产力的发展,人们对自身健康的认知提升后,开始把粗粮与细粮科学合理地结合起来食用。

(3)易变性和季节性。随着生产力水平的提高,农产品的品种、类型日趋多样化。消费者对农产品的选择余地不断扩大,就会使消费者对农产品的选择呈现易变性的特征。同时,尽管科学技术的应用能够使人们常年消费到不同季节的各类农产品,但是农产品的季节性依然会导致消费者对农产品消费活动的季节性。

(二)消费行为特征

基于现代营销学的理念,消费者的行为包括购买之前的搜集信息、购买过程中的行为状况、购买后对农产品的消费使用行为状况及是否决定再次购买等。根据这个定义,可以把消费者的行为特征归纳为以下几点。

(1)非营利性。农产品消费者购买农产品的目的是自身或家庭的消费,是为了获得农产品的使用价值,而不是为了营利。

(2)非知识性。这是指农产品消费者对所购买的农产品缺乏准确认知和评价产品的专业知识,因此,消费者的购买行为会更多地受广告、品牌、他人购买后的反应以及自己购买后的感受等方面的影响和诱导。

(3)小规模性和重复性。由于消费者购买农产品的目的是满足个人或家庭需要,是日常性消费行为,一般都是每次少量地购买,消费后再次购买同样的农产品。特别是容易变质的农产品,更是每次少量购买,需要时再次重复购买。

（三）消费者与市场细分

由于消费者类型众多,农产品也是种类繁多,农产品市场经营主体有必要根据消费者对不同农产品的消费欲望和需求状况,以及根据消费者的购买行为和购买习惯等,把整体市场区分为不同的小市场群,即进行市场细分。例如把整个奶粉市场细分为中老年奶粉市场、婴幼儿奶粉市场或普通人群的奶粉市场等。市场细分可以按照人口年龄、性别、地域特征、心理行为等因素来进行。市场细分意味着同一市场群内部的消费者需求大致相同,差异性较小;而不同市场群之间的消费者需求差别较大。市场细分的目的是利于农产品市场经营者更好地为目标市场提供更适合的农产品。

二、农产品消费者的需求类型分析

消费者对农产品的需求情况是消费者购买农产品的前提条件,农产品市场经营者需要对农产品消费者的需求类型进行充分调研,以便能够提供满足消费者各种需要的农产品。

（一）对农产品基本功能的需求

农产品是食物来源,消费者购买农产品的基本目的是用作食物。作为食物的农产品应当具有本产品应该具有的基本营养价值,即有用性。各种农产品的有用性是农产品的基本功能。这是农产品被生产出来供应市场的基本条件。例如,大米、面粉应当具有大米、面粉的营养价值;牛奶、蛋类应该具有牛奶、蛋类的营养价值。保证农产品具有基本功能,是满足农产品消费者需求的前提。

（二）对农产品品质的需求

在保证农产品具有基本功能的基础上,消费者对农产品的品质也会有相应的需求。农产品的品质高低一般可以用营养成分的含量、纯度、色泽、水分含量、口感、外观等多个指标来衡量。例如一个个头适中、色泽可人、口感上乘的苹果,就要比一个过大或过小、颜色不佳、口感一般的苹果更能够满足消费者的需求,即品质更好。由于农产品容易腐烂变质,从产地经过包装运输到销售出去,整个过程会导致农产品品质的变化,因此不断改进包装运输条件,提高保鲜技术,尽量维持农产品高品质,是农产品生产经营者特别需要努力做到的。

（三）对农产品安全性能的需求

当农产品的生产者生产农产品不是为了自己消费,而是为了出售时,就有可能使用一些利于农产品产量提高,但是不利于农产品安全的做法,例如过量使用化肥农药,导致农产品自身含有超过标准的有毒有害物质等。保证农产品的安全性是一项重要的工作,追求农产品的消费安全也是农产品消费者的基本需求和社会权益。政府一般会出台相关法律政策予以约束,例如我国颁布的《中华人民共和国农产品质量安全法》《中华人民共和国食品安全法》《中华人民共和国进出口商品检验法》等。

（四）对农产品便利程度的需求

由于农产品是消费者的日常性消费品，在购买和使用过程中的便利程度也对消费者的消费行为有很大影响。在购买过程中，消费者希望能够以最短的时间、最近的距离、最快的方式购买到所需要的农产品，并且能够便于携带、便于使用。近年来，在许多超市的农产品台面上，不少农产品经过了初步的整理包装，干净、小份包装的蔬菜就比较受欢迎。再例如在核桃市场上，近年来大量薄皮核桃代替了传统核桃，原因就在于薄皮核桃便于消费者食用。在肉类农产品方面，各类肉食被分割为不同的部分，便于消费者依据偏好自由选择，如把鸡心、鸡翅、鸡腿等单独归类出售等。

（五）对农产品外观的需求

随着人们生活水平的不断提高，消费者对农产品的外观需求也逐渐提高。对初级农产品，特别是水果类农产品，人们往往更偏好那些形状规整，个头适中，色泽可人的。对于一般农产品，应该具有该类农产品应该具有的正常色泽和形态。不过，消费需求的多样化、层次化，也使农产品的外观呈现了多样化趋势，例如有些消费者偏好购买具有观赏性质的水果，或购买具有一定寓意外观的水果，如带有福、禄、寿、平安等特定文字的苹果等。

（六）对农产品情感功能的需求

消费农产品时能够获得一定的美好情感的需要，这是消费者对农产品情感功能的需求，例如把自己家乡的特色美食赠送给亲朋好友，以表达自己对亲朋好友的深厚情谊。在我国传统文化中，农产品曾经长期是馈赠亲朋好友的重要礼品，例如给有新生婴儿的家庭送米、面、鸡蛋等。赠送鲜花之类的西方文化也在我国渐渐流行开来，鲜花也是特殊农产品。在社会交往中，农产品能够作为传递美好情感的载体，受到人们的重视，成为重要礼品，这是消费者对农产品情感功能需求的社会文化基础。再如前文提到的，近年来一些农产品经营者在水果上呈现具有美好祝福的字样，增加其情感功能，受到不少消费者的喜爱。

（七）对农产品社会象征性的需求

消费者购买或消费某些农产品，其目的是传递一定的社会地位信息，这样的需求，就是对农产品社会象征性的需求。例如，消费者购买消费价格昂贵的鲍鱼、燕窝等农产品，是为了显示自己对待客人的大气、热情，同时也彰显出自己的购买力。因为这些农产品数量较少、加工难度大、不易购买，其消费受到很大限制，只有有一定经济条件的人，才能够消费得起。

（八）对农产品良好服务的需求

农产品经营者往往希望自己的顾客能够重复购买自己的农产品，这不仅需要农产品品质等方面能够满足消费者的要求，而且也需要农产品经营者能够提供消费者满意的服务，这就是消费者对农产品良好服务的需求。优质良好周到的服务，能够使消费者获得多方面的满足，例如获得尊重、情感交流、个人价值认定等方面的心理满足。随着生产力水平的不断提高,农产品的数量越来越多,质量越来越高,农产品经营者就越来越需要在优化服务方面下功夫。实践证明,能够吸引回头客的经营者都是善于提供优质服务的经营者,农产品与其优质服务的关系越来越密切。

三、农产品消费者需求的发展变化趋势

随着社会的发展,人们对农产品的消费需求也在发展变化。进入 21 世纪,随着现代信息技术的广泛应用,人们获取各种信息的能力越来越强,人们对人类自身的认识和对自然界的认识能力都有很大提高,这就使得人们更加尊重自然,更加注重对农产品的合理消费。

(一)倡导健康绿色消费

在市场经济中,农产品生产经营者为了获得农产品的交换价值,就会使用各种手段增加农产品的数量,而大多数农产品是直接食用的,如果农产品含有大量药物或添加剂、防腐剂等,会给消费者身体健康带来很大伤害。农产品生产过程中不合理使用化肥农药,也对自然生态资源带来很大破坏。倡导健康绿色消费,倒逼农产品生产经营者进行绿色生产、绿色经营,这是目前的一个显著趋势。此外,随着收入的增长以及农产品的日益丰富,人们对农产品的需求开始向着改善质量、增进健康的方向发展,向"一多(多维生素)、二高(高蛋白、高纤维)、三低(低脂肪、低糖、低盐)"方向发展。

(二)偏好品牌农产品

由于农产品市场竞争比较激烈,部分农产品生产者就在品牌建设方面更加用力。农产品的品牌建设就是一个树立信誉的过程,因为品牌就意味着一种质量保障,意味着农产品生产经营者拥有足够的技术和实力,能够生产供应充足的优质农产品。为此,收入水平相对较高的消费者就会倾向于选择品牌农产品,品牌就成为影响消费者选购农产品的重要因素。

(三)农产品消费的社会化程度不断提高

生产力的发展伴随着人们生活节奏的加快,越来越多的人选择在工作单位的职工食堂就餐,或在各类餐饮服务店就餐,这种就餐形式就带来农产品消费的社会化程度不断提高。我国 2023 年中央一号文件之所以提出要大力发展预制菜和中央厨房产业,其根据就是农产品消费的社会化程度在不断提高。预制菜,又称为预制调理食品,一般指以各类农、畜、禽、水产品为原辅料,配以调味料等辅料,经预选、调制等工艺加工而成的半成品或成品。通常预制菜需要在冷链条件下贮存或运输,供消费者或餐饮加工者简单加热或烹饪后食用。所谓中央厨房,是将菜品用冷藏车配送,通过直营店实行统一采购和配送;中央厨房可快速有效地应对各销售网点的订货需求,实现多品种、小批量、高效率配送服务,降低物流成本。

(四)地区差异性逐渐缩小

随着交通物流条件的逐步完善、现代信息技术的广泛应用,农产品生产经营基础条件不断得到改进,运输距离已经不是影响农产品销售的主要障碍,不同地区农产品的互通有无已

经基本能够充分实现。尽管不同区域的人群有不同的消费偏好,但是总体上来看,这种地区差异性在逐渐缩小。

(五)个性化、多层次化特征明显

21世纪是现代信息技术广泛应用的时代,也是人们各种需求趋向个性化、多层次化的时代,人们对农产品的消费需求也呈现出明显的个性化、多层次化的特征。人们对农产品的口味、形态和特殊功能都会有这样或那样的特殊需求。对于营养保健品、儿童食品、休闲娱乐食品、节日庆典食品、交往寓意食品等,消费者的个性化、多层次化特征就更加明显。

拓展案例

大数据助力云南农产品闯市场

2022年4月,云南省元谋县农业大数据中心投资近30万元,为云南思农蔬菜种业发展有限责任公司免费安装了农业物联网设施。这个系统建起来以后,该公司对蔬菜种苗质量的把控就更加严格了,在各个方面都能够把握得非常精确,在一些非常关键的节点,如开棚、关棚以及水分判断上,能非常准确地做出时间判断,指导相关的农事操作,让蔬菜种苗生长的整个过程更具保障。

和云南思农蔬菜种业发展有限责任公司一样,同样受益于元谋县农业大数据中心物联网数据的,还有元谋县常荣农业发展有限公司,作为元谋县产供销一体化的省级农业龙头企业,依托物联网,公司的千亩青枣连片种植获取了全面、准确的数据。

除了为生产端提供数据支持,元谋县农业大数据中心还对元谋县各销售商及全国各大水果蔬菜销售市场的大数据进行采集,广大种植企业及种植户可以根据数据实时调整生产计划及营销对象。元谋县农产品经营者每天早上第一件事情,就是通过手机查看元谋县农业大数据中心当天公布的果蔬行情。他们能够根据价格状况,判断大概的需求量,也就是根据这个数据组织生产,就避免了过量生产造成的市场滞销,而且也可以通过这个数据,了解到市场的一些不足,给企业带来一些收益。

云南省元谋县农业大数据中心自2020年10月试运营以来,已初步建成数据基础平台、农业资源与产业一张图、一网云平台、大数据应用云平台四个板块,开发设计了11套子系统,收录了元谋县3500亩果树农业物联网示范基地建设情况、13 000个测土配方施肥、近30年元谋农业气象及农业产业发展资料、全国155个农产品市场的交易数据和其他农业农村数据资源等基础数据。通过一期、二期项目建设,已累计投入1130万元。软件方面,已完成农业大数据中心果蔬智慧云平台二期建设,开发和完善"元谋数字农业"App;硬件方面,已完成2个蔬菜批发市场、3家种业育苗工厂、10家蔬菜种植基地、30家农资经营门店、

10 家电商门店的信息化建设。

　　元谋县农业大数据中心能够做到用数据说话、用数据来决策，最终通过大数据平台，提高该县对整个农业全产业链的掌握，从而推动整个高原特色农业的快速发展。元谋县在推进"大数据+农业"深度融合发展过程中，还为 13 个蔬菜种植示范基地安装部署了 300 多种物联网传感设备，辐射带动全县农民建成蔬菜、水果设施大棚 10 万亩，建成工厂化育苗大棚 46 万平方米，年出苗 6 亿株。建成元谋智慧农业应用云服务平台，为农户、企业、客商、政府提供精准的数据支撑，每天更新县农产品市场和全国 155 个农产品市场交易动态，让群众及时掌握全县和全国各地农产品价格走势。元谋蔬菜已经顺利销往北京、上海、重庆等全国200 多个大中城市和韩国、日本、俄罗斯等 10 多个国家和地区，年综合产值突破 65 亿元。

　　元谋县还计划通过农业物联网技术，大数据、5G 等信息化技术，有效整合全县各级涉农资源，突出顶层设计，汇聚农业产业、现代种业、植保、农机、畜牧、农资、农经、科教等各级业务应用及数据，真正形成"大农业"数据中心，服务更多群众、农业企业和种植养殖基地。

　　资料来源：吴维东，黄伟.科技赋能！大数据为农业插上腾飞翅膀［DB/OL］.https://new.qq.com/rain/a/20230516A08EKR00.2023-05-16.

思考题

　　1.农产品市场竞争有哪些特点？

　　2.农产品市场营销宏观环境主要包括哪些内容？

　　3.消费者对农产品的需求有哪些类型？

农产品市场调查预测与计划控制

本章主要介绍农产品市场调查、预测、农产品营销的计划控制等方面的内容,包括农产品市场信息的调查分析技术,农产品市场经营目标的预测监控技术,农产品市场细分及目标市场的选择,农产品营销计划的制定、实施及控制等内容,主要目的是掌握市场信息对农产品经营者的重要性及其获取途径和使用方法。农产品市场经营者在充分可靠的信息支持下,才能够科学制定经营的计划和战略规划,并对这些计划和战略规划进行监测和控制,以便促进经营目标的顺利实现。

第一节　农产品市场调查与预测

一、农产品市场调查

农产品市场调查的基本目的是获取经营农产品所需要的各种信息数据,良好的经营效果离不开对市场信息的充分把握。只有先通过各种途径获得市场信息,才能对市场行情进行判别及预测,在预测基础上形成合理的决策。充分的市场信息能够提高农产品经营者的决策质量和交易能力。

（一）农产品市场信息及其来源

农产品市场信息是指在农产品生产、经营和消费活动中,对相关经济关系、经济活动状况及与市场营销有关的各种消息、情报、图表、数据等资料的总称。农产品市场信息一般可以通过文字、语言、数据、凭证、报表、符号、广告、商业行情等形式进行传递。

有人把市场信息和研究结果比作市场中的血液,把市场信息机构比作市场的脉搏,把价格比作衡量市场的晴雨表等。每个进行购买或生产、销售农产品的经营者都需要不断地累积、修正,使用市场上关于价格、供给、需求和关于市场状况的信息。此外,也有大量政府机构或民营机构在对农产品市场信息进行调研和分析。

农产品市场经营领域的信息可以分为公开信息和不公开信息两种来源。许多经营者可以从自己的业务活动中得到许多信息,也可以从各种专业信息咨询机构购买到不公开(即需要支付费用才能获取信息)的信息。农产品经营主体把自己经营活动中得到的各种信息进行分析和研究,这些信息一般也只限于本经营主体使用。

在农产品经营领域,一些民间研究机构为了争取更多的客户,会有条件地公开发布它们搜集分析的市场信息。有些经营组织为了保护其成员的秘密,一般只提供一些综合性的信息。例如,美国的肉类机构、罐头商联合组织、零售点加工商组织、食品营销组织、奶制品联合会等都会提供这类信息。

有些专门从事农产品市场信息调查和分析的机构,以经营这些信息为主要业务,即给那些支付信息费用的客户提供他们所需要的市场信息,但不会公开发布它们所搜集和分析的信息。这些专业的信息咨询机构所研究的信息范围主要有:一项新产品的市场潜力、旧产品重新占取市场份额的方法、调查海外市场的贸易机会、包装设计、销售和促销计划等。

一般来说,每个国家的农村农业部门都有收集、整理、分析农产品市场信息的职责要求,这类机构就是农产品信息公共机构,它们在收集、分析、传播农业和农产品营销信息方面发挥着非常重要的作用。在市场经济条件下,即使是政府部门,许多国家的公共信息机构也有收费提供信息服务的趋势,而我国农业农村部门则义务性为农产品生产经营者提供各类所需要的市场信息。

(二)评估农产品市场信息的标准

为了使所获得的农产品市场信息更充分地发挥作用,就需要判断信息的价值大小,良好的农产品市场信息需要满足一系列标准。

(1)信息的完全性和充分性。一份比较合理、完整的农产品市场信息,应该主要包括价格、生产、供给、存货、需求等方面的状况。农产品经营者经常可以从预测和评估未来的市场趋势中获得收益。由于农产品种类较多,分布广泛,市场环境不断变化等原因,单个农产品市场经营主体要想获取完全和充分的市场信息是有很大难度的。但是,在现代信息技术支持下,特别是大数据技术的应用,从国家层面来看,应该有条件构建比较完备和高效的市场信息采集系统。

(2)信息的准确性。信息的准确性要求信息提供者有一定的信誉保障,例如政府权威部门提供的信息必须是可靠的,否则政府信誉就受到损害。那些依靠收取费用提供信息的机构,为了维持生存,也需要提供准确的信息。

(3)信息的相关性和有用性。在信息时代,时时处处都有着各种各样的信息产生和传播,对于农产品经营者来说,需要从海量的信息中尽快找到符合自己需要的有用信息。简单获取各种信息是不够的,还要结合使用者的信息需求去搜集,并能够进行一定的加工处理。

(4)信息的保密性。对于农产品市场信息机构或农产品经营主体来说,获取信息的目的是应用这些信息给自己带来好处,因而就需要在一定范围内保密。

(5)信息的及时性。农产品经营者所需要的信息都是有时效性的,错过了使用信息的时机,这些信息就失去了价值。不同的农产品经营主体对信息时效要求是不一样的。农产品期货市场的交易者需要注意信息每分钟的变化;其他农产品交易者可能只需要每天的交易信息;对另外一些组织机构来说,则可能只需要每个月或每年的市场信息。

(三)农产品市场调查的基本内容

农产品市场调查是指根据农产品生产经营者的调查目的与决策需求,运用科学的调查方法,有组织、有计划地收集、整理、分析、传递、存储和利用市场信息的整个过程。农产品市场调查的主要目的是通过准确把握农产品市场供求状况、价格变化趋向等,为农产品经营者制定决策提供依据。农产品市场调查的内容十分广泛,可以大体把这些内容分为以下五个方面。

(1)市场环境调查。农产品经营者的范围有大有小,如果经营范围比较大,进入一个陌生的地域,就需要首先对该地域的宏观营销环境进行足够深入的调查了解。政治环境方面,需要调查了解政府相关的经济政策、发展农业的方针、价格政策、财政税收、环境保护等内容。经济环境方面,需要调查了解本地域的收入状况、生产力水平、科技应用水平、居民生活水平等。社会文化方面,需要了解本区域居民的意识形态、宗教信仰、风俗习惯、受教育水平、民族分布等内容。在自然生态环境方面,需要了解本地域的地理位置、交通运输条件、土壤气候条件、农作物生长条件等。

(2)消费者需求情况调查。消费者需求情况调查是农产品经营者需要调查了解的重点内容。在对整体环境调查的基础上,需要进一步重点调查部分消费者,了解他们日常消费农产品的偏好情况,了解他们对各类农产品在数量、质量、品种、规格、样式、价格等方面的需求信息。同时,还需要调查了解本地域对农产品其他方面的购买力及其变化情况,例如是否有众多工程项目将要开工,是否有企业集团化购买力,是否有进出口需求等。

(3)生产者供给情况调查。农产品经营者在某个区域开展业务,需要充分了解本区域农产品生产者的供给意愿和供给能力。通过市场调查,准确把握本区域农产品生产的结构、技术水平、生产成本、自然条件和自然资源利用状况。尤其需要重视对本区域农产品生产情况的调查,因为本区域农产品生产供应情况直接影响农产品市场状况。

(4)销售渠道的通畅情况调查。销售渠道是否通畅对农产品经营者也是非常重要的。销售渠道涉及经销商、代理商、物流公司、仓储机构等,便捷的地理区位条件和交通运输条件同样是重要的。这些情况都需要农产品经营者通过市场调查来了解。

(5)市场行情调查。市场行情调查主要是调查了解各种农产品在市场上的供求情况、存货状况、市场竞争状况等。市场行情调查还需要调查有关地区、企业、商品之间的差别和供求关系。农产品经营者在充分调查的基础上,还需要善于对比分析相关地区、企业、同类商品的生产、经营、成本、价格、利润、资金周转等主要经济数据,分析相关企业在经营流转、销售情况和发展趋势方面的数据信息。

(四)农产品市场调查的基本方法

农村市场调查的基本方法可以根据不同的标准分为不同的类型。

1. 根据调查技术划分

根据调查技术可以分为询问调查法、现场观察法、实验调查法、资料分析法。

(1)询问调查法是通过面谈、电话、信函等手段搜集所需要的信息资料,是市场调查的常用方法。面谈法可以采用走出去、请进来或组织开座谈会等方式进行。总之是调查员与受访对象面对面的交流。电话调查是一种通过电话向被调查者了解信息的方式,电话调查可以是人工电话,也可以是电脑辅助系统电话,即由非人工的计算机辅助系统完成的电话调查。信函方式需要调查员先设计好调查项目信息,如询问表、征订单等,把这些内容以信函的方式邮寄给被调查者,并请对方填写完毕再寄回。

(2)现场观察法是指调查员直接到市场进行观察与记录所要搜集相关信息的一种方法。如农产品市场调查员到选定的某个市场,记录顾客流量、消费者对各类农产品的选择情况和消费者的意见建议等信息。现场观察法的优点是能够比较客观地搜集资料,直接记录所观察到的实际数据和被调查者的行为信息;不足之处在于无法获得观察不到的现象与行为内在联系的内容。因此,比较好的调查活动应该是把现场观察法与询问调查法结合起来,既要到现场观察,又要根据情况选择部分对象进行询问调查。

(3)实验调查法是根据需要设定一些实验条件,对目标消费者开展实验活动,并记录分析实验数据。例如,如果计划分析影响销售量变动的几个因素,选择价格、包装两个因素进行实验,在其他因素保持不变的情况下,从销售量的变动来考察价格和包装的影响。实验调查法的运用范围比较广泛,凡是某一商品在改变品种、包装、设计、价格、广告等因素时,都可应用这一方法先做一个小规模实验,观察用户的反应,然后研究是否值得大规模推广。

(4)资料分析法是通过收集历史数据和现实动态的统计资料,进行统计分析的调查分析方法。在统计学中,把调查者通过实地调查搜集到的资料称为一手资料,把通过相关部门或期刊、统计年鉴、网络媒体等获得的数据资料称为二手资料或间接资料。资料分析法主要是搜集分析二手资料或间接资料。例如通过搜集某个部门多年来的销售数据,可以分析市场供求趋势、市场相关因素、市场占有率等。这个方法的优点是可以充分利用现有资料,节省调查费用,但是要求调查人员具有专业的统计分析技术和丰富的实践经验。

2. 根据调查样本的数量划分

根据调查样本的数量可以分为全面调查法、典型调查法、重点调查法、抽样调查法。

(1)全面调查法是对目标总体中所包含的每一个个体对象都进行调查的方法。这种方法的优点是全面性,能够获取全面、系统、准确、可靠的资料信息;缺点是费工、费时、费钱,不宜经常采用。

（2）典型调查法是从目标总体中选择一批典型个体对象进行调查的方法。这种方法要求先依据一定的标准选取被调查的典型个体，即要求所调查的个体具有较好的代表性。这种方法的优点是调查对象少，容易进行，能够更深入地调查了解，还便于对被调查单位的生产经营过程进行调查，直接获得比较系统的第一手资料，而且节省费用。

（3）重点调查法是选择目标总体中的部分重点对象进行调查的方法。重点对象是对总体有重大影响的对象。这种方法的优点与典型调查类似，关键是如何选取好调查的重点对象。重点调查的结论不适用于一般对象。

（4）抽样调查法是在目标总体中依据一定的要求选取一定数量的样本进行调查，目的是通过样本数据推断出总体特征。按照抽取样本时是否遵循随机原则，抽样调查又可分为随机抽样调查和非随机抽样调查，这两种调查方法可以单独使用，也可以结合起来使用。使用抽样调查需要注意样本的数目不可太少，以免降低准确度；也不宜太多，以免费用过高，难以承担。

（五）农产品市场调查的基本步骤

农产品市场调查的具体步骤需要根据调查目的、调查手段、调查费用、调查地点等条件来确定，一般来说，农产品市场调查有以下六个基本步骤。

（1）确定市场调查目标。即明确市场调查的目的、范围和要求，明确调查主题。

（2）制订调查计划。包括明确必须搜集的资料、设计出基本的调查方法、组织好调查人员、安排好日程以及做好调查费用预算等。

（3）进行初步调查。通过搜集二手资料，初步了解和发现各影响因素之间的关系，确定调查项目，进行小范围的初步调查，又称预调查。通过预调查分析调查项目拟定的合理性，改进调查项目。

（4）进行实地调查。在初步调查的基础上，进一步完善调查的具体问题，选取并培训合适数量的调查员，进行实地调查。

（5）资料的整理与分析。资料的整理与分析是对实地调查搜集到的各种资料数据进行统计整理分析，以得出所要的主要信息。资料的整理与分析内容主要有：①编辑整理。要核实调查资料的真伪和误差，对信息资料进行评定，如资料的依据是否充分，推理是否严谨，阐述是否合理，观点是否正确，以保证资料的真实与准确。②分类编号。为便于查找、归档、统计和分析，必须将经过编辑整理的信息资料按适当的分类表分类编号。③统计。将已分类的资料进行统计、计算、系统地制成各种计算表、统计表、统计图，以便利用和分析。④分析。运用调查资料所得数据和事实，分析情况并得出结论。

（6）编写调查研究报告。编写调查报告的目的是为决策者提供条理清晰、重点突出的参考文本。编写原则有：紧扣主题、内容力求客观、简明扼要、重点突出、文字简练等。报告应该适当使用文字图形和表格，以便容易理解。调查报告提交以后，调查人员还应该追踪了解报告是否被采纳。如果被采纳,应该协助业务人员尽早实现报告中提出的建议方案。

二、农产品市场预测

预测是根据已知情况或数据信息,推测未来趋势或方向的一种活动。随着统计分析技术的完善,特别是计算机数据处理能力的不断提升,在统计分析技术中发展起来了预测技术,这种预测技术已经被应用到各项工作中。在农产品市场调查分析中使用的预测技术,就是农产品市场预测技术。

(一)农产品市场预测的概念与分类

农产品市场预测是指在一定的农产品市场信息资料的基础上,依据对市场经济规律的认识,运用科学的方法,对影响市场供求变化的各种因素进行分析、测算,对农产品市场的发展、变化做出趋势性判断和定性、定量的估计,为农产品经营者决策、为农产品生产者安排生产计划提供依据。

农产品市场预测的类型有不同的分类依据。

(1)根据市场预测的项目多少,可以分为单项预测和复项预测。单项预测是对市场供求双方各因素中的一个项目进行预测,例如对某种商品的价格水平、销售量、销售利润、市场占有率等指标,选择其中一个进行预测。复项预测是对市场供求各种因素中两个以上项目的综合性预测,例如对春节期间猪肉销售量进行复项预测中,对生猪各部位销售量、价格水平等多个项目进行预测。

(2)根据市场预测的商品种类,可以分为大类商品的预测和商品品种小类的预测。例如粮食是一个大类,而粮食还可分为小麦、稻谷、玉米等小类。

(3)根据预测的方法,可以分为定性预测和定量预测,或经验判断预测和数学方法预测,或直观判断预测和因果关系预测等。

(4)根据市场预测的范围,可以分为宏观、中观和微观经济预测。宏观经济预测,如全国市场供求总量预测、国民生产总值增长率预测等;中观经济预测,如部门或地区的经济总量预测;微观经济预测,如对基层单位各种经济活动的预测。

(二)农产品市场预测的方法

1. 经验判断预测法

经验判断预测法是凭经验和直觉来进行预测的一种方法,这种方法具有主观性,简便易行的特点,在时间紧和掌握的市场资料较少的情况下,适合采用这种方法。经验判断预测法又包含主观概率法、增长率实估法、专家意见法、市场试销法、市场调查法。主观概率法是预测者根据经验提出预测估计值及其各自出现的概率(概率之和要等于1),预测估计值主要包括某个预测目标的最大值、中间值和最小值。预测估计值与主观概率相乘再求和,就是预测的结果值。主观概率法适合预测农产品销售额、商品市场占有率、商品需求量等。增长率实估法是预测者根据以往数据和个人经验,对市场发展的增长率提出一个估计值,这种方法适用于食品等比较稳定的产品市场预测。专家意见法又称为德尔菲法,这种方法是通过多轮次征求专家意见,汇集整理,最终使专家意见趋向一致,得出一个能代表大多数专家意见的预测值。市场试销法是通过在局部地区市场一定时期内的实际销售情况来预测市场变化的方法。市场调查法是在广泛调查获取信息的基础上,结合预测对象的特点进行估计的一种方法。

2. 时间序列预测法

时间序列预测法是一种定量预测方法。时间序列是指统计学中的时间序列数据,即按照时间(如年、季、月等)顺序排列的一组统计数据,具有连续性和一定时间长度等特征。时间序列预测法就是根据时间序列所表现的规律性进行外推预测。外推预测计算的方法有多种,最简单的是算术平均法。算术平均法就是把时间序列中的前 n 期数据求平均值,作为所要预测的第 $n+1$ 期的估计值。此外,还有几何平均法、指数平滑法、趋势外推法、季节指数法等。这些方法的具体操作步骤和适用情况,在统计学课程中会有比较具体的介绍。

3. 因果分析预测法

因果分析预测法就是从分析事物因果关系入手,依据数理统计理论和方法,建立反映变量关系的数学模型,揭示预测对象与其他有关市场变量的数量变动关系,进而进行定量的预测。因果分析预测法主要包括回归分析法和投入产出法。回归分析法是运用统计学中的回归分析,把两个或两个以上变量之间的函数关系加以模型化,建立回归方程进行预测。投入产出法是对变量先进行理论分析,确定投入变量和产出变量,然后编制投入产出变量,把经济体系内的多种关系定量并记在一张棋盘表上;最后利用投入产出变量建立方程组,并利用相应的计算方法对其进行计算分析。投入产出法一般可用于市场商品供求状态、生产资料需求量及价格变动趋势、商品的区际调拨等预测。回归分析法和投入产出法的学习与应用都需要经过一个专业的课程学习过程。

(三)农产品市场预测的程序

农产品市场预测的程序主要有以下五个步骤:

(1)明确预测的目的和要求。市场预测范围很广,实际工作中应该把预测目标具体化,具有针对性。根据预测的目的和要求,选定预测项目。

(2)搜集整理所需资料。通过前期的市场调查,尽量充分掌握相关的数据资料。搜集资料的工作顺序一般是先内后外,由粗到细,做到有数字、有事实,以便分析研究。

(3)正确选择预测方法。农产品市场预测的具体方法有多种,各种方法各有其适用情况和使用范围,应该根据预测的项目和目的,选择合适的预测方法。

(4)编制预测表并估计预测误差。资料搜集齐全,确定了预测方法以后,需要根据预测的项目和目的要求,设计和编制预测表进行预测。预测时,要全面分析影响预测项目的各种因素,实事求是地分析市场趋势。同时,预测的时间不宜过长。预测时间越短,资料越齐全、准确,预测的误差就越小,准确性就越高。

(5)用实践数据来验证预测结果,不断总结改进。

第二节 农产品市场细分与目标市场选择

农产品多种多样,对农产品的消费是日常性的,而农产品生产经营者众多,每个生产经营主体能够从事的业务条件都是有限的,要想充分发挥自己的独特优势,就需要专注于某些方面,即对自己的业务范围有清晰的目标定位,这个工作涉及农产品市场细分与目标市场选择。

一、农产品市场细分

(一)农产品市场细分的概念

农产品市场细分是指根据农产品市场中不同的购买者在需求特点、购买行为和购买习惯等方面的差异性,把农产品总体市场划分为若干个不同类型的购买者群的过程。每个购买者(消费者)群就是一个细分市场,或称子市场。每一个细分市场都是由具有类似需求倾向的消费者构成的群体,分属于不同细分市场的消费者对同一农产品的需求与欲望有着明显的差异。

随着农产品的种类、规格、质量等级等方面的日益丰富,消费者对多种多样的农产品选择余地不断增大,呈现出一定的偏好特征,这些因素都为农产品市场细分创造了条件。

(二)农产品市场细分的依据

从总体上看,农产品市场细分的依据是消费者对农产品选择的差异性。具体来讲,农产品细分的依据有以下几点。

(1)消费者需求的多样性。在农产品供不应求时,消费者对农产品的需求差别不很明显,但是随着农产品丰富程度的提高,消费者选择性越来越强,消费需求的多样性特征越来越明显。农产品经营者能够根据这种客观要求,细分消费群体,生产和经营多样化的农产品,并针对各种消费群体运用不同的营销组合策略。

(2)消费者购买动机的多样性。消费者购买农产品可以用于自己家庭的消费,也可以用来赠送亲朋好友。不同消费水平的购买者有不同的消费心理欲望,消费水平高的倾向于选择高档次农产品,消费水平低的则多选择实惠性的农产品。多样化购买动机是区分消费群体的一个重要依据,也是市场细分的重要依据。

(3)消费者购买行为的多样化。消费者具有不同的收入、性格、素养等特征,导致消费者的购买行为特征有多种,如理智型、习惯型、情感型、不定型等。农产品经营者应该善于分析不同行为特征的消费者,以便更好地迎合消费者的心理需求,正确选择目标市场,有针对性地开展农产品营销活动,把消费者的潜在需求转变为现实需求。

（三）农产品市场细分的标志

农产品市场细分的标志就是影响消费者消费行为的主要因素,即地理因素、人口因素、心理因素、行为因素等标志。

（1）地理因素。农产品经营者可以根据消费者所在的地理位置来细分消费者市场,其原因在于不同地理位置的消费者对农产品的消费有比较明显差异性的需求偏好。例如,大米或面粉经营者常常把全国市场细分为东北、华北、华东、华中、华南等子市场。

（2）人口因素。人口是构成农产品市场最主要的因素,根据人口特征对农产品市场进行细分的具体做法有许多,例如青少年市场、中老年市场、婴幼儿市场;农村人口市场、城市人口市场;工薪阶层市场、高收入阶层市场等。通常人口细分市场主要根据年龄、性别、家庭人口、生命周期、收入、职业、教育、宗教、种族、国籍等相关变量,把市场分割成若干子市场。

（3）心理因素。心理状态直接影响着农产品消费者的消费行为。依据心理特征细分农产品市场,可以有多种划分类型,例如实惠型消费者、高档型消费者、绿色健康型消费者、情感满足型消费者等。

（4）行为因素。这种划分标志主要依据消费者对农产品的认知状况、选择态度、购买使用形式等行为特征,对消费者群体进行细分,如理智型消费者、冲动型消费者等。

（四）农产品市场细分的步骤

（1）确定企业的营销目标。农产品经营者如果要对市场进行细分,就需要首先明确自己能够生产什么、经营什么,有能力满足哪一类消费者的需求。农产品经营者应该根据自身条件,以市场需求为导向,确定营销目标,选择进入市场的范围,这是市场细分的基础。

（2）列出进入市场的潜在消费者的全部需求。农产品经营者在细分市场时,要具体列出进入市场的潜在消费者的全部需求。例如,如果想进入肉牛养殖业,就必须尽可能把消费者对牛肉的品种、口味等的需求全部详细列出。

（3）进行市场细分。依据农产品经营者对不同消费者的需求了解程度,分析可能存在的细分市场。

二、农产品目标市场选择

（一）农产品目标市场及其条件

农产品目标市场是指农产品经营者决定进入并为其服务的农产品市场。农产品经营者一般是在农产品细分的基础上,选择某一个或几个细分市场作为营销对象,但并不是所有的细分市场都能够作为该经营者的目标市场的。一般来说,目标市场应该具备以下条件。

1. 有适当的规模和需求量

作为一个农产品经营者计划进入的目标市场,需要有一定的规模和需求量。如果市场规模过小,可能导致农产品经营者的收益不足以补偿投入。另外,目标市场还应该具有一定的现实或潜在的需求量,这样才能够为农产品经营者进入该市场并正常经营提供比较充分的条件,从而使农产品经营者能够依据薄利多销的原则,为该市场提供数量充足的物美价廉、适销对路的农产品,以满足该市场消费者的需求,同时实现自身盈利。

2. 有一定的购买力

只有当农产品经营者选定的目标市场具有足够的购买力,才能够给经营者带来足够的销售收入。在对一个目标市场进行购买力分析时,首先要分析其现实购买力,如果现实购买力不足,仅仅有潜在的购买力,也是不足以支持农产品经营者的业务活动的。其次,还要对目标人群进行多方面的分析,如分析其收入和经济实力,分析其不同的消费倾向等。

3. 未被竞争者完全控制

农产品经营者在选择目标市场时,还需要充分了解竞争对手对该市场的目标定位和经营战略。如果农产品经营者选择的目标市场未被竞争对手完全控制,则该经营者进入市场后才能充分发挥优势。如果竞争对手只是表面上控制了市场,而依靠经营者的实力和相关经营策略,仍然能够在该市场上有所作为,就可以继续进入该市场。

4. 农产品经营者应具备相应的经营实力

农产品经营者选定一个目标市场后,还需要不断提升自己的经营实力,使自己的经营实力足以适应该目标市场的需要。农产品经营者只有具备了人力、物力、财力及一定的经营管理水平等条件时,才能够在所选定的目标市场上顺利地开展业务。

(二)农产品目标市场营销策略

农产品市场经营者所生产经营的农产品范围不同,其目标市场的营销策略也是不一样的。一般地说,有以下三种类型。

1. 无差异性市场营销策略

无差异性市场营销策略是指农产品经营者只生产一种农产品,并且只应用单一的市场营销组合,力求在一定程度上适应尽可能多的顾客需求。这样的经营者主要考虑各子市场的共性,即把各子市场看作一个总体市场。这种策略的优点是:可大批量地生产、储存、运输和销售,因而单位成本低;不用细分市场,经营方式简单,营销费用低。它的缺点是:生产者的产品单一,满足不了农产品相对过剩情况下消费者的多样化需求;可能导致过度竞争;经营者单一化经营,抗风险能力小。

2. 差异性市场营销策略

差异性市场营销策略是指农产品经营者能够生产经营多种不同的产品,可以采用不同的营销组合,能够适应不同的细分子市场的消费需求。这种策略一般适用于比较大型的、有较强经济实力的农产品生产经营者。它的优点是:通过生产多种农产品去满足不同消费者的需要,有利于农产品的销售,扩大经营者的总销售额,从而增加销售收入和利润。它的缺点是:生产复杂,投资大,管理控制的工作量大,单位成本高,营销费用高。

3.集中性市场营销策略

集中性市场营销策略是指农产品经营者集中全部力量,只选择一个或几个子市场作为目标市场,生产一种比较能够受消费者欢迎的农产品,目的在于在较少的子市场上获得较大的市场占有率。这种策略适用于特色农产品的生产经营活动。它的优点是:利于经营者快速占据子市场,提高新产品的市场知名度和竞争力,获得较高的投资利润率。它的缺点是:市场比较狭窄,新产品单一,新产品的市场应变能力小。

三、农产品市场定位

(一)农产品市场定位的概念

农产品市场定位是指农产品经营者根据市场竞争者现有产品在市场上所处的位置,针对消费者对该产品某种特征或属性的重视程度,强有力地塑造本企业产品与众不同的鲜明个性或形象,并把这种形象生动地传递给消费者,从而确定该商品在市场中的适当位置。

农产品的市场定位是农产品经营者通过为自己的产品创造鲜明的特色和个性,从而在消费者心目中塑造出独特的形象和位置来实现的。这种特色和形象可以通过产品实体体现出来,也可以从消费者心理方面反映出来,还可以从价格水平、品牌、质量、档次、技术先进性等方面表现出来。农产品市场定位的实质是取得目标市场的竞争优势,确定企业及其产品在消费者心目中的适当位置并留下值得购买的印象,以便吸引更多的消费者。

(二)农产品市场定位的方法

(1)根据农产品质量和价格定位。农产品的质量和价格本身就是一种定位。一般来讲,较高的质量对应较高的价格。农产品价格有其特殊性,政府为了维持社会的稳定,一般要求农产品价格保持稳定。农产品经营者要提高产品的价格,就需要使自己的产品具有特殊的优势质量,以便与普通农产品区别开来,满足消费者对优质农产品的需求,从而实现定位目的。

(2)根据农产品的用途定位。同一农产品可能有多种用途,例如某一种农产品既可以作为食物消费,又可以作为食品加工的原料等。农产品经营者可以根据业务需要,对所生产经营的农产品的用途进行不同的定位。

(3)根据农产品的特性定位。农产品的特性包括其种源、生产技术、生产过程、产地等,这些特征都可以作为农产品定位的因素。如"绿色农产品""无公害蔬菜"等都是根据农产品的特性进行定位的。

(4)根据消费者的习惯定位。这种定位是由农产品使用者对产品的习惯看法来确定产品的形象,进行目标市场定位。

(三)农产品市场定位的步骤

农产品市场定位的目的就是增强自己的竞争优势,并把这个竞争优势呈现出来。因此农产品市场定位的步骤就包括三个步骤,即明确自身潜在的竞争优势、选择相对的竞争优势、显示相对的竞争优势。

(1)明确自身潜在的竞争优势。农产品市场营销人员通过市场调研,充分把握目标顾客对于农产品的需要及其欲望的满足程度,了解竞争对手的产品定位情况,分析顾客对于自己的期望,得出研究结论,从而明确自身的潜在竞争优势。

(2)选择相对的竞争优势。农产品经营者通过总结和分析竞争对手,从经营管理、技术开发、采购供应、营销能力、资本财务、产品属性等方面与竞争对手进行比较,准确地评价自身的实力,找出优于对手的相对竞争优势。

(3)显示相对的竞争优势。首先,农产品经营者需要通过一系列的营销工作,尤其是宣传促销活动,把自己独特的竞争优势准确地传递给潜在顾客,并在顾客心目中形成独特的企业及产品形象。为此,企业首先应该使目标顾客了解、认同、喜欢和偏爱自己的市场定位。其次,农产品经营者要通过一切努力稳定和强化目标顾客的态度,以巩固市场定位。最后,还应该密切关注目标顾客对市场定位理解的偏差,及时矫正与市场定位不一致的形象。

第三节 农产品市场营销计划与战略

农产品营销计划与战略是农产品经营者从事生产经营活动需要遵循的依据,计划与战略既有联系,也有区别,计划是形成战略的基础,计划服务于战略。对于农产品经营者来说,制订计划、执行计划主要是市场营销部门的事情,制定战略、推行战略是由专门的职能部门(如战略规划部)承担的。

一、农产品市场营销计划

计划是预计并谋划出的活动方案,是由相关部门根据对未来状况的预测制订出的行为方案。一个计划是有时间长度的,时间长度是根据该项业务活动的需要确定的,可能是一年(年度计划),也可能是一个月(月度计划)等。农产品市场营销计划是由农产品经营主体的营销部门负责的一项工作,是由营销部门针对某些业务、某个产品、产品线或品牌等的市场营销工作,围绕该经营主体目标的全局部署、时间安排以及实施策略等要求制订的。规范的计划有一定的内容框架,一般来讲,一份完整的农产品市场营销计划主要包括以下八个方面的内容。

(1)计划提要。农产品营销计划书的开头应对计划的主要内容做一个简明扼要的概括,以使农产品经营主体的决策者及有关人员能够迅速把握计划的核心及主要内容。在提要之后附上计划的内容目录。

（2）营销现状。这部分要提供有关市场、产品、竞争、分销和宏观环境的背景资料。市场形势主要提供有关农产品目标市场的现状分析，包括各细分市场或区域市场的规模及成长分析，目标顾客的需要、观念和购买行为的变化趋势等情况分析。产品状况是反映近几年主要产品的销售量、价格、收益率等的资料信息。市场竞争状况主要用于识别主要的竞争对手，描述它们的规模、目标、市场份额、产品质量、技术水平、战略取向及其行动。分销状况描述企业分销渠道的规模及现状，包括分销商能力及其变化，为中间商提供必要的价格及交易条件等。宏观环境及其趋势是对影响企业及其产品的各种宏观环境因素进行分析，包括人口、经济、政治、法律、社会、文化、科技等各方面的形势及发展趋势。

（3）机会与问题分析。主要分析影响农产品经营者及其产品前途的各种因素，包括外部因素与内部因素，还要分析自身的优势与不足，进而确定自身目前所面临的主要问题。对这些问题的分析是农产品经营者制定经营目标、农产品营销战略与策略的基础。

（4）目标。包括财务目标和营销目标。财务目标是农产品经营者对计划期内具体产品或产品组合确定的投资收益率、利润、现金流量及其他财务指标。营销目标是由财务目标转化而来的，包括计划期内的总销售额规模、市场占有率、产品价格、分销范围以及产品知名度等。这些目标应明确完成期限、度量标准、优先级次，而且要求现实可行、科学合理。

（5）营销策略。为了实现营销目标，还需要进一步明确一些与营销策略有关的内容，如目标市场、产品定位、产品组合、价格、分销网络、销售队伍的配备、广告、营业推广、研究与开发、市场调研等。

（6）行动方案。行动方案是描述为实现计划目标所采取的主要营销行动的文本，包括行动内容、时间、主体、成本等。行动方案就是要将各项营销措施具体落实到人、财、物等要求的组合上，需要具体详细地阐述行动方案的名称、内容、时间、主管人、费用预计、参与部门及人员等。

（7）预计损益表。预计损益表是指提出市场营销计划的预算。在预计损益表中，收入方要列出预计销售量和平均实现价格；支出方要列出成本的构成及其细目，包括设计研究成本、实体分销成本和营销费用等；两者差额即预计的利润。农产品经营主体的决策层需要对计划的预算进行审核，或做出调整。

（8）控制。控制主要是用来监控计划的实施进度。这部分内容应该阐明农产品经营者及其营销组织监控计划实施的标准及方式、方法，包括有关保障措施和应变计划。通常目标和预算要按月或季度来制定，农产品经营者对计划的执行结果进行定期核查、监督，以确保计划的顺利实施，出现偏差和失误要及时纠正和改进。对难以预测的因素要制订应急计划。

二、农产品市场营销战略

农产品市场营销战略是指向未来的行动方案,与农产品营销计划相比,战略涉及内容具有全局性、长远性、根本性特征。农产品市场营销战略用于确定农产品经营者的经营方向。农业企业能否在不断变化的环境条件下求得生存和发展,很大程度上取决于企业在战略层面上的决策与管理。

在农产品市场营销业务中比较有影响力的一个营销战略是 STP 战略,这个战略实际上是农产品经营者关于主要业务内容的一个组合营销战略。STP 战略中的 S、T、P 分别代表 segmenting、targeting、positioning,即市场细分、目标市场和市场定位。STP 战略就是把这几个业务内容统筹谋划,拟订未来的行动方案。一个综合性战略可以细分为几个具体的战略单元,STP 战略就可以细分为市场细分战略、目标市场战略和市场定位战略。

近年来随着乡村振兴战略的实施,各地在努力提升本地域的农产品市场竞争力,最突出的一个做法就是推行区域品牌战略。农产品区域品牌战略的含义是指农产品生产经营者在市场竞争中以突出地域性、特色性为重点,以"人无我有、人有我优"为目标取向,赢得部分消费者的信任,争取更大的市场份额。有学者认为品牌化是现代农业发展的标志,我国中央一号文件也多次提到重视农产品的品牌化建设。没有规模就没有品牌,品牌建设意味着需要一定的经营规模、更高的质量控制和更完善的经营管理制度。

第四节　农产品营销控制

农产品营销控制是指农产品经营者对其各项营销计划执行情况的检查分析及控制工作。农产品营销控制工作的内容主要是通过计算实际完成情况与计划目标数据的差异大小,并分析产生差异的原因,及时调整各项工作安排,以保障能够按计划完成目标任务。

一、年度计划控制

年度计划控制是为了保证年度计划所规定的销售、利润和其他目标的实现而采取的分析控制措施。年度计划控制主要措施为:计算出每个时期各项目标的实际完成数据;对比分析实际完成数据与计划目标数据的差额;分析产生这些差额的原因;根据分析结果调整各项工作安排。

(一)销售情况分析

1. 销售差异分析

销售差异分析主要分析不同因素对销售差异产生的影响程度。例如某公司年度计划中规定 8 月份销售果蔬 400 吨,每吨 1000 元,即销售额 40 万元;结果月底只销售了 300 吨,每吨 800 元,实际销售额 24 万元。这样,计划目标与实际完成量之间的差额是 16 万元,既有销售量的原因,也有销售价格的原因。需要深入分析的是,这两个因素中哪个影响更大些。这样的分析可以通过下面的计算来进行:

$$因价格下降的差异 = (1000 - 800) \times 300 = 60000 (37.5\%)$$

$$因销量下降的差异 = 1000 \times (400 - 300) = 100000 (62.5\%)$$

通过这样的计算比较,可以知道 62.5% 的销售差异归因于未完成计划的销售量,37.5% 的销售差异归因于价格的波动,因此营销人员应该在增加销售量方面更下功夫。

2. 地区销售量差异分析

地区销售量差异分析是通过对比分析不同地区的计划销售目标与实际完成数量的差异,分析比较哪个地区任务完成得更好或更差。例如,假设某公司在三个不同地区计划销售果品分别为 1500 千克、500 千克和 2000 千克;而实际销售量分别是 1400 千克、525 千克和 1075 千克,与计划的差距分别是 −6.67%、5%、−46.25%。通过比较可以知道,第三个地区的销售业绩明显太低,需要加强该地区的销售能力。

(二)市场占有率分析

通过市场占有率计划目标与实际完成情况的分析,有利于经营主体明确自己在市场竞争中的地位。市场占有率计算涉及的问题比较多,最关键的是如何准确获得整个市场的供需数量及各竞争对手的相关数据。在计算市场占有率时,有四种不同的计算方法:①全部市场占有率,即本组织的销售额占全行业销售额的百分比。②可达市场占有率。可达市场有两层含义,第一层含义是企业产品最适合的市场,第二层含义是企业市场营销努力所及的市场。可达市场占有率以企业销售额占企业所服务市场的全部销售额的百分比来表示。③相对市场占有率(相对于三个最大竞争者),该指标以企业销售额与三个最大的竞争者的销售额总和的百分比来表示。④相对市场占有率(相对于市场领先者),是以企业销售额相对市场领先竞争者的销售额的百分比来表示。

(三)市场营销费用与销售额比率分析

该项计算的目的用于控制销售费用开支和营销费用的比率,避免营销费用使用不当。年度计划控制的任务之一,就是在保证实现销售目标的前提下,控制销售费用开支和营销费用的比率。农产品市场营销管理人员应密切注意这些比率的变化,以发现是否有比例失去控制。当一项费用对销售额比率失去控制时,必须认真查找原因。

(四)顾客态度追踪分析

在市场经济环境中,每个农产品经营者都需要把顾客是否满意看作是不能忽视的事情,因而在年度计划控制工作中要特别重视对顾客态度的追踪分析。一般来说,可以从三个方面进行顾客态度的追踪分析:①建立听取顾客意见的制度,有专门负责记录分析顾客意见的部门及人员,对各种意见归类成册,并能及时回应顾客的意见。②固定顾客样本,选取有一定代表性的顾客作为顾客样本,定期通过电话、邮寄或网络等方式了解这些顾客的需求、意见及建议。③顾客调查,定期随机抽取一些顾客,进行一组标准化的问卷调查,以便了解农产品经营者所关心的问题。

二、盈利能力控制

农产品经营者除了分析各项计划的完成情况和市场占有率情况,还需要善于分析自己的盈利能力。对于盈利能力大小的判断,一是分析成本情况,二是分析收益情况。

(一)营销成本分析

营销成本是指与营销活动有关的各项费用支出,尽量降低成本是每个经营者都需要学会做的事情。营销成本主要包括五个方面:①直接推销费用,包括推销人员的工资、奖金、差旅费、培训费、交际费等;②促销费用,包括广告媒体成本、产品说明书费用、印刷费用、赠奖费用、展览会费用、促销人员工资等;③仓储费用,包括租金、维护费、折旧费、保险费、包装费、存货成本等;④运输费用,包括托运费用等,如果是自有运输工具,则要计算折旧费、维护费、燃料费、牌照税、保险费、司机工资等;⑤其他市场营销费用,包括市场营销管理人员工资、办公费用等。上述成本连同企业的生产成本构成了企业的总成本,直接影响企业经济效益。

(二)计算盈利能力指标

农产品经营者在准确计算营销成本的基础上,需要计算反映自己盈利能力的指标,这些指标有多项,其定义及具体计算需要在专业的财务管理类学科内容中去学习。一般来说,每个经营主体都会关注和计算以下几个盈利指标:销售利润率、资产收益率、净资产收益率、资产管理效率(资产周转率和存货周转率)等。

三、效率控制

在进行成本效益分析的基础上,需要进一步考察各项工作中的效率问题,对比分析出现效率低下的情况及原因,并提出改进对策。

(一)销售人员效率

农产品经营者的各部门负责人要关注和分析本部门或本区域销售人员工作效率的指标,主要包括:每个销售人员每天平均的销售访问次数;每次销售访问的平均时间;每次销售访问的平均收益;每次销售访问的平均成本;每次销售访问的招待成本;每百次销售访问预订购的百分比;每两次销售访问之间增加的新顾客数;每两次销售访问之间流失的顾客数;销售成本占总销售额的百分比等。通过这些分析,便于了解销售人员的销售频率高低及销售效果优劣。

(二)广告效率

广告是农产品经营者推销产品的重要手段,广告效率高低的评价也是十分重要的工作。衡量广告效率的指标主要有:每一个媒体类型、每一个媒体工具接触每千名购买者所花费的广告成本;顾客对每一个媒体工具注意、联想和阅读的百分比;顾客对广告内容和效果的意见;顾客在广告前后对产品态度的衡量;顾客受广告刺激而引起的询问次数等。

(三)营业推广效率

营业推广效率的衡量指标主要有:由于优惠而销售的百分比;每一销售额的沉没成本(即已经付出且不可收回的成本);赠券收回的百分比;因示范而引起询问的次数等。此外,还需要对比分析不同营业推广手段的效果,并选择效果最佳的营业推广手段。

(四)分销效率

分销效率控制涉及存货情况、仓储位置及运输方式的分析与改进,以及为实现最佳配置而去寻找最佳运输方式和途径。

四、战略控制与营销审计

(一)战略控制

战略控制是指农产品经营者采取一系列措施,使实际市场营销工作与战略规划的步骤及工作内容尽可能一致。如果实际情况与战略规划的偏差比较大,需要推广评审和分析,修正战略部署或改进实际工作措施。由于营销战略是关系长远性、全局性方面的决策,是指向未来的,因而农产品营销的战略控制尽管是重要的,但是一般不要求太精准。

(二)营销审计

审计工作主要是检查农产品经营者各种工作中相关数据的真实性和质量高低。为了做好战略控制工作,需要推广一系列相关审计工作来配合。农产品营销审计是对一个农产品经营主体的市场营销环境、目标、战略、组织、方法、程序和业务诸方面进行综合的、系统的、独立的和定期的核查,以便发现市场机会和工作中存在的问题。

农产品营销审计的基本内容包括农产品营销环境审计、农产品营销战略审计、农产品营销组织审计、农产品营销系统审计、农产品营销盈利能力审计、农产品营销职能审计等。

1.农产品营销环境审计

农产品营销环境是农产品经营者开展营销活动的重要条件,对农产品营销环境的调研及分析是否正确,其影响是比较大的。农产品营销环境审计的内容主要包括:市场规模;市场增长率;顾客与潜在顾客对农产品经营主体的评价;竞争者的目标、战略、优势、劣势、规模;市场占有率;供应商的推销方式;中间商的分销渠道等。

2.农产品营销战略审计

农产品营销战略审计的内容主要包括农产品经营者是否能够按照市场导向确定自己的

目标任务;是否能够正确选择与自己目标任务一致的竞争地位;是否制定了与产品生命周期、竞争者战略相适应的市场营销战略;是否能进行科学的市场分析并选择最佳的目标市场;是否能够合理配置市场营销资源并确定合适的市场营销组合;农产品经营者在市场定位、企业形象、公共关系等方面的战略是否有成效等。

3. 农产品营销组织审计

农产品营销组织审计的目的是评价农产品营销主体组织保障力量的强弱,审计内容主要包括是否有强有力的市场营销主管人员及明确的职责与权利;是否能够按产品、用户、地区等有效组织各项市场营销活动;是否有一支能力比较强的销售人员队伍;对销售人员是否有健全的激励、监督机制和评价体系;市场营销部门与采购部门、生产部门、研究开发部门、财务部门以及其他部门是否有密切的合作关系等。

4. 农产品营销系统审计

农产品营销系统主要包括市场营销信息系统、市场营销计划系统、市场营销控制系统和新产品开发系统。农产品营销系统审计主要审计农产品经营者是否能够及时充分地获取相关经营信息;信息渠道是否通畅;是否能够进行充分的市场营销研究;是否能够运用市场营销系统进行科学的市场预测等。

5. 农产品营销盈利能力审计

农产品营销盈利能力审计主要影响盈利能力的各个因素的具体状况。盈利能力审计的主要内容包括审核企业的不同产品、不同市场、不同地区以及各分销渠道的盈利能力;审核进入或退出、扩大或缩小某一具体业务对盈利能力的影响;审核市场营销费用支出及其效益等。

6. 农产品营销职能审计

农产品营销职能审计主要是对市场营销组合因素(产品、价格、地点、促销等)效率的审计。审计内容主要包括农产品的产品质量、特色、式样、品牌受顾客欢迎程度;企业定价目标和战略的有效性;市场覆盖率;企业分销商、经销商、代理商、供应商等渠道成员的效率;广告预算、媒体选择及广告效率;销售人员的规格、素质以及能动性等。

拓展案例

我国农产品批发市场的效率与前景

农产品批发市场的效率问题受到相关各方面的关注,政府政策制定者、市场监管部门、农产品经营者及学术研究者都从不同视角理解和评价农产品批发市场的效率问题。我国于2023 年 3 月发布了《国务院关于加强农产品批发市场监督管理的规定(征求意见稿)》,体现了政府对农产品批发市场效率问题的高度关注。2023年中央一号文件也强调要在县城周边建立仓储基地,提升物流运输能力等。部分学者从学术研究视角,通过构建效率评价指标,运用定量分析技术对我国农产品批发市场的效率进行分析评价;也有学者从其他角度、运用定性定量相结合的方法对农产品批发市场的效率进行分析评价。一些学者认为,我国农产品批发市场的效率整体上与发达国家还有差距,同时呈现出东部效率高,中部次之,西部效率低等特征。但是也有专家认为,相比欧美以及日韩,不能认为我国农产品批发市场效率低下。首先,从交易涵盖的业务范围看,农产品批发市场和批发商最大限度地提高了经营场地和经营时间的利用率。其次,从全年经营情况看,批发商基本上将经营场地和时间的利用率提高到了难以再提高的地步。关于农产品批发市场的前景,有专家指出,一是基于"大国小农"这一基本国情农情,我国农产品批发市场仍然将长期存在;二是新兴业态崛起不会导致我国农产品批发市场衰退,因为连锁超市和电商等新兴业态与农产品批发市场并非"两败俱伤"的关系,也不是"此消彼长"的互替关系,而应该是"共生共荣"的关系。

资料来源:①徐振宇.我国农产品批发市场的效率与前景[J].中国商界,2022(7):28-29.②刘洋.我国农产品批发市场效率测评及影响因素[J].商业经济研究,2022(19):143-146.

思考题

1. 如何做好农产品市场调查工作?
2. 农产品营销目标的预测方法主要有哪些?
3. 什么是农产品市场细分? 如何选择目标市场?
4. 如何制订农产品营销计划?

农产品市场营销策略

本章从农产品供给方的视角系统分析了农产品在不同方向的营销策略,包括产品策略、价格策略、渠道策略和促销策略,从最基础的概念性问题引入对某一方面策略的研究与思考,并提出建议和解决方案,对我国现代农业的发展具有借鉴性意义。

第一节 农产品的产品策略

农产品营销是指将农业生产的各类产品,如粮食、蔬菜、水果、畜禽肉类等推向市场,并通过一系列的市场活动和策略来实现销售和利润增长的过程。它旨在将农业生产的优质产品推向市场来满足消费者需求,并为生产者带来经济利益。它包括了从产品生产到最终消费之间的所有环节,涉及供应链管理、品牌建设、渠道选择以及促销等多个方面。

一、产品概念和生命周期

(一)农产品营销中的产品概念

现代市场营销学中的产品概念与传统意义上的产品概念不同。在过去,农产品通常被定义为从农田、畜舍、森林、畜禽屠宰区、河流、湖泊捕捞的初级产品形态。但在现代营销理论中,它更多地被定义为能供人们使用和消费的一系列商品,这些商品不仅仅涉及有形的实物,还涉及无形的商品,如技术、文化、价值观、行为准则以及它们之间的组合服务等。现代市场营销学中的产品概念可以分为三个层次:核心产品、有形产品、附加产品。

1. 核心产品

核心产品代表着消费者对于实际效用、利益和服务的追求。消费者不仅仅是为了占有和获取农产品实体,更是为了满足自身的需求,获得更多的价值。比如,消费者购买果品、蔬菜实质上是为了获取维生素的需求,而不是自我拥有。因此,营销人员应具备反映顾客核心需求的基本效用或利益的能力。

2. 有形产品

产品的核心功能必须依赖于其实体,这些实体被称为有形产品,其表现为农产品在市场上的形象,这一形象由五个要素组成:质量、特性、外观、品牌以及包装。即使是纯粹的服务,也具备与有形产品相似的特征。只有通过采取特定的方式,产品的基本功能才能得到充分发挥,比如红黄绿各种颜色、长尖圆小各种形态辣椒的出现,不仅在外观上有所创造,同时提高了味蕾的层次,也深得顾客喜爱,因此消费者愿意为了追求更加完善的外在形态而付出更高的报酬。

3. 附加产品

附加产品也可称作延伸产品,是指顾客购买和使用农产品时所能获得的核心产品和有形产品以外的各种利益总和,即产品附加的服务,比如提供产品信贷、资金融通、顾客种植培育、畜养技术咨询、广告宣传服务、免费送货上门、质量保证售后服务及其他具有价值的形式,能够正确发展延伸产品的价值。

(二)农产品营销中的产品生命周期

产品的生命周期是指从产品开发、引入市场,到逐渐成熟和衰退的整个过程。一般而言,产品生命周期可以分为导入期、成长期、成熟期和衰退期四个阶段,在不同的时期,农产品的销售额及收益水平也会有所波动。因此,将农产品的生命周期进行细致的划分,可以帮助企业把握住每个发展阶段的机遇,从而有效地实施有针对性的营销策略,以获得最大的经济效益,从而实现企业的长远可持续发展。

1. 导入期的市场营销策略

导入期农产品生产少,成本高,销量少。企业要积极收集市场对新投入的农产品的反应,疏通销售渠道,千方百计打开销路把农产品投放市场。为了提升企业农产品的知名度,应该采取多种措施,包括:利用现有产品进行推广,采取特殊措施吸引消费者试用,通过特定渠道吸引中间商进行经销等。

2. 成长期的市场营销策略

此阶段企业已经形成规模化生产,并取得良好的销售效益,但竞争愈演愈烈,早期产销的垄断性已基本消除。为了保证农产品的安全性、可靠性、竞争性,扩大生产,公司应该采用多项措施来确保产品销量,主要包括:①不断优化品种选择,培育创新出更多的优质农产品;②扩大销售范围,拓宽营销渠道,联合更多的中间商和零售商;③加强商标的保护,调整广告的焦点,从介绍农产品的角度,发挥更好的社会影响,努力打造知名的农产品品牌,赢得更多的忠实消费者;④及时调整价格,吸引更多的消费者。

3. 成熟期的市场营销策略

成熟期属于农产品市场的"鼎盛"时期,产品结构基本定型、技术成熟,替代性产品已经开始出现,农产品销售额前期达到顶峰后开始缓慢回落,市场竞争处于"白热化"阶段。为了提高农产品的销售量,延长成熟期时长,生产者应该采取的策略包括:农业技术改进,重视产品的外观和性能,以满足消费者的多样化需求;市场调整,拓展农产品的新用途,开发新的消费模式;市场营销组合优化,提高产品质量,延长农产品的使用寿命,从而提升销售额等营销策略。

4.衰退期的市场营销策略

随着衰退期的到来,许多农产品已经不再适用,而一些新兴的产品则早早地跳过了导入期,进入了发展阶段,占据市场大部分份额,旧产品销量迅速下降,利润降低,企业开始亏损,大幅度削价处理过剩产品。此时生产者或企业应该认真研究分析旧产品的去从问题,可采取的策略有:继续经营,一直沿用过去的营销策略不做改变直到完全退出市场;集中策略,放弃那些没有赢利机会的市场,缩短产品经营路线,节约成本,从中获利;缩减策略,裁减人员,降低宣传和减少促销,以得近利为目标;放弃策略,放弃陈旧产品,把生产资源转移到新产品上,为新产品进入市场做准备等。

二、农产品组合策略

在企业的市场营销策略中,我们应致力于寻找出最佳的产品组合。要实现这个目标,必须充分了解各种不同产品的独特之处。其中有两个关键的要素:一是产品线,也叫作产品大类,代表的是产品生产经营者能够满足同质需求消费群体,并在统一的渠道上进行流通。二是产品项目,是指在产品线中可以用尺寸、种类、品牌、售价或者其他因素加以区分的产品单位。例如,一家农业经营单位主要从事大米、面粉、食盐、玉米、大豆等营销,它们构成了一个完整的产品组合。其中的大米、面粉、大豆等是产品线,而大米产品线上的糙米、糯米等是产品项目。产品组合的宽度是指经营的产品线数目,深度指每条产品线上产品项目的数量,长度指产品组合中所有产品项目的总数,而产品项目在生产环境、分销渠道、最终用途的各个方面都具有一定的关联性。由于生产经营者的财力、技术能力、市场情势以及竞争环境的不同,公司在确定产品组合时可能会面临多种不同的挑战。

(一)扩大产品组合策略

为了更好地推进产品组合,可重点从产品组合的长度、宽度和深度考虑。扩大产品组合策略的实施应综合考量消费者的需求、市场的动向、公司的财务状况以及生产技术水平。随着市场的不断变化,产品竞争变大,那么产品的销量和盈利水平就会受到影响从而下降。因此,公司应该考虑拓宽产品线,并且重点投资那些具有更大发展潜力的生产线。此外,如果公司正计划向更多的客户推出多样化的产品,那么也应该考虑添置新的产品。通过拓展产品线,不仅有助于有效地整合人、财、物的资源,而且还有助于降低市场风险,提升公司的市场竞争力。

(二)缩减产品组合策略

在市场不景气时,缩减产品组合可以有效地降低风险,同时也可以将获利较少的产品或项目剔除,以便将更多的资源投入获利更多的领域,这样一来,企业的总利润就有望得到提升。这一策略采取的措施包括:精简产品宽度和深度,以降低成本;精简产品种类,以减少产品数量。

(三)产品延伸策略

产品延伸策略是指企业全部或部分地改变原有产品的市场定位,包括高档、中档和低档三个层面。具体有向下延伸,增加低档产品;向上延伸,增加高档产品;上下双向延伸,从低端到高端的双向扩张,既可以提供更高质量的产品,也可以增加低端产品。这样,企业就可以实现从低端到高端的多元化发展,从而满足消费者的需求。

三、农产品品牌与包装策略

(一)农产品品牌策略

品牌是一种识别标志、一种精神象征、一种价值理念,是品质优异的核心体现,通过将产品理念、专业知识、形象、文字、色彩、外观、风格等元素结合在一起,可以有效地识别出某个经营者或其产品和服务,并与同行业竞争者的产品和服务进行区别和比较。农产品品牌是建立产品差异化竞争优势的工具,是生产者与消费者有效沟通的桥梁,通过塑造品牌形象、建立品牌信仰,打造产品差异化、建立品牌认同与消费者的忠诚。

1. 做好品牌定位

品牌定位涉及公司如何选择其所处的行业,以便能够吸引顾客。这个定位包括公司定位、产品定位、公司文化、个人风格等方面。通常来说,这个定位意味着公司选择一个适当的市场位置,并树立一个独树一帜的、符合消费者需求的形象,以便能够吸引顾客,快速打开农产品市场。

2. 抢占公共资源

农产品具有强烈的品类属性和产地属性,想要打造出具有独特产地和品类属性的农产品品牌,需要发掘、开发和利用当地的优质资源,将这些优质资源转变为企业化的形式,让它们成为当地的代表,让消费者对其有更深刻的认知,从而让它们成为真正的原产地、正宗的农产品。

3. 塑造品牌形象

做好产品的内外双修工作,塑造优质的品牌形象,提升产品的竞争力,我们应该从多个方面入手,例如:构思独特的品牌标志;挑选出优秀的产品代言人,制定合理的宣传策略;完善品牌包装,突出其独特性;运用多种渠道,打造出与众不同的销售模式,以此来提升企业的知名度。饮食承载着文化,而文化又影响消费者的体验感,挖掘、打造、传播品牌文化,讲好品牌故事,展示品牌的独特魅力,让消费者更加了解并信任这个品牌,完成产品品牌化增值。

4. 打造差异化农产品品牌

为了应对日益激烈的农产品竞争市场,我们需要重视农产品的独特性,使其内在品质差异化、外在化。例如,我们应该重视品牌的设计,命名具有新意;利用优秀技术进行品种改良;重视产品的创新,提炼差异化价值。根据当前的实际环境,企业应该勇于汲取、整合运用各个领域的先进理念、技能与策略,以此来创造一个具有前瞻性的、多元化的、具有竞争力的市场,获取竞争优势。

5. 加强品牌的传播与维护

创立品牌后,要注重保护品牌,及时进行商标注册使品牌合法化,防止品牌被抢注或冒用,影响品牌信誉,创建领先或者独特的行业标准,为消费者树立一个评判产品的主观标准。在信息快速发展的社会中,要重视品牌宣传和推广,产品发布后应及时将信息传达给消费者,抢占市场,发挥品牌的市场价值。

6. 进行品牌延伸与扩展

品牌延伸与扩展是指利用成功的品牌推出新产品,充分发挥品牌效应。随着农产品市场的日益同质化,通过对产品进行深度加工,改变其原有的外观,可以显著提高其附加价值,从而极大地增强其竞争力。

(二)农产品包装策略

随着社会的发展,人民生活水平的提高,消费者对商品包装的需求也在不断变化,从过去只关注保护商品、方便携带的功能,到现在更加注重满足消费者的身心需求,使人们生活购物更加舒适、充满乐趣。因此,采用适当的包装方式可以显著提升农产品的外观和质量,增加消费体验和销售量。

1. 突出农产品形象的包装策略

通过精心设计的包装,能够突出农产品的特点,使其具有独特的外观、功能、内部组成和结构,从而让消费者更加清晰地了解到该农产品的特性,从而更好地满足他们的需求。这种包装策略不仅能够让消费者更快地了解到产品的特性,还能够让他们更加放心,更加信任,从而更好地吸引他们的注意力,缩短选择时间。

2. 突出农产品用途和使用方法的包装策略

为了让消费者更好地了解某款农产品,企业应当利用产品的标识、图片和结构来向消费者展示这款产品的独到优势,以便他们能够更好地选择适当的应用环境,并获得更好的体验。

3. 展示企业整体形象的包装策略

企业形象是产品营销中不可或缺的一环,因此,许多企业在产品开发过程中就会特别关注企业形象的塑造和提升,以及建立良好的口碑。采取这种包装策略,不仅可以更好地展示企业文化,还可以将其与新开发的农产品有机结合,以达到更好的宣传效果,让消费者更加深入地认识和接受企业。

4. 突出农产品特殊要素的包装策略

每种农业产品都具备独特的历史、地域、社会风尚、宗教信仰和自然环境，因此，在包装设计上巧妙融入这些元素，可以更好地识别出不同的产品，并且让消费者快速联想到它们的相关性，既达到了使用的功效，也做到了文化宣传。

5. 根据产品特性设计独特的包装方式

根据产品的性质、贮藏环境以及其他相关要求，采取科学的包装方式，精心挑选最佳的包装材料及其相应的包装技术，使其具备结构紧凑、防护完善、安全可靠、易于搬运、节约成本、外形美观的特性，以确保其能够在正规的运输、搬运及贮藏过程中无损害。

6. 生态环保的绿色包装策略

在包装设计中，应当尽量考虑到对生态环境和人类健康的安全性，并且要使包装具有可循环利用、可再生性、易回收处理等特点，同时在满足保护、方便、销售等功能条件下，应减少用量，这样既能节约资源和能源，还能在消费者心中留下好感，增加销量。

7. 迎合消费者心理需求的包装策略

由于消费者的收入水平、消费习惯、年龄特征、文化审美大不相同，所以对产品的包装也有不同的偏好。消费习惯上沿用传统、配套、系列、分量等包装方式；对同质同类产品的价值设计等级与其相匹配的包装，采用高、中、低不同层次包装满足不同需求特点；针对不同性别和年龄层次，包装要表现不同的心理需求特征。

8. 礼品式消费包装策略

现代礼品包装精致，针对不同的场合、时间、节目对象，包装设计的选材、工艺、款式都应体现出独特性，增加新鲜感，满足人们交往、礼仪之需要。

四、农产品差异化策略

差异化策略是指通过创造一种顾客认为重要的、有特色优势的或独特的产品或服务来获得竞争优势，更好地满足消费者的需求，以便提高销售量或允许对产品制定更高的价格。农产品市场上同一产品项目，其核心价值基本相同，不同的是在性能和质量上。

（一）农产品质量差异化策略

产品质量的差异化策略是指企业向市场提供具有针对性的、与竞争对手大不相同的高质量产品，以此来赢得消费者的青睐，实现与其他公司的有效竞争，从而实现最大的经济效益。作为农产品行业，产品的口感和品质是关键，产地环境、种子品类、培育方法、加工方式等因素都可造成产品的差异化，生产经营者应该在市场供过于求的情况下，树立差异化思维，打造自我产品的独特竞争优势。例如一般的芥菜有一股淡淡的苦味，偶尔只有几棵又脆又甜，为迎合市场消费，从业者培育出水东鸡心芥菜，既没有苦味，又非常脆，深受消费者喜爱，价格也比一般芥菜要高出许多。

(二)农产品科技创新的差异化策略

农产品创新是指在传统农业生产的过程中引入新技术、新产品、新模式等创新手段,提高农产品的质量、效益和市场竞争力,以满足消费者对安全、健康、营养、环保等方面的需求。科技是农业创新的首要推动力,将现代科学技术和传统农作物做深度结合,利用科技不仅提高了农产品的产量和质量,同时也让农业生产变得更加有效率。新技术,如无人机、传感器、人工智能、大数据、生物技术等,都为农业创新提供了大量帮助。无人机可以用来收集数据和监测植物生长状态。人工智能可以分析这些数据并提供精准耕作建议。大数据可以收集全球范围内农业相关的信息,为科学家们提供更多研究的素材。生物技术可以增强农作物的抗病性、耐旱性,提高产量。而农业经营模式创新所拥有的产业化、生态化、社会化特点则可以使农业发展得更加可持续,实现农民的增收致富。

(三)农产品特色的差异化策略

农产品特色是指农产品区别于竞争对手产品的竞争性工具。注重不同类型地区的差异化发展,通过充分利用各种地域的独特资源,开拓出具有本土风味的农业,大力推进农业的创新与转型,从而增强农业的经济价值。比如漠河市黑土土壤肥沃,昼夜温差大,农作物生长周期短,盛产优质蓝莓;天山山麓夏季高温,光照充足,昼夜温差大,有利于红色素和营养物质积累,生产的番茄品质优良;东北地区纬度较高,气温较低,农作物生长周期较长,黑土地土壤肥沃,生产的大米品质优良。

五、新产品开发策略

新产品是一个多元化的概念,它不仅仅涉及科学技术的突破性发现,也涉及产品的功能、外观、质量、价格等方面的变化。从消费者的角度来看,新产品能够满足新的需求,并且能够带来新的利益或效用,只要是产品整体性概念在任何一部分的创新、变化,能够获得消费者的认可,都叫新产品。

(一)冒险或创业策略

当公司面对巨大的竞争压力时,有时不得不考虑使用冒险策略来应对。这种策略可能需要公司全部精力和财务支持,但也可能带来巨额的收益。因此,公司应当尽可能地利用这种策略来实现长远利益。这种策略的核心思想是寻求技术的革命,并利用独立研究、团队协作和外部援助等手段来实现这些目标。要想成功地推出这款全新的产品,必须拥有最前沿的科学技术、雄厚的财务储备以及出色的市场推广能力。很明显,中小型公司并不适合此种策略。

(二)进取策略

进取策略风险较小,指的是对现有产品工艺等的改进,包括改进型、降低成本型、形成系列型、重新定位型等改进方向,也可能是有较大技术改变的创新产品。这种方式创新程度高、频率快,一般为自主开发,进入市场后能率先取得市场占有率,加快企业发展。但实施该策略的企业需要足够的资金与能力,属于扩张型发展策略。

(三)紧跟策略

中小企业在发展初期,应该积极跟随行业内的竞争对手,及时模仿已经上市的新产品,以确保自身的可持续发展。仿制型新产品开发方式多为自主或承包,研究费用少、创新程度不高,故实施此策略要全面、快速和准确地获得竞争者有关新产品开发的信息,紧跟对手经营步伐,灵活进入市场才能使新产品具有竞争力,才能实现提高市场占有率的企业目标。紧跟策略市场营销的风险较大,具有强有力的市场营销运作是该策略的保证。

(四)保持地位或防备策略

面对日新月异的新产品,如果公司希望保持其现有地位,就必须考虑新产品防备措施。实施方式通常采用仿制型新产品开发模式,以自主开发为主,也可伴随技术引进等方式,创新开发频率不高,但由于开发速度较慢,故进入市场的时间比较靠后,许多已经发展到一定规模的成熟产业会依赖于这种新产品开发模式来提升公司的产品质量和服务水平,保证公司的长期发展。

第二节　农产品的价格策略

一、农产品的定价目标

农产品定价对于农业生产经营者来说至关重要,它不仅能够影响市场需求,还能够决定消费者的购买行为。如果农产品的价格合理,就能够有效地推动销售,从而提升生产经营者的收益;相反,如果价格过高,就会抑制消费,降低其收益。农产品定价受经营者市场定位的决策制约,其目标是通过给农产品定价,实施定价策略来达到主要经营目的。

(一)国家需要

农产品与其他产品有着显著的区别,农产品是人类生存和发展的基础。国家为了维系社会安定与国民经济的稳定,需要掌握一些重要农产品的定价权,生产者与经营者无权对这些农产品定价。

(二)农业保护

政府为了支持和发展农业,维系农产品的供需平衡和市场价格稳定,对农业生产者给予相关支持保护政策,包括价格保护、税收减免、粮食补贴、贷款优惠和贸易保护等。

(三)增加市场份额

生产经营者为了维护并扩大自身的市场地位,必须采取积极的行动来抑制同行业的竞争,确保自身的产品能够稳步发展,从而赢得更多的客户,并且能够在未来的市场中维护自己的优势地位。以增加市场份额作为定价目标,需认清自身实力和找准市场方向,才有利于参与竞争。

(四)维持生存

随着市场竞争日益激烈,有时经营者为了维持生存,利润便不再重要。产品价格降低,只要能弥补变动成本和部分固定成本,经营者就能维持生存,继续经营。但降价生存只有在特殊情况下才可使用,且无法长久。

(五)利润最大化

生产经营以追求一定的利润为目标,而利润往往是以投资收益率或资产收益率来评估的。经营者会选择长期、当期和固定三种利润目标,用以在不同时期获得最大的投资收益。

(六)树立产品形象

消费者的认知价值是决定一个产品能否被接受的关键因素,因此,为了提高产品价格,获取经营收益,必须提高消费者对该产品的认知,采取多种营销策略塑造出一个具有吸引力的产品形象,从而达到最佳的市场效果。

(七)稳定价格

当市场竞争和供需关系处于平衡状态时,为了确保企业能够获得更多的利润,避免不必要的价格冲突,并维护企业的生产稳定,企业通常会采取一种以维护价格稳定为目标的定价策略。

二、农产品的定价依据、程序

(一)农产品的定价依据

为了确保农产品的价格具有良好的市场竞争力,农产品经营者必须从全局的角度来考量各种因素,并且确保其产品能够被消费者接受。

1.产品成本

产品成本是指企业在生产、销售、维护等过程中所需要支出的费用总和,它是企业在确定价格时必须考虑的因素,通常不会超过企业的承受能力,除非遇到极端的市场竞争或其他特殊情况。

2.市场供求关系

市场供求状况对于产品价格的变动至关重要,通常来说,价格与供给量呈正比、与需求量呈反比关系,价格越高,供给量就会越多;相反,价格越低,供给量就会越少。

3.需求价格弹性

需求价格弹性指的是产品的需求量随着市场单位产品价格的波动而变化的程度。如果产品的需求量对市场价格的波动很敏感,那么它就具有较高的弹性。相反,如果它对市场价格的波动反应较小,那么就缺乏弹性。

4. 绿色健康

随着温饱问题得到改善,人们越来越关注食物的安全性、营养性及环保性。在当今的市场,绿色产品的需求越来越强烈,较高的定位使得其质量优良、安全可靠,售价也要比一般产品高得多,这使得它成为受欢迎的商品,从而带来了可观的经济收入。

5. 适应竞争

价格是大多数商家和消费者非常关注的因素,因此在制定价格之前,商家应该广泛搜集信息,并参考与自己公司产品有相似的品质和规格的竞争对手的定价,突出产品差异化,制定出合适的农产品价格,以保证销售的数量与利益,提高市场占有率,获得定价权。

(二)农产品的定价程序

农产品定价的过程要符合一定的程序与依据,符合决策的先后次序,分为以下八个步骤:明确目标市场和产品定位;确定定价目标;估计市场需求;估算成本;分析竞争状况;选择定价方法;确定定价策略;确定价格。

三、农产品的定价方法

生产经营者在特定的定价目标指导下,对农产品价格进行计算的具体方法,就是定价方法。在定价过程中,需要考虑多种因素,包括竞争对手的价格、替代品的价格、产品的成本、消费者的偏好等。

(一)成本导向定价法

把成本作为定价的依据,再加上一定的预期利润,就是产品的最终价格。这是一种最基本的定价方法。

1. 目标利润定价法

将生产过程中的各项费用都计入成本,并计算出每个单位产品的变化成本,以便合理分配固定成本,再根据预期的利润率确定最终的价格。

单位产品价格=(总固定成本+总变动成本)/产品数量+单位产品预期利润

这种方法适用于经营较好、市场占有率较高或比较有影响力的农产品生产经营者。

2. 成本加成定价法

按产品的成本加上一定比例的预期利润来确定价格。

单位成本=可变成本+(固定成本/预计销售量)

加成价格=单位成本×(1+成本利润率)

3. 经验曲线定价法

企业发展的经验曲线表明,生产成本会因业务数量的增加而不断降低,而且这一趋势会呈现出一定的规律性。一般来说,影响降低成本的最重要因素是行业的经验效应以及市场的需求量增长速度。许多产品每当其生产和销售增加一倍,单位成本就降低10%～30%。

(二)需求导向定价法

需求导向定价法是一种基于消费者需求的定价策略,它不仅仅关注产品的成本、竞争情况,更关注消费者对商品的需求强度和对商品的价值认知程度。这种定价策略能够更好地满足消费者的需求,并帮助企业实现盈利。

1. 认知价值定价法

根据消费者的需求和理解,以消费者期望的价格反向定价可以帮助企业更好地推算批发价、出厂价和利润空间,从而制定出满足客户的需求的零售价。这种定价法要求企业准确地评估消费者的需求,对产品价值的理解。如果预测结果不准确、估计过低,定价可能会偏低,这将会对企业的利润造成不利影响;反之,如果预测结果过高,定价可能会过高,从而影响销售情况。

2. 区别需求定价法

为了达到差异化的定价,必须满足如下几个基本前提:市场应该按照客户的需求程度精确划分;每个部门应该保持自主性,避免受到外部因素的影响;在较为昂贵的产品上,应当避免出现低于平均水平的竞品;价格的变动应该合理,避免让顾客产生厌恶。

(三)竞争导向定价法

竞争导向定价法旨在通过观察竞争对手的价格来决定自身产品的定价,这种定价方法能够帮助企业更好地了解市场情况,并采取有效的措施制定出高于、低于或等同于竞品的价格,提高产品的竞争力。

1. 随行就市定价法

通过维持本产品的价格使其保持在市场平均价格上,如此就可以此价格获得平均利润,而且这种方式不仅能够更好地了解消费者对不同价差的反应,还能够避免价格的剧烈波动。

2. 主动竞争定价法

主动竞争定价法以价格作为竞争的主要方式,通过产品差异,实现价格竞争。时间短、见效快,有实力或有特色的企业可采用此方法。

四、农产品的价格策略

农产品价格策略的制定,是一个涉及多方面因素的复杂过程。为了确保农产品的市场竞争力和盈利空间,我们需要综合考虑农产品的定价目标、农产品的定价依据、程序和方法等多个方面。

（一）新产品定价策略

1. 撇脂定价策略

当新产品走进市场时,刚开始应尽可能定价高一些,利用新产品的特点和无竞争优势,能够吸引消费者积极购买,在短时间内尽可能赚取更多利润。

2. 渗透定价策略

新产品在进入市场之初,通过降低新产品的价格,让消费者更容易接受,从而实现薄利多销,迅速拓展市场,在价格上取得竞争优势后,由新产品带动旧产品,为旧产品吸引客流量,增加产品销售的其他可能性。

3. 满意定价策略

满意定价策略是介乎撇脂定价与渗透定价中间的定价模式。撇脂定价会导致价格偏高,有损消费者权益,并且存在被客户反感的危险。相反,渗透定价则会使价格偏低,对消费者有利,公司获益较少,如果公司的财务状况并不理想,就会面临更大的挑战。而满意定价策略则以合理的价格为目标,力求适中,使得市场供求双方均能获得良好的体验。

（二）心理定价策略

1. 整数定价策略

整数定价是利用消费者对数字认知的心理活动,采取合零凑整的方法制定价格,使商品心理价值上升到较高档次。

2. 尾数定价策略

尾数定价是以零头数结尾的定价,通常以吉利数字结尾居多,此方法使产品价格处于较低水平,可满足消费者求廉和求实的心理。

3. 招徕定价策略

招徕定价是指经营者利用消费者求廉的心理,商家可以大幅降低某些商品的价格,以此吸引更多的顾客前来购买,从而推动其他商品的销售。

4. 声望定价策略

声望定价是根据产品在消费者心目中的声望和产品的社会地位来确定商品价值的定价策略,一般适宜具有品牌和文化的商品使用。

5. 习惯定价策略

习惯定价是根据消费者的长期偏好和接受程度,为这类产品制定合理的价格。

（三）差别定价策略

为了满足消费者的多样化需求,经营者会根据交易对象、时间和地点等因素,提供多种不同的价格选择。

1. 地理差价策略

由于买卖双方的地理位置存在差异,因此在购买和销售同一商品时,应当充分考虑如何分摊运输、装卸、仓储等费用,以确保公平性和合理性。

2. 时间差价策略

农产品在不同季节、时期市场供求状况不同,生产者应合理调整同一种产品不同时间的价格。如水产品、蔬果产品的新鲜程度是影响定价的重要因素。

3. 顾客差价策略

生产经营者按照不同的价格把同一产品卖给不同的用户,就是顾客差价策略。比如生产者将西瓜卖给批发商、代理商和消费者时价格不同。

4. 分级定价差价策略

通过对同类产品的精心筛选和分类,生产商可以实施分级定价差价策略,即在不同等级之间保持一定的价格差距。比如将苹果在售卖时分为大果、中果、小果,不同果品之间价格差额较大。

5. 部位定价差价策略

根据顾客的偏好,可以为产品的各个部位设定不同的价格,其中,消费者更偏爱的部位需求大于供给,定价就会更高,而消费者不太喜欢的部位供给大于需求,则定价就更低。如将一头猪进行分割,脸、耳朵、前腿、后腿、排骨等部位的猪肉价格也相应不同。

(四)折扣定价策略

1. 数量折扣策略

数量折扣策略就是根据消费者购买产品数量的多少,分别给予不同折扣的一种定价方法。购买的产品数量越大,折扣就越多。这样做的目的是吸引更多的消费者长期、大量地购买本企业商品。

2. 现金折扣策略

现金折扣策略是一种以信用为核心的购货优惠策略,即对按约定日期付款的顾客给予不同的折扣优待,实质上是变相降价赊销,鼓励提早还款的办法。

3. 季节性或保质期折扣策略

季节性或保质期折扣策略通常是某些生产季节性商品或生鲜农产品的生产者或企业,对销售淡季或保质日期临近来采买的买主所给予的一种折扣优待,为的是鼓励消费,减轻仓储压力和减少经济损失。

4. 业务折扣策略

业务折扣策略又称商业折扣或功能折扣策略,是根据各类中间商在市场营销活动中承担的不同功能所给予的不同折扣。目的是利用中间商努力推销产品,扩大市场,争取更多利润。一般而言,给予批发商的折扣较大,给予零售商的折扣较小。

第三节　农产品的渠道策略

一、农产品营销渠道的模式

(一)农产品营销渠道的含义

农产品营销渠道是指农产品从生产者到最终消费者之间的流通路径和通路。它包括具有交易职能的商业中间人,通过这些渠道,农产品可以顺利地从生产者手中经过加工、分销等到达最终消费者手中。

商业中间人是指介于产品生产者和最终消费者之间并独立于生产者之外的在销售环节发挥桥梁作用的角色。他们利用自身资源、经验和渠道为产品市场提供销售及分销等服务,在供应链中起到连接、调节和促进交易的作用。

(二)农产品营销渠道的作用

农产品营销渠道的作用主要包括六个方面:①连接生产者与消费者,促进生产,引导消费。营销渠道将生产者与消费者连接在一起,通过市场交换实现产品的价值和使用价值,生产满足消费,实现了供需双方之间的有效对接,做到货畅其流,发挥促生产、引消费的作用。②促进流通,平衡供求。通过建立适当的营销渠道,可以使农产品更便捷地流通到各个市场,完成地区性和季节性产品不平衡供给的矛盾,并保证及时供应。③提高商品流通效率,节约成本。合理的安排和管理营销渠道能够提高整个流通过程的效率,减少货物运输时间并相应缩短产品的再生产周期,促进生产发展;大规模流通可压缩资本,加快资金周转,节约成本。④增加附加值。在不同阶段添加价值链上的服务、品牌推广等活动,可以增加农产品的附加值,提升利润空间。⑤扩大市场贡献,提高竞争力。通过选择合适且覆盖广泛的渠道网络,将商品交给中间人,可以更大范围地推广和销售农产品,进而扩大市场贡献,提高产品竞争力。⑥支持质量管理。通过建立稳定的销售渠道,可以为农产品提供质量监控和溯源体系的支持,确保产品质量可靠。

(三)农产品营销渠道的模式

1. 生产者→消费者

生产者将农产品直接卖给最终消费者,不经过任何中间商,是最直接、最简单和最快速的营销渠道。如农民在自己农场门口,将其生产的生鲜农产品直接销售给最终端消费者等。

2. 生产者→零售商→消费者

农业生产者将农产品出售给零售商,批发商再由零售商转卖给最终消费者。比如西瓜等水果成熟后会由生产者将其以批发价整车卖给水果商或摊贩,再由其进行售卖。

3. 生产者→批发商→零售商→消费者

农业生产者将农产品出售给批发商,批发商再转卖给零售商,最后零售商出售给消费者。我国大部分农产品都是采用此渠道进行流通,其中批发商多为中小型企业。如一个农场生产新鲜的蔬菜和水果,然后将它们卖给批发商;批发商负责将这些产品运送到各个地方的市场或零售店,如超市和蔬菜商店;最后,消费者从这些零售点购买到农产品。

4. 生产者→收购商→批发商→零售商→消费者

农产品的收购商一般分为两类,一类是基层商业部门设立的核算的收购站和供销社,另一类是个体商贩。比如个体商贩到农村收购药材,再转卖给集中批发企业。收购商是增加的一个环节,他们专门负责从农民或小型农场主手中购买产品,然后再卖给批发商。这种模式在农村地区更常见,如小农户种植稻米,收获后由本地收购商(可能是个人或小公司)购买。随后这些收购商将大量的稻米卖给批发商,后者负责将稻米分销到各地的零售商,如粮油店铺,消费者可在这些店铺购买米。

5. 生产者→加工商→批发商→零售商→消费者

这种模式是由于部分农产品的原始形态不适宜直接售卖,且在当地具有专业的生产加工厂商,便于生产者直接出售,加工后再销售给批发企业。加工商承担着将原始农产品转换成加工食品或半成品的角色,他们不仅提升了产品的附加价值,还使得农产品能够更加便于储存和运输,同时扩展了消费市场。加工过程还可以赋予产品独特的品牌特性,提高产品的市场认识度。如奶农的生牛奶被运送到加工厂,那里会将其加工成乳制品,如酸奶、奶酪或冰激凌。批发商将这些产品运送到超市、便利店等零售场所,最终消费者可以购买到各种奶制品。

6. 生产者→收购商→加工商→批发商→零售商→消费者

在此供应链中,收购商通常负责聚合少量的农产品,并在一定程度上进行分档和统一管理,使得加工商可以更有效地进行批量加工,从而提高整个供应链的效率。如橄榄农场收获橄榄,收购商收购原始橄榄,可能还会进行初步的分类。加工商将橄榄压榨成橄榄油,并进行瓶装。批发商从加工商处购买大量橄榄油,并负责分销给各地的零售商,橄榄油最终在超市、精品食品店等地方销售给消费者。

7. 生产者→代理商→收购商→加工商→批发商→零售商→消费者

这一渠道模式是一种典型的多层次分销渠道,每个中间环节都有明确的角色和职责,通过多级分销,产品能够到达更广泛的地区和销售点,增加市场覆盖面,但由于中间环节众多,每个环节都可能增加额外的成本,增加质量控制难度,同时造成信息滞后、失真和降低供应链效率的问题。如猪肉的营销渠道为:畜牧农把养殖的猪准备好出售;代理商在当地区域代表多个养猪农户,负责收集和转售生猪;收购商收购生猪并负责运送到屠宰场;屠宰场将猪肉进行屠宰、分割、包装等加工处理;批发商从加工商处批量购买猪肉产品,并分销给零售商;零售商将猪肉销售给最终消费者。

综上是农产品营销渠道的基本模式,随着数字技术的发展和电子商务平台的兴起,一些渠道正在向更短、更直接的形式转变,以减少链条中的环节,降低成本和提高效率。这种趋势也逐渐体现在农产品市场上,如生产者通过电商平台直接将农产品销售给消费者等。但在实际生活中,农产品适合哪种模式,要根据产销形势、供求状况等加以研究。

二、农产品的批发与零售

(一)农产品批发

农产品批发是指将农产品从生产者那里大量收购,并以较低的价格转售给其他中间商或劳动力的过程,即将农产品销售给为了转卖或有其他商业用途而进行购买的个人或组织的活动。

1. 农产品批发商的特点

(1)大规模交易。批发商通过一次性采购大量农产品,实现了规模经济效益。

(2)供应链管理。批发商负责物流运输、车辆管理等环节,确保货物快速、顺利地流通到下游市场。

(3)中间环节。作为供应链中重要的连接角色,批发商在生产者和专业人员之间起到桥梁作用。

(4)交易稳定。批发商一般对产品比较了解,对市场变化的反应更加敏感,进出货渠道较稳定。

2. 农产品批发商的功能

(1)集散地和库存管理。批发市场提供一个集中交易平台,方便多个生产者聚集在一起,对商品进行分类、分级和整理等库存管理操作。

(2)资金融通,降低成本。批发商可以为生产者提供赊销信用、为客户提供赊购信用,在产销之间形成资金融通;批发商通过大规模采购,获得了更好的价格和供应条件,从而降低了农产品的交易成本。

(3)信息传递。批发商在市场中对商品进行广泛的传播和宣传,促进了生产者和其他市场参与者之间的信息传播。

(4)市场平衡。批发商根据市场需求和供应情况调整商品流向,达到资源的有效配置,有利于稳定市场价格,并为生产者提供销售渠道。

(5)管理服务。农产品批发商不仅提供商品交易,还为其他中间商和专业人员提供新商品、新技术、售后服务以及市场信息等支持,还可教授售货培训和提供广告宣传等知识。

3. 农产品批发商的类型

农产品批发商是直接从生产者采购农产品,并进行初步加工和分类后以较低的价格转售给其他中间商或员工的组织。他们通常拥有稳定的供应链和销售网络,可以实现大规模采购和分销。

(1)农贸市场。农贸市场作为集散地提供了各种农产品的交易平台,包括蔬菜水果、畜禽养殖品等。市场内有众多小型批发商及其货源,形成了独特的供应链。

(2)进口企业。进口企业是指直接与生产者建立联系并进行大规模采购的批发商。他们会通过与农户签订合同或协议来确保稳定而长期的供应。

(3)合作社。合作社由一群共同利益相关人员组成,通过集中力量进行生产、流通和销售等活动。在某些地区,合作社也参与到农产品批发市场中去。

(4)集团公司或企业集团。这些是跨行业经营、管理多个下属或部门的大型企业组织。在农产品批发领域,一些集团公司通过整合资源和优势,发挥规模效应,提供多样化的农产品供应。

(5)电商平台。随着互联网技术的发展,许多农产品批发商也转向线上销售,并通过电子商务平台进行交易。这种方式可以降低传统实体店面的运营成本并拓宽市场范围。

(二)农产品零售

零售是指所有向最终消费者直接提供货物和服务的商业活动。凡是以从事零售业务为主要经济来源的组织或个人都称为零售商。零售商是农产品流通的最终阶段。

1. 零售商的作用

(1)商品销售。零售商作为将消费者推向商品体验的最终渠道,提供各类商品和品牌选择,满足消费者的需求,并为消费者提供方便快捷的购物。

(2)连接市场与消费者。零售商在生产者与消费者之间充当了桥梁。他们通过采购和仓储商品来满足市场需求,把这些商品以适当的价格出售给最终的消费者。

(3)产品陈列与促销。零售商通过设计店面、货架、橱窗展示等方式,有效地展示和宣传商品。还利用促销活动、优惠券等方式吸引顾客,增加促销。

(4)提供客户服务。零售商致力于提供良好的购物体验和顾客服务。他们会回答顾客有关产品特性、使用方法等方面的问题,并解决任何可能出现的问题或投诉。

(5)市场调研与反馈。作为直接接触最终的消费者,零售人员能够获取重要的市场信息和反馈。这些反馈对于生产商来说非常宝贵,可以用于产品改进设计、开发新品,并更好地满足市场需求。

(6)促进经济增长与提供就业机会。零售业是一个庞大的行业,在商品销售的同时也为经济增长做出了重要贡献。为工人创造就业机会,直接或间接地支持了整个经济体系。

2. 零售商的类型

根据经营模式、销售渠道和产品特点等方面进行分类,常见的零售商有以下几种类型:

(1)商场。商场指聚集在一起的各种商店组成的市场,面积较大,商品比较齐全。

（2）超市和便利店。超市以及便利店主要出售食品杂货和生活必需品。超市通常会增加产品项目，有更广泛的产品选择，而便利店则更小型且位置方便。

（3）专卖店。专卖店指经销特定品牌或产品系列的店铺。它们可能由制造商直接拥有和运营，也可能由独立经销商管理。

（4）连锁店。连锁店是指众多小规模的、分散的、经营同类商品和服务的同一品牌的零售店。这种模式允许企业实现规模化运营并扩大其市场份额。

（5）网上店铺。随着互联网技术的发展，越来越多的消费者倾向于在线购物。网上商铺通过互联网销售各种商品，并提供商品和售后服务。

（6）邮购和社区团购群。邮购和社区团购主要通过邮寄产品目录或在微信、公众号发布产品广告，经营者接受顾客订单，将商品直接邮寄或配送给消费者。

（7）折扣店。折扣店以较低价格销售商品，通常是由厂家生产的过剩商品、陈列清仓库存或二手商品。

（8）特许经营店。特许经营店是基于特定的品牌和业务模式与总部签署合同并运营的零售企业。它们可以使用自己建立的知名品牌，并获得总部提供的支持和指导。

三、农产品营销渠道策略

（一）影响农产品营销渠道选择的因素

农产品营销渠道的选择是一个极其复杂的问题，不同的农产品可能需要采取不同的策略，并随着市场的变化和发展做出调整。

1. 产品性质

不同类型的农产品具有不同的特点和要求。例如，新鲜蔬菜、水果可能需要快速运送到消费者手中以保持其品质；而干货、加工食品则可以通过批发市场或电商平台进行销售。了解产品的特性和需求是选择合适渠道的关键。

2. 目标市场

分析目标市场对于农产品的需求与偏好也很重要。某些地区可能更喜欢在农贸市场购买本地批发的有机食品，而其他地区则更倾向于超级市场或便利店等零售渠道。目标市场的选定是确定最合适的销售方式。

3. 生产规模和能力

生产规模大小和生产能力对渠道营销选择也至关重要。大型企业可以直接与大型连锁店合作，满足对大量供货量的需求；小型生产者可能更适合通过社区团购或线上销售来推广自己的产品。

4. 成本实现

分析各个渠道所涉及的成本因素是必要的，包括运输、销售费用等。比较不同渠道的实现成本,在保证最经济的同时选择能够获得良好回报的营销方式。

5. 竞争环境

了解竞争对手在各个渠道中的存在和表现也是重要因素之一。如果某些渠道已经被主导或过度竞争,可能需要寻找其他具有较少竞争或差异化优势的渠道来赢得销售机会。

6. 法规和政策

农产品质量检验、食品安全标准以及出口贸易方面的法规和政策也非常重要。了解并遵守相关法律法规,确保营销渠道符合标准,并满足进入特定市场条件的要求。

7. 技术支持与资源

根据自身技术和资源情况选择适合的营销渠道也很关键。例如,在线销售需要电子商务平台建设与维护,而传统零售则需要人员管理、物流包装等方面投入资源。

(二)农产品营销渠道策略

1. 直接销售与间接销售的选择策略

直接销售与间接销售的策略选择其实是需不需要中间商的问题。企业在选择渠道模式时,应充分考虑产品、市场、企业三方的营销能力、渠道管理、财务等。通过直接销售,农业生产者可以更好地掌握产品的全部销售情况,从而实现销售及时、节省成本、提升营销服务、控制价格、洞察市场的目标。一般来说大宗原材料、产品技术复杂的商品比较适宜直接销售,而大多数日常消耗品以及需求量少、使用面广的产品则更适合采用间接销售。

2. 长渠道与短渠道的选择策略

农产品营销渠道的长短决定着中间环节的多少,越短的分销渠道生产者的任务就越重,要做许多努力,但同时也能够更快地传达信息,提高销售效率。反之,分销渠道越长,营销任务就不同程度分散给各个中间商。而营销渠道太长会导致信息传递缓慢、产品流通时间长,对营销的渠道控制比较弱。生产者在选择时,要根据产品、生产者、中间商和竞争者四方的特点加以确定。

3. 分销渠道宽窄的选择策略

(1)综合性分销渠道策略。即运用多种分销渠道、中间商综合地推销自己的产品,通过批发商把产品分布到各零售点,销售面十分广泛,竞争性特别强。适用于日用消费品和生活必需品的销售,比如蔬菜、水果等。

(2)选择性分销渠道策略。由于产品的特殊性,或经营者能力的限制以及用户的偏好等,经营者要选择较为合理的、有效的分销渠道作为自己产品的理想销售线路。

(3)独家分销渠道策略。在某一特定市场,经营者仅选择一家批发商或零售商专门销售其产品,这些经销商或代理商也不再经营其他同类产品。这种渠道策略适用于顾客挑选水平较高、十分重视品牌商标的特殊品。但独家经销容易因推销力量不足而失去市场,对生产者和经销商来说,风险都大。

四、农产品营销渠道管理

在确定农产品的营销渠道模式之后,农产品生产经营者必须严格把控中间商的质量,因为中间商的能力将会直接影响到产品的销售和经济效益。

(一)对中间商的选择

(1)可靠性和信誉度。选择具有良好供应链和可靠性的中间商。中间商应具备稳定的供应链和经验丰富的业务能力,以确保产品按时交付,并提供优质的服务。

(2)渠道分销覆盖范围。评估中间商所拥有的分销渠道,包括批发市场、零售店、超市等。根据目标市场需求来选择合适的渠道覆盖范围,以保证商品能够更广泛地接触到消费者。

(3)市场了解程度与专业知识。了解潜在中间商对农产品市场和消费者需求是否有深入了解。中间商应该具备相关领域的专业知识,能够提供有效的建议并推动产品推广工作。

(4)价格对比。对不同中间商之间的价格进行对比,并综合其他因素进行比较判断。但注意,在追求低价时要能确保质量不受损害。

(5)合作意愿与沟通效果。初步接触洽谈后要评估中间商合作意愿和沟通效果。中间商若愿意建立良好的合作关系,才能够及时有效地传递市场信息和需求。

(6)附加价值服务。考虑中间商是否提供额外的价值服务,例如品牌推广、产品包装、市场宣传等。这些服务有助于增强产品的竞争力和销售潜力。

(二)对中间商的评估

中间商确定后,在合作的过程中还应制定一定的考核标准,用来考察、评估中间商的能力。这些标准包括以下几个方面:

(1)销售业绩。评估中间商在销售额、市场贡献等方面的表现。这可以通过对比其实际销售数据与设定目标之间的差距来简化。评估中最重要的就是销售指标。

(2)渠道覆盖能力。评估中间商在渠道开发和推广产品方面的能力。这包括开发新客户、扩大市场准入以及增加分销产品渠道等能力。

(3)顾客反馈。了解顾客对中间商服务质量和商品质量的满意程度。

(4)市场信息反馈。评估中间商对竞争动态、消费者需求变化等的反馈情况。

(5)促销活动执行效果。观察中间商在促销活动实施过程中能否有效地吸引消费者,能否达到预期目标。项目指标可以通过促销活动、推广活动来实现。

(6)库存管理能力。评估中间商对库存的控制和管理能力,包括准确预测供需、避免过量或短缺的进货等方面。

(7)资金管理能力。渠道中间商对资金的使用效率以及财务状况。

(8)品牌形象维护。评估中间商在代理品牌时是否能够维持良好的品牌形象,并保持一致性和专业性,从而提升消费者对品牌的认知度和信任度。

（9）知识技术水平。考核中间商团队成员在相关产品或行业领域内所具备的知识技术水平,例如销售技巧、产品知识等。

需要注意的是,在设置考核指标时要结合实际情况进行权重设置,并定期进行考核和反馈,以帮助中间商提升能力,与企业实现共赢。

（三）营销渠道的调整

（1）增加新的渠道。在现有营销渠道的基础上增加新的渠道,例如自营门店、加盟连锁店、合作经销商等。这可以扩大产品覆盖范围,并吸引更多消费者。

（2）增减营销渠道。对现有的营销渠道进行调整和优化。可能包括关停不发挥作用或不符合战略定位的门店,重新分配资源,以提高效率和利润。

（3）线上线下融合。将线上与线下销售模式相结合,建立起一个无缝衔接且相互支持的O2O平台。通过在线推广和预订服务来吸引顾客到实体店铺购买商品。

（4）调整营销系统。这里指改变整个现有的营销渠道结构,进行全盘调整,包括营销渠道模式、中间商的选择、产品定位等,营销渠道是否需要调整,调整到什么程度,应视具体情况而定。

第四节　农产品的促销策略

一、农产品促销概述

（一）农产品促销及其特点

农产品促销是指通过各种市场营销手段和策略来推动农产品的销售和市场占有率的提高。这包括一系列活动和措施,旨在增加消费者对农产品的需求、引导购买行为以及提高品牌知名度。

随着消费者需求的变化,人们对饮食的要求有从量转为质的改变,更加注重营养均衡、追求饮食的多样性和科学饮食。农产品鲜活、易腐的特殊属性,使农产品促销活动有其独特特点。

（1）从促销主体看,规模小、分散经营的农民在科学信息、手段技能方面跟不上市场发展形势,农产品促销活动主要由规模较大的专业户、龙头企业、农产品流通组织或政府来实施。

（2）从促销的对象看,生活水平的提高促使居民消费观念更新,人们对新、奇、特、精、优的农产品的需求愈加强烈,促销的农产品也更加具有产地化、差异化、个性化特征。

（3）从促销的手段看,农产品促销形式异常丰富,从不同侧面向消费者传递产品特性,使农产品价值变现。

（二）农产品促销的类型

1. 广告促销

广告促销是指通过各种媒体形式，以宣传、推销和促销的方式向公众传达信息的一种手段。它可以包括文字、图像、声音和视频等多种形式，在市场中起到引导消费者注意力、提高产品认知度和影响购买决策等作用。

2. 人员推销

人员推销是一种以人为媒介进行产品或服务宣传和销售的方法。在这种推销方式中，专门的销售人员亲自与潜在客户面对面交流，通过建立个人关系、提供解决方案和回答问题等方式来促进销售。

3. 关系营销

关系营销又称为"客户关系管理"，是一种以建立和维护稳固的长期关系为核心的市场营销策略。它强调通过与消费者、供应商、分销商、竞争者、政府机构建立紧密联系来增加忠诚度、提高满意度，并促进重复购买和口碑传播。

4. 营业推广

营业推广指除了人员推销、广告和公共关系之外的，在短期内用以刺激顾客或其他中间机构（如零售商）迅速和大量地购买某种特定产品或服务的活动。

（三）农产品整合营销传播

农产品的整合营销传播是指在推广农产品时，将不同的营销传播方法和渠道进行有效整合，以实现最佳宣传效果和市场影响力。该营销强调了各种传播手段之间的协调与一致性，使得营销信息能够有针对性地传达给目标受众，并建立起品牌形象和认知。

1. 以消费者为中心策略

以消费者为中心策略要求以消费者的需求为价值取向，与消费者进行有效沟通，以消费者为中心进行换位思考。

2. 持续而统一的传播整合

持续而统一的传播整合是指利用各种传播手段——普通广告、直接反映广告、销售促进和公共关系，并将之整合，提供具有良好清晰度、连贯性的信息，使传播影响力最大化。

二、广告促销

（一）广告在农产品促销中的作用

（1）增加知名度。通过广告投放将农产品品牌与特点传递给潜在消费者，并使消费者对该品牌产生印象，从而增加农产品的知名度。

（2）提高认知度。通过广告展示农产品的特点、优势及应用场景，帮助消费者了解和认识该产品，并建立对产品价值和质量的信任感。

（3）刺激需求。通过精心设计的广告内容和创意表现形式,吸引目标群体关注并产生购买欲望,从而刺激需求量增长。

（4）传递信息。利用广告平台向消费者提供有关农产品性能特点、营养成分、安全保障等相关信息,让消费者了解更多细节,并做出明智选择。

（5）塑造品牌形象。通过广告传播农产品的品牌理念、价值观和文化内涵,营造出独特的品牌形象,并与消费者建立情感联系。

（6）促进销售增长。有效的广告宣传可以引导潜在客户产生购买行为,提高农产品的销售量和市场份额。同时,在竞争激烈的市场中,有针对性地进行广告推广还可以帮助企业获取竞争优势。

（二）农产品广告策划步骤

（1）目标确定。明确广告宣传的目标,例如增加销量、提升品牌知名度、拓展新市场等。

（2）受众分析。了解目标受众的特点和需求,包括年龄、性别、地理位置、消费行为等,在此基础上确定有针对性的广告宣传内容和推广渠道。

（3）竞争分析。了解竞争对手在农产品领域中的优势和弱势,并寻找差异化宣传策略来突出自身产品的独特之处。

（4）定位策略。确定产品在市场中的定位,即如何让消费者将其与其他类似产品区分开来,并通过广告传达清晰的定位信息。

（5）确定广告主题与创意。根据目标受众喜好和需求,选择能够引起他们兴趣并吸引注意力的广告主题与创意,利用这些信息表达中心思想。

（6）确定广告策略。依据所选主题与创意设计吸引人眼球且具有高辨识度的视觉元素(如图片、视频等),根据目标受众的特点和农产品的特征,选择合适的媒体、地区、时机等,并考虑与目标受众接触频次和成本效益之间的平衡制作相应的媒体素材。

（7）广告决策。确定宣传时间表和预算,确保在合适时机投放广告,并对推广活动进行监测与评估,及时调整策略以达到最佳效果。

（8）广告效果分析。通过收集市场反馈数据(如销售量提升、品牌认知度增加)来评估广告宣传策略是否达到预期效果,并根据反馈结果进行改进和优化。

（三）农产品广告促销策略

1. 广告产品策略

（1）产品定位策略。产品定位策略是指在广告活动中通过突出商品符合消费者心理需求的鲜明特点,确立商品在竞争中的位置,促使消费者树立选购该商品的稳定印象的策略。

（2）产品市场生命周期策略。产品市场生命周期策略是指根据不同阶段的市场发展和竞争情况来制定适应性的宣传策略。以下是针对不同生命周期阶段的几种常见策略:

1）导入期:通过突出产品功能、品质以及健康价值等方面,吸引消费者注意。

2)成长期:宣传品牌形象,焦点转向扩大受众群体和巩固品牌忠诚度。

3)成熟期:强调品牌忠诚度,保持市场份额,增加营销投入,结合数字化媒体渠道进行精确投放。

4)衰退期:淘汰落后产品,减少宣传,可低价促销;寻找新兴市场挖掘新的消费方式,推广原产品的新用途。

2.广告市场策略

(1)广告目标市场策略。这一策略是指根据不同目标市场的特点,采取相应的宣传手段和方法,包括无差别市场广告策略、差别市场广告策略、集中市场广告策略三种。

(2)广告促销策略。这一策略告知消费者购买商品的获益以说服其购买,再结合市场营销的其他手段,给予消费者更多的附加利益,以吸引消费者对广告的兴趣,在短期内收到即时性广告效果,有力地推动商品销售。具体包括馈赠性广告促销策略、文娱性广告促销策略、中奖性广告促销策略、公益性广告促销策略。

3.广告实施策略

(1)广告系列策略。广告系列策略指企业在广告计划期内连续地和有计划地发布有统一设计形式或内容的系列广告,不断加深广告印象、增强广告效果的手段,包括广告形式系列策略、广告主题系列策略、广告功效系列策略、广告产品系列策略。

(2)广告时间策略。广告时间策略指广告发布的具体时间、信息量和频率的合理安排等,包括集中时间广告策略、均衡时间广告策略、季节时间广告策略、节假日时间广告策略、固定频率广告策略、变化频率广告策略。

(四)广告效果评价

广告效果评价是对广告活动的实际影响和效果进行量化分析和评估的过程。具体包括以下三个方面的效果评价:①广告经济效果评价,即测定在投入一定广告费用宣传之后,所引起的产品销售额与利润的变化状况。②广告社会效果评价,即广告刊播以后对社会消费意识、环境保护意识、营养保健意识等方面的影响。③广告心理效果评价,即对广告在知晓度、认知和偏好等方面的效果测试。

三、人员推销

(一)农产品人员推销及推销特点

人员推销是一种有效的销售策略,它旨在通过与潜在客户的面对面沟通、交流、宣传、介绍产品和服务,来提升企业的销售额。农产品人员推销的类型有亲自上门、城乡中介,以及与龙头企业或农业组织合作的专门推销员等。

农产品人员推销的特点是:推销成本低、双向交流、针对性强,灵活应变,推销面大,成功率高、发展关系,拓展范围等。

(二)农产品人员推销技巧与策略

农产品人员推销技巧一般包括:①与客户见面的技巧。了解顾客,预测谈话内容;注意着装,自我介绍;吸引客户注意。②交换名片的技巧。先自我介绍,后提出交换名片之意。③交谈气氛融洽的技巧。先从顾客感兴趣的问题和嗜好谈起,营造融洽的交谈氛围。④产品介绍技巧。介绍产品时要明白经销商更关注利益,消费者更关注需求。⑤产品推销技巧。不让对方说"不",灵活开口,以产品周边为切入口进入正题。

针对不同的顾客群体,农产品人员推销策略要有不同的侧重点:①针对批发商推销,要注重差价与利润。②针对代理商、经纪商、佣金商推销,要注重产品的市场前景。③针对企业推销,要强调产品的成本、性能和生产者对质量的把控。④针对机构团体的推销,要强调产品安全性能保证。⑤针对零售商的推销,要注重产品的质量、安全和服务功能。

(三)农产品人员推销的组织与管理

农产品人员推销作为市场营销的关键环节,对于提升农产品品牌知名度、拓展销售渠道、增加农产品附加值具有重要意义。为了有效组织与管理农产品人员推销活动,可从以下八个方面展开讨论。

1. 人员招募与选拔

(1)招募策略:根据农产品推销的特点和需求,制订招募计划,明确招募对象、数量、渠道和流程。

(2)选拔标准:设置合理的选拔标准,如工作经验、沟通能力、谈判技巧、团队协作等,以确保招募到合适的人员。

2. 培训与发展

(1)培训体系:建立完善的培训体系,包括基础知识培训、农产品知识培训、推销技能培训等。

(2)发展规划:为农产品推销人员制定个人发展规划,提供晋升机会和职业发展路径。

3. 目标设定与考核

(1)目标设定:根据市场情况和农产品推销人员的实际情况,设定合理的销售目标。

(2)考核体系:建立科学的考核体系,包括定量指标(如销售额、客户满意度等)和定性指标(如工作态度、团队协作等)。

4. 激励与奖励机制

(1)激励策略:采取多种激励方式,如物质激励(如奖金、提成等)、精神激励(如荣誉称号、晋升机会等)等,激发农产品推销人员的积极性。

(2)奖励机制:建立明确的奖励机制,对表现优秀的农产品推销人员给予相应的奖励。

5. 团队协作与沟通

(1)团队构建:建立高效、协作的农产品推销团队,明确团队成员的职责和分工。

（2）沟通机制：建立有效的沟通机制，促进团队成员之间的信息共享和协作。

6. 市场分析与定位

（1）市场调研：定期对农产品市场进行调研，了解市场需求、竞争对手和消费者偏好。

（2）产品定位：根据市场调研结果，明确农产品的市场定位和目标客户群体。

7. 推销策略与技巧

（1）推销策略：根据产品定位和市场特点，制定相应的推销策略，如定价策略、促销策略等。

（2）推销技巧：培养农产品推销人员掌握有效的推销技巧，如沟通技巧、谈判技巧、销售技巧等。

8. 客户关系管理

（1）客户信息收集：建立完善的客户信息收集系统，记录客户的购买记录、需求和反馈。

（2）客户服务与维护：提供优质的客户服务，及时回应客户需求和投诉，建立长期稳定的客户关系。

综上，农产品人员推销的组织与管理是一个复杂而系统的工程，需要从多个方面进行综合考虑。通过合理的招募与选拔、培训与发展、目标设定与考核、激励与奖励机制、团队协作与沟通、市场分析与定位、推销策略与技巧以及客户关系管理等方面的努力，可以有效提升农产品人员推销的效果和市场竞争力。展望未来，随着市场环境和消费者需求的不断变化，农产品人员推销的组织与管理将面临新的挑战和机遇。因此，我们需要不断更新观念，创新方法，以适应市场发展的需求，推动农产品营销事业的持续发展。

四、营业推广

营业推广是企业运用各种短期诱因，奖励购买和推销企业产品与服务的促销活动。营业推广的基本过程包括：确定营业推广目标；选择营业推广工具；制定营业推广方案；预试营业推广方案；实施和控制营业推广方案；评价营业推广结果。

（一）营业推广的方式

1. 针对消费者的营业推广

针对消费者的营业推广具体包括：①折价券；②赠品，如随包装赠送、函索即送、函索低价赠送（如付五分之一价钱可买到全额商品）；③抽奖；④免费样品；⑤减价优待；⑥竞赛；⑦赠送点券；⑧使用示范；⑨其他，如以旧换新、包退包换。

2. 针对中间商的营业推广

针对中间商的营业推广具体包括：①添购折让，即短期性减价以刺激经销商添购新货；②清货折让，即提供一定金额，鼓励经销商清理积货或快速周转订货；③买回折让，即第一次劝告经销商添购新货时，提供一定金额供其作无法如期出售时的买回补偿随购赠送；④推广折让,即短期性补贴合约;⑤特别推销补贴,即给予经销商或其销售员、店员额外补贴,请其特别介绍其产品而非竞争对手产品;⑥推销竞赛;⑦设备赠送。

(二)营业推广策略

1.以消费者或用户为对象

通过提供有奖销售、服务优惠、折扣优惠和其他活动,吸引更多的老顾客购买,并且与其他品牌竞争客户。同时,通过展销、业务会议、互惠促销、折扣促销等形式向用户宣传产品能够为他们带来的好处。

2.以中间商为对象

通过在销售地区举办展销会,实行批量作价,提供广告津贴、人员培训等手段鼓励中间商大量进货,增加储存,争取建立固定的业务关系。

3.以推销人员为对象

采取多项激励机制,包括竞争性报酬、积分回报以及其他形式的精神激励,以促进推销员积极投入,不断探索开拓新市场,发掘潜在顾客。

(三)营业推广方案设计

营业推广规划方案是企业在推广产品时,对人员配置、促销手段等进行总体规划和布局的书面材料。营业推广规划方案的重点是推广的原则和执行的基本要求,以及相关内容的介绍。营业推广方案规划应考虑的因素有:诱因的大小;参与者的条件;促销媒体的分配;促销时间的长短;促销时机的选择;促销的总预算等方面。

五、关系营销

(一)关系营销概述

关系营销是一种注重建立和维护与顾客之间长期、互利关系的市场营销策略。它强调通过积极地参与和沟通来建立信任、满足顾客需求,并提供个性化的产品或服务,以促进持久的客户忠诚度和反复购买。关系营销认为,与现有顾客保持良好关系比获取新顾客更加具有成本效益。同时,通过与忠诚度高的顾客建立紧密联系,可以促使他们对品牌进行口碑宣传并吸引潜在消费者。

关系营销的作用有协助新产品开发、协助成熟期产品的再定位、建立消费者对某一产品种类的兴趣、影响特定的目标群体、保护已出现公众问题的产品、建立有利于表现产品特点的公司形象。

关系营销的基本框架可以概括为六个子市场:农资市场、内部市场、竞争者市场、经销商市场、最终用户市场、影响者市场。

(二)针对组织用户的营销

针对组织用户的关系营销是一种深植于组织的市场营销策略,其核心在于通过建立和维护长期的、互惠的客户关系来提升客户忠诚度、提高销售和市场份额。它超越了单次交易的思维,侧重于整个购买周期和客户生命周期价值的最大化,需要企业高度重视客户关系管理系统以及跨部门的协作,通过提供持续的价值,使客户成为品牌的忠实支持者,从而推动组织的持续成长和利润增加。具体的营销措施如下:

(1)客户数据分析:组织需要收集和分析客户数据,了解客户行为模式、偏好和需求,从而提供更加个性化的服务和产品。

(2)信任建立:通过一致而高品质的服务和产品、透明的沟通以及处理客户投诉和反馈的有效机制来赢得客户信任。

(3)交互沟通:不断与用户进行双向沟通,通过社交媒体、客户支持论坛、定期问卷调查等方式与客户互动,以便更好地理解客户需求并及时响应。

(4)客户教育:为用户提供教育资源,帮助他们更好地了解和使用产品,提升用户满意度。

(5)增值服务:通过提供额外的服务或产品以增强用户体验,如优先客户支持、免费升级等。

(6)忠诚度和奖励计划:通过设计忠诚度计划,比如积分系统、VIP 客户特权等,来奖励长期客户和频繁购买者。

(三)针对消费者的关系营销

客户是企业成功的关键因素。在市场竞争中,我们必须努力满足客户的需求,才能取得胜利。因此,应当坚持以消费者为核心的理念,并将其融入企业的整个运作过程,以实现最大的效益;致力于保护消费者的权益,并努力提升他们的满意度,为他们提供更优质的产品和服务;通过深入的沟通和交流,更好地理解消费者的情感,从而影响消费者在购买时的决策。

拓展案例

"丽水山耕":全域全品类区域公用品牌的得与失

"丽水山耕"作为全国首个全区域、全品类、全产业链的地市级农产品区域公用品牌,自2014 年创建以来,取得了显著的经济效益和社会效益,成为助推农业供给侧改革,实现生态文明、脱贫攻坚和乡村振兴的全国样本。但是,"丽水山耕"所面临的主体合作不协调等问题也逐渐显现。

一、"丽水山耕"品牌创立背景

丽水地处浙南山区,境内崇山峻岭,孕育物产众多,其中不乏景宁惠明茶、庆元香菇、遂昌菊米、处州白莲等成名已久、声名远播的农产精品。全市涌现出 7000 多个生产经营主体，2800 多个品牌商标。但是，农产品种类繁多却大都不成规模，生产主体分散于九山半水半分田中。国家级农业龙头企业只有 3 家，著名商标屈指可数，优质产品难以与市场形成高效对接。

在此背景下，丽水意识到品牌化是农业走向现代化的一条必经之路，而实施品牌化，不仅要引导生产主体创品牌，更需要政府直接参与创品牌。2014 年 9 月，"丽水山耕"这一区域公用品牌正式亮相后，在政府的引导推动下，快速在浙江及周边省市叫响。2018 年至 2020 年，"丽水山耕"连续三年蝉联中国区域农业品牌影响力排行榜区域农业形象品牌类榜首，"丽水山耕"品牌农产品历年累计销售额已超百亿元，溢价率超 30%。

二、"丽水山耕"农产品区域品牌发展模式

1. 政府主导，整合推动品牌运作

"丽水山耕"品牌采用"两块牌子一套人马"的运营模式。丽水市政府牵头成立"丽水市生态农业协会"，由协会出面注册"丽水山耕"集体商标，委托丽水市农业投资发展有限公司运营管理，与协会实行"两块牌子一套人马"的管理体制，既体现了政府背书的权威性，又具有行业的约束性，同时不失市场主体的灵活性。

2. 融合互动，构建母子品牌矩阵

"丽水山耕"品牌是统领，已有的庆元香菇、丽水香鱼、松阳银猴等县域品牌是基础。围绕已有的县域品牌，建立"1+X"的公共服务体系，构建"丽水山耕+县域品牌+企业品牌"的母子品牌矩阵。"1"即为"丽水山耕"区域公用品牌的引领，"X"则由品牌建设、金融服务、电商联结、标准生产共同构成。在"丽水山耕"的引领下，丽水市域、县域品牌与各企业品牌拧成一股绳，以农产品电商公共服务、"壹生态"信息系统、农产品物流体系等电商化手段为支撑，以农企股份改造、土地信托、农村产权交易平台等金融化方式为依托，以农产品安全检测准入、农产品质量安全溯源等标准化体系为保障，带动丽水生态精品农业的全产业链升级。

3. 统一标准，强化农产品质量监管

稳定可靠的产品质量是"丽水山耕"成功创牌的关键。一方面，积极引导品牌企业股份制改造，着力培育规模化、标准化生产的"丽水山耕"产品加盟基地，成立"丽水山耕"市级专业标准化技术委员会，制订出台种植业、养殖业、加工业等五大"丽水山耕"产品标准，从生长环境、种植养殖环节、加工过程、贮运操作、文化内涵、销售方式等六方面统一规范"丽水山耕"农产品的基本要求，逐步形成覆盖全类别、全产业链的产品标准体系和覆盖生产经营全过程的管理标准体系。

另一方面，建立农产品质量安全追溯体系，与民营企业共同合作，成立丽水市蓝城农科检测技术有限公司，依托"物联网+农业"体系的顶层设计，对"丽水山耕"产品实行实时抽

检,实现检测准入、溯源追踪等农产品流通过程的透明化。同时,还建立了市、县、乡联动监管机制,企业负责数据的采集和输入,乡镇级管理员对数据真实性进行核查,再实施县、市产业层层监管。

三、"丽水山耕"模式的探讨

1. 市场与政府的角色转变问题

在"丽水山耕"品牌培育期,政府的导向作用不可或缺,但是,在品牌发展期和成熟期,过多借助行政手段可能会出现品牌乱象、角色错位、活力不足等问题,应该及时由政府主导向市场主导转变,具体包括:由以依赖财政预算投入为主到主要依靠市场获得收益的观念转变;由依靠行政推动到依靠法制保障的转变。

2. 母子品牌的关系问题

产业的根本主体是企业,区域公用品牌的根本宗旨是服务企业,进而推动区域经济品牌化发展。公用母品牌必须以助推子品牌为使命担当。所以"丽水山耕"探索实践最终是否成功,不在于它本身,而在于它最终能成功孵化和培育多少子品牌。如果混淆主次关系,就会由于利益冲突、文化障碍等问题相互排斥。

当下,丽水市生态农业协会已发展会员 903 家,产品 886 种,但加盟商企对"丽水山耕"品牌"法自然、享纯真"的核心理念认知尚不到 10%。子品牌市场性与母品牌公益性矛盾日益凸显,"公地灾难"、母子品牌契合度不强甚至内部恶性竞争等问题逐渐显现。为此,迅速提升母子品牌融合度至关重要。

3. 共性品牌与个性产品问题

成功的区域公用品牌大部分是通过某种强势的特色单品来打开品牌建设之路的,即先主打一款产品来吸引大批消费者,再吸引他们购买该品牌的其他类产品。"丽水山耕"是覆盖全市域、全产业链、全品类的区域公用品牌,也就是说,"丽水山耕"品牌没有对应的特定产品。全域全品类模式可能存在两个问题,一来没有品类指向,违背消费者消费习惯和认知规律。二来无法提炼和传播独特的、有竞争力的差异化价值,不仅模糊了品牌内涵,更稀释了品牌价值。

据相关报道,每年有高达数亿元的"丽水山耕"农产品被外地企业收购用于加工出口,茶叶、柑橘等处于外贸产业链条的最底端。而直接出口的农产品也主要以初加工为主,产品附加值低,利润普遍不高。可见,"丽水山耕"品牌的资源价值的开发利用能力严重不足。因此,"丽水山耕"品牌建设当务之急是应专注于打造具有代表性的、市场影响力较大的高质量特色产品,提高农产品的有效供给能力。

资料来源:夏秋耘,胡华宏,孙羽辰."丽水山耕"农产品区域公用品牌创建的成功做法及启示[J].宁波经济(三江论坛),2017(7):46-48.

思考题

1."丽水山耕"品牌如何才能走出困境,迎来新生?

2.农产品区域公用品牌"丽水山耕"是如何运用"市—县—企"三级协同机制带动农业产业协同发展的?

3.面对农业现代化的发展要求,作为学生应该做些什么努力?

农产品市场营销的功能与管理

本章的前三节主要从概念、分类、特点、功能意义以及改进措施等方面分别介绍了农产品的储存管理、运输管理和供应链管理的相关知识;第四节介绍了农产品营销的标准及分类管理,指出农产品标准化的意义和我国农产品标准化体系建设的措施;第五节主要介绍了农产品期货市场的发展历程和现状,指出了我国农产品期货市场面临的挑战,提出了期货市场未来发展的建议。

第一节　农产品储存管理

一、农产品储存的概念及作用

储存是一种特殊的农产品处理方式,受环境条件和农产品自身的影响,它要求农产品在采收后,在未进入加工、运输、消费等活动之前,或者在以上活动结束之后,需要将其进行保鲜处理,以确保其质量和安全。储存在物流中是一个重要的概念,与运输的概念相对。

农产品储存是农产品物流的重要环节之一,在农产品物流活动中起着无可替代的作用,其作用主要体现在以下几个方面。

(一)空间效用

由于农产品的生产和消费在地理上存在着明显的差异,这导致供需矛盾日益突出。农产品的生产制造大多集中在农村,特别是一些民族特色农产品,只能在一些特定的区域销售,而消费者则遍及全国乃至全球各地。随着全球化的发展,农产品的生产和消费之间的矛盾日益突出。为了解决这一问题,我们需要在消费者居住区附近设立库房,储存农产品,以避免短缺现象的发生,并缩短产地与市场的距离,为消费者提供满意的储存服务,充分体现出农产品储存的空间效用。

(二)时间效用

农业的季节性特征显而易见,由于自然环境、作物生长规律等因素的影响,农产品的季节性变化也是不可避免的。而人们对农产品的需求是持续的、长期的,甚至是无可替代的。为了满足消费群体对现代农产品的需求,农产品生产经营者应该使用库房储备必要的农产品,并及时调整供应,以确保在淡季也能保证消费群体的需要,这样就可以充分发挥时间效用,提高现代农产品的销售量。同时,在进入最终市场之前,许多农产品需要经过精心挑选、整理、分装等步骤,这些步骤也需要农产品的储备来确保它们在流通过程中的安全性。

(三)调节供需矛盾

随着社会分工的不断深入,专业化工作已经成为未来的发展方向。农民们将资源投入最有效率、最具经济效益的项目上,这也使得农产品的品种越来越多样化,农民会主动将自己的农产品投放到市场上,以满足消费者对其农产品的需求。为了解决农产品供需矛盾,必须通过储存来确保农产品生产和消费的品种和数量。

(四)规避风险

我国农产品生产经营者大多数仍是传统的农民,随着市场经济的发展,他们面临着来自市场价格和供需变化带来的风险,因此,不得不采取相应举措来应对这些变化。为了确保农产品的供给充裕,他们需要保持一定的存货,以避免缺货带来的损失。为了应对战争、灾荒、疫情等突发事件带来的农产品短缺,国家不仅要储备粮食、油料、救灾物资和设备,还要采用其他可靠的举措来确保农产品供给。

二、农产品储存的分类

1. 常规储存

常规储存是一种简易方便的储存方法,适用于水分浓度较低、干燥耐久的农产品。在使用这种储存方法时,应考虑两点:一是保证空气流通,二是避免储存时间过长。

2. 窖窑储存

窖窑储存的特点是储存环境氧气稀薄,二氧化碳浓度高,能有效抑制微生物生存和各种害虫的滋生,不易受外界气温、气压、湿度变化的影响,是一种简便、经济的农产品储存方法,更适合长时间存放新鲜植物农产品,如冬储大白菜、胡萝卜、土豆等。

3. 冷库储存

冷库储存是一种有效的农产品保存方式,它可以有效地抑制微生物和酶的活性,从而减少农产品在储存过程中的化学变化,使其保持原有的品质。这种储存方式的优势在于效率高,但成本也相对较高。

4. 风干储存

风干储存是一种常用的储存方式,它通过降低环境湿度和农产品自身相对湿度来防止农产品变质。自然干燥和人工干燥都是常用的方法。例如,干菜、香菇和木耳等农产品,在风干后仍然具有较高的食用价值。

5. 密封储存

密封储存常用的设备包括密封仓、密封栈、密封柜,以及更先进的气体储存方式。自动化冷藏储气库是现代农产品储藏研究发展的方向,密封储气库储藏效果好且容量大,适用于各种农产品,尤其是生鲜农产品。

6. 放射线处理储存

放射线处理储存是"冷杀菌"中一种行之有效的储存方式,它可以有效地控制细菌和病虫害的繁衍,拉长农产品的保质期,从而大大提高农产品的质量和安全性。

第二节 农产品运输管理

一、农产品运输的概念

《辞海》将"运输"解释为"人和物的载运和输出",还指出运输是社会物质生产过程中的必需条件之一,农产品运输是一种特殊的、专用的、从一个地点到另一个地点的运输活动,它的目的是帮助农民将农产品运送到更有价值的地方。

运输和搬运有着明显的区别,前者指的是大规模的物资流动,而后者则是在特定场所内对货品进行小规模的转移。运输工具是现代物流的一部分,它能够改变物流配送的空间分布,从而满足不同的需求。运输在物流中占有重要地位,但是运输并不等于物流,运输只是物流众多环节中的一个。农产品物流包括农产品的集货、运输、储存、中转、信息处理、分散等一系列操作。

从现代物流总费用的结构来分析,一般商品的物流活动中,运费占全部物流费用的50%左右。2021年社会物流总费用16.7万亿元,同比增长12.5%,其中,运输费用9.0万亿元,增长15.8%,占社会物流总费用比重的53.9%。由于运输成本在物流成本中占有较大比重,所以运输活动的经济合理性将直接影响整个物流系统的合理性。

二、农产品运输的功能

(一)产品转移

物流运输是供应链管理中一个重要的环节,它可以让商品在供应链中进行有效的流通,从而消除生产和消费之间的空间偏差,将商品从低效的产地转移到高效的地方,实现商品的空间效能。运输的主要目的是将商品从原产地迅速运送到特定的地方,以最短的时间实现最大的效率,使商品能够在限定的时间内到达目的地。

(二)产品储存

在农产品运输中可能出现这种情况,比如产品在转移过程中需要储存,但是短时间内又需要二次转运,中途卸货和装车的成本可能超过车辆储存的成本,则可以将车辆作为临时储存地点。此时运输就起到了临时储存的作用。通常来讲,当货品在运输过程中发生了目的地变化时,为了确保产品的安全,应及时采取改道措施,将其短期存放在运输工具上;此外,如果始发地或终点库房储存能力不够,应该采取迂回路线将货品运到终点,以此来满足暂时存储的需求。虽然短期仓储可能会带来一定的成本,但是考虑到运输流程中的装卸费用、容量限制、损失和时间延误等因素,选择一种合理且有效的运输工具来存放货物仍然是明智的选择。

三、运输的经济性原理

运输的经济性原理是指合理的运输规划可以产生规模经济效应和距离经济效应。

(一)规模经济效应

随着交通运输规模的扩大,单位载重的运输费用会显著降低,这一点在整车运输中尤为明显,因为它的交通运输要比零担交通运输更好,比如铁道、水路等交通工具,其单位运输费用要比汽车、飞机等交通工具低得多。由于海运规模经济的出现,能够根据整批货运的比重来分摊一定成本费用,因而,随着整批货运的比重增加,分摊的成本费用也会相应降低。

(二)距离经济效应

随着运输总距离的增加,单位运输费用也会相应下降,比如,一次装运 1000 千米的货物,其成本费用就会低于两次装运 500 千米的货物。这就是所谓的递减原则,即由于间距的增加,运送的速度或成本费用也会相应下降。装卸运输工具的固定成本必须兼顾可变成本,因此,由于运输距离的增加,单位运输费用会显著下降。

四、农产品运输的原则

交通运输是物流活动中非常重要的一环,它旨在完成货物的空间移动,因此"及时、准确、经济、安全、便捷"成为物流配送企业和企业物流组织管理的基本原则。

(1)及时性。及时性是指根据生产、供应、运输和销售的实际需要,迅速将货品运输到指定地点,尽量压缩货品在途时限,以满足顾客的需要。

(2)准确性。准确性是指在运输中,确保货品的安全和可靠,以避免任何可能出现的差错和事故,并将其准确地交付给指定的收货人。

(3)经济性。经济性是指根据规模经济原则,科学合理地选择道路和方式,充分利用各种交通工具和设备,实施有效的分配计划,有效地节约人力、物力和交通运输成本,提高交通运输经济效益。

（4）安全性。安全性是防止运输过程中发生霉变、损坏和危险事故,保证货物的完整性和安全性。

（5）便捷性。便捷地满足用户需求是物流运输服务的根本所在,物流企业应提供各种能够方便客户的增值服务,比如收发货服务、免费简单包装服务等,以提高物流企业的综合竞争力,这也是现代物流的核心理念之一。

五、农产品运输的方式

（一）铁路运输

铁路运输是一种重要的交通方式,它是指通过火车运输。根据运输方式的不同,我国铁路运输可以分成整车运输、零担运输和货柜运输三种。

整车运输是一种特殊的运送方式,它要求托运人将一组物品按照质量、尺寸或形式,用一列或多列列车运输,并且在完成托运手续后,将货物运送到铁路承运人手中。整车运输可以用于运送各种类型的物品,包括要求冷藏、保温或受热的农产品、危险货物、易影响他人货运的污染产品(如动物骨头、湿毛皮、粪便、炭黑)等,以确保物资的安全和有效运送。

零担运输是一项特殊的运送方式,它允许托运人将货品分开运送,无须使用一列或多列列车。这种方式可以让托运人更加便捷地办理托运手续,因为它可以将其货运与其他货运放在同一个车厢内。

集装箱运输是指以集装箱这种大型容器为载体,将货物集合组装成集装单元,以便在现代流通领域内运用大型装卸机械和大型载运车辆进行装卸,搬运作业和完成运输任务,从而更好地实现货物"门到门"运输的一种新型、高效率和高效益的运输方式。

（二）公路运输

载货汽车是农产品公路运送的重要交通工具,不同类型的载货汽车可以满足不同的物流运输需求。载货汽车常用类型有小型货车、平板货车,集装箱货车、拖挂车等。

小型货车一般用于距离短、货物体积小、对交货时间有要求的货物的运输。小型货车封闭式的车厢可以有效防止货物受到风吹日晒和雨淋的侵害,而且小型货车通常配备了滑动侧门和后门,使得装卸操作变得更加便捷。由于其紧凑的设计,无论是在市区驾驶还是长途驾驶,"门到门"的运送都能够完成从发送人到收运人的直达运送。因此,小型货车已经成为各行各业的重要运输工具,如邮政快递和商场配送,当然也是农产品配送的主要运输工具。

平板货车包括轻型平板货车和大型平板货车。轻型平板货车也被称为皮卡,主要用于运输少量货物。实际上,小于满载的小批量货物的分拣和收货是同时进行的,使用轻型平板货车可以有效节约货物的分拣和运送时间。大型平板货车被广泛运用为工厂工地等大型生产基地,可以用来运输农业机械设备等。

集装箱货车的优势在于其载货容积大、货厢密封性能优良,尤其是近年来轻合金和增强合成材料的广泛应用,使得车厢自重大大减轻,有效载荷也得到了极大提升,从而使集装箱货车成为运输市场的主流选择。

拖挂车是一种复杂的交通工具,由拖车和挂车构成,它们之间经过一种连接机制相互连接,可以有效地提升运输效率,从而实现更高效的运输。

公路运输可以根据其服务方式分为零担运输和整车运输,以满足不同的客户需求。

零担运输是一种快速、经济性的运输方式,它采用分拣和装配来完成商品从发货人到收货人的整个过程。这种运输方式通常出现在两种情况:①货运数量较少,直接运输不经济;②受道路通行条件(包含交通管制)的限制,能够快速、经济地运输商品。随着我国高速公路里程的不断增加,零担运输已经建立起一个完善的网络,其运输的经济效益和运输能力也得到了显著提升。近年来货运交易市场的发展为零担货运提供了更多的运输信息,使得许多零担货运能够采用回程配载的方式运输到目的地,极具经济效益,这大大吸引了大量的货源。

整车运输是一种快捷、高效的交通运输方式,它不需要烦琐的包装分拣过程,可以从发送人起运,迅速到达收货人手中,大大简化了零担运送的作业流程,提高了物流的运送速度。由于大多数农产品的保质期短、易腐烂等特性,为了减少在途时间,托运人普遍选择快速运输,而各级政府也为此制定"绿色通道",以提高农产品的公路运输效率,以确保农产品的安全、适时、有效地送达到目标地区。

(三)水路运输

船舶是水路运输系统中最常见的交通工具,可以运送各种各样的货物,船舶的主要类型包括散货船、集装箱船和滚装船等。

散货船是一种特殊的运输工具,它们可以运送各种散装货物,如谷物、矿石、木材和散装混凝土。通常,散货船的载重量在三万吨左右,但也有少数情况下可达数十万吨。散货船的特点是单层船体,船尾型,船体较大,航行速度较慢。由于常用于特殊港口的装载,船上通常不用装卸设备。散货船通常是单独装运的,为了提高船舶的空载能力和承载水量,会在货舱两侧安装斜底舱。

集装箱船是一种标准化容器的运输船舶,它们具有高效和经济的优点。近年来,集装箱海运的蓬勃发展已成为运输业现代化发展的标志之一,其优点是舱口尺度大,易于装卸。船只一般没有装卸设备,由港口负责装卸,可以提高工作效率。

滚装船可以将货物连同车辆一起运送到港口,从而实现短途航线的安全装卸,并且有望向远洋运输开发。

水道航运可以分成内河、近海和远洋三种不同的类型。

内河运输是一种重要的水路交通方式,它利用天然或人工水道,将内陆地区与沿海地区连接起来,并在现代交通运输中发挥着重要的作用。它不仅可以满足货物的运输需求,还可以为边境地区创造便利的交通服务,推动当地经济发展。在古代中国南方,内河水路是货物的主要途径,如盐、茶和蚕丝。

沿海运输是指海运企业的船舶在近海上航行,往来于国内各沿海港口之间,负责运送旅客和货物的业务。而近海运输包括不同国家的两个港口之间的运输,如东南亚国家与中国港口之间的运输都属于近海运输。所以二者是有区别的。

远洋运输是一种跨越大洋的海上交通方式,它以船舶为载体,将货物和旅客从国内港口运往国外港口,或者在国家之间进行海上运输,从而实现货物和旅客的跨境流动。它不仅可以满足国内货物和旅客的需求,还可以满足国际贸易的需求。

(四)航空运输

飞机是航空运输的重要工具,飞机按照定时起航的线路、起点站、目的港和途经站,搭载旅客和少量货物,以满足客户的不同需求。通常飞机多采用客货混合型飞行,但也有一部分大型航空公司会在某些航路上开通定时的货物班机,采用全货机运送。航空运输主要形式有包机物流、集中托运和航班快递服务。

包机物流是一种特别的航空运输业务,它由民航公司按照与租机人预先规定的条件和费用,租用一架或多架航空器,将商品从一个或多个航班港传送到目标地区。

集中托运是一种将多票货物按照一定的顺序发送到同一终点站,由各地货运代理人进行收运、报关和分拨的方式。这种方法可以有效减少运费,并且可以将货品转运到飞机无法抵达的地点,从而极大地提高了航空运输的质量,也为货主提供了更多的方便。随着国际贸易的蓬勃发展,集中托运已经成为中国对外进出口货物运输的重要一部分,在全球覆盖范围内得到了广泛的运用。

航班快递服务也称航空公司急件运输,是一种极具竞争力的国际航空运输模式,由一家专业的速递企业与航线共同运作,他们会指派专人以最快速度将物资在货主、航班场、接收人中间传输,特别是那些需要应急处置的药品、医用技术设备、珍贵物资、文字物料、货样等。这种方式极具效率,可以在短时间内完成,一般只需要几天甚至几个小时的时间就可以到达目的地。

六、农产品运输的合理化措施

(一)提高运输工具实载率

实载率是一个重要的指标,它反映了单车和单船在运输过程中的真实载重与运距之比,以及标准载重与运行里程之比。它不仅可以用来评估装载的合理性,还可以用来衡量车船在特定时间内真实进行的货物周转量占车船载重吨位与航行里程之比的百分点,这种计算方式不仅考虑了载货航行,也包含空驶。

进一步提高实载率是一项重要的任务,它能够有效地利用交通运输的额定功能,尽量减少车船空驶和不满载运行,节约资源,实现交通运输的合理性。农产品物流中使用整车运输、合装全车、全车分卸及全车零卸等,都是提升实载率的手段,能够有效地改善运输效率。

(二)建设节约高效的运输体系

统筹综合交通基础设施布局,重点推进铁路、水路等多种客运、货运系统有机衔接和差异化发展,推动各种交通运输方式由独立发展向综合交通运输一体化转变。国内在这方面的措施包括:①发展智能交通,依托大数据、物联网等技术优化客货运组织方式,推动大宗货物和中长距离货物运输"公转铁""公转水"。②加快综合货运枢纽集疏运网络和多式联运换装设施建设,逐步实现主要港口、核心港区铁路进港,畅通多式联运枢纽站场与城市主干道的连接,提高干支衔接能力和转运分拨效率。③顶推法是一项有效的内河货运方式,它将内河驳船编成固定的队形,由机械船顶推前行,具有行驶阻碍小、顶推量大、快捷、运输成本低等优势。④汽车挂车也是一种有效的运输方式,它与船舶拖带和火车加挂有着相似的原理,可以有效地提升运输效率。

(三)发展社会化的运输体系

社会化交通的意义在于发挥大规模生产资源优势,实行专门分配,打破传统的单一交通运输体制。在这种运输体系中,联运形式是一种高效的形式,它利用了各类面向社会的运输系统,利用协议实现一票至底的运输方式,有效地解决了小规模生产的问题,受到了广泛的欢迎。

(四)加强流通加工,提高运输合理化程度

追求运输合理化的重点是加快运输速度,节省装卸成本,减少农产品在转运过程中的损坏,大大提高运输效率。由于生鲜农产品的形态和特点,运输的合理性存在一定的挑战。为了解决这一问题,采取适当的措施,如采用标准化包装,减少腐烂或变质,可以有效地提升运输效率。此外,在水产品和肉类的夹层中放置冰块,可以给农产品降温,减少运输损失,从而提升运输效益。

(五)发展特殊运输技术和运输工具

实现交通合理化的重要途径之一就是科技进步。中国的大多数新鲜农产品都是以天然的方式运送和销售,其中80%～90%的果品、蔬菜产品、家禽和水产品是在室外运送,而不是通过冷藏或保温设备。这些农产品通常用帆布或塑料布包装,并由专业的卡车运送到目的地。棉被虽然可以作为保温材料,但是外露的、非冷藏的粗放物流模式会增加二次污染的风险。因此,为了保持农产品的自然物理特征,采用冷藏、保温车辆,可以解决粉状、液态物料运送损失大、安全性差的问题。集装箱船能够比一般轮船承载更多的箱体,而且货物容器能够以更快的速率到达车辆和轮船,从而有效地减少二次污染的风险,大大提高物流运输效能,实现更高的经济效益。通过运用先进的科学技术,能够大幅度提升交通运输速率,从而实现交通运输的合理性。

第三节 农产品供应链管理

供应链管理被视为现代企业管理的核心竞争力之一。供应链是产业从供应、生产、流通到最终的消费环节的有机衔接和高效运作,企业通过供应链管理能够以更快的速度、更低的价格、更好的服务达成企业目标。简言之,供应链是从行业或者产业的生产、运输、加工、销售、消费、服务为垂直一体的集成化和专业化的管理模式。

一、农产品供应链的含义

供应链管理是一种系统化的工作,它源自彼得·德鲁克的"经济链",经过迈克尔·波特的发展经过了"价值链"和"供货链"的转变,最后形成了一套完善的物流配送网络系统,由客户、制造厂、仓储、物流配送枢纽和管道商等构成。农产品供应链管理工作则是以农产品加工业务为核心,利用信息流动系统,从产品生产到制造成成品,再到顾客手上,实现有效的物流配送管理,以满足顾客的需求,实现物流企业的高效运行(见图5-1)。

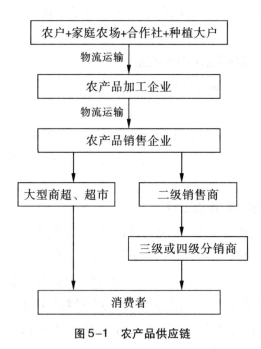

图 5-1 农产品供应链

通过建立完善的供应链,使农产品生产者、加工者、批发商、零售商等不同方相互之间的信息、资金等得以有效地流动,达到供、产、运、加、销的有机连接,从而使农产品的产前、产中、产后与交易市场相互之间成为一个有效的系统,提升关联链上的整体协作效率和效益。

最终,通过共同努力,实现各方共赢。

供应链控制是一个崭新的控制理念,它重视公司内部的员工联系,采用系统化控制,实现供应商的最佳效益,从而达到"双赢"或"多赢"的目标。供应链管理提倡三个核心理念:合作、整合和双赢。

二、我国农产品供应链管理的现状

(一)核心企业竞争力弱,供应链组织困难

国家虽然一直在大力发展农业和扶持农业企业,但是我国农业企业和涉农行业的产业化发展一直处于初级阶段,国家级和省级的重点产业化农业企业和龙头企业较少,同时这些企业的国内市场竞争力和国际竞争力较弱。

(二)新型市场主体较少,小农户缺乏供应链概念

我国的大国小农农情制约了供应链管理的发展,新型农民、家庭农场、合作社和种植大户较少,大多是小农户分散种植和经营,缺乏足够的市场意识和现代供应链管理理念。农业企业经营大都以中小型企业为主,没有规模型的大企业,对于供应链管理运营成本的投入较少。

(三)农产品以初级加工为主,缺少精深加工

农产品初级加工很难满足现代消费者的多样化需求,而农产品的高附加值依赖于农产品的精深加工和高级分工,同样,规模效应的实现要靠更高级的组织和分工。我国农产品的附加值不高,多以初级加工为主,缺少精深加工。

(四)物流设施不健全,物流技术落后

农产品的弱质性、易腐烂、季节性等需要有高度发达的物流体系和健全的物流基础设施,但是我国现在的物流水平对于供应链的发展支持力度不够。我国的全产业冷链物流和物联网技术参与的物流运输还处于起步阶段,甚至一些偏远地区基础的公路交通还不完善,通信条件差,物流运输上游的包装、储存业不发达同样导致物流运输不畅。

(五)发展潜力巨大,劳动力资源丰富

中国是超大型人口国家,劳动力资源充足,为农业产业化发展提供强劲的动力和支持。供应链管理能够促进现代农业的发展,我国政府大力发展农业及其相关产业,技术、资金、人才等方面的支持将会大大促进农产品供应链在短时间内的快速发展,能够施惠于农。

三、农产品供应链管理的分类

(一)以农业生产型为核心的供应链模式

农村生产企业包括各种新型农业主体,如一般家庭农场、种植大户、家用养殖场、村民合作和生产龙头企业。这些参与者都具有一定的专业性和市场化,能够快速响应市场信息并

把握市场趋势,从而解决他们与行业市场之间的矛盾。新型农业经营主体通过提高生产环节的集约程度,也能提供从生产到物流到最终消费的一体化程度,实现信息流、商流和物流的一体化。

(二)以加工制造业龙头企业为核心的供应链模式

农产品加工企业是以提供的原材料进行初级加工或者深加工的企业,不仅提升农产品的附加值,并且延长产业链,从而实现农业产业化。现在多数企业是以加工型为主要发展模式,并且此类企业的龙头企业也相对较多。随着我国各种优惠政策的支持和市场规模的扩大,越来越多的加工企业实现了产、供、销为一体的企业发展模式,企业规模不断扩大,竞争优势也逐渐增强,利用龙头企业的资金、政策、技术、市场、信息、管理等方面的优势,可以将之前分散的小农户组织到供应链中。

(三)以农产品销售为核心的供应链模式

农产品的销售渠道包括批发商、零售商和大型商场等。专业销售商的物流运输和配送服务是现代供应链管理中比较常见的模式,而且具有一定的专业优势和直接面对消费者的优势,能够快速获取消费者的喜爱偏好,准确地把消费者偏好传递至上游企业,为上游的加工企业的设计或者生产提供更多的市场信息和可能性。

(四)以第三方物流为核心的供应链模式

第三方物流是一种全新的物流配送形式,它不仅仅是为第一方的发货人和第二方的接收人提供运输服务,而且还包括仓储服务,它是供应链中一种集成的手段。第三方物流企业可以根据委托人的物流需求,从单纯的仓储、配送等项目转化为更加复杂的服务,包括协调、组织、运作、管理以及物流方案的设计等。

四、农产品供应链的特点

(一)供应链参与者众多,系统复杂

农产品的生产、机械加工、运送、分销和最终消费行为会涉及许多参与者,而且这些参与者的数量巨大,散布在广泛的生存空间中,这使得战略伙伴关系信息管理显得更加复杂化,物流运送管理活动也显得更加烦琐。

(二)物流资产专用性高

农产品的流通具有独特的生产性和资产专用性,因此需要采用一定的政策措施来确保它们能够满足要求并流入居民消费范畴。另外,由于时节和天气等环境的影响,农产品的生产周期比工业品长,因此在流通过程中需要采取有效的举措来确保它们能够在市场上得到充分的销售。

(三)不确定性

供应链管理是指对供应链中的原材料采购、加工制造、产品完成以及配送到客户等所有

环节进行有效管理的一系列活动。它涉及计划、采购、制造、存储、运输、配送和客户服务流程,旨在整个供应链系统中降低成本、提高效率,提升客户满意度和忠诚度,形成竞争优势,并为最终用户创造价值。随着科技的进步,供应链管理日益复杂和自动化,涉及先进的信息技术和算法,比如物联网(IOT)、人工智能(AI)和机器学习等,用以优化供应链流程和决策。

供应链管理系统在农业产业链中扮演着重要的角色,它需要考虑不确定性因素所带来的挑战,这既有来自内部因素的挑战,也有来自外部因素的挑战,可能会导致操作中断、效率下降及成本增加。不确定性可以在多个环节中产生,包括但不限于市场需求的波动、供应链的中断、原材料成本的波动、货运延误、政策和法律变化以及技术的变革等。这些因素对于决定库存投资大小和服务质量至关重要,因此,在农产品营销中有效地运用供应链管理是非常必要的。

(四)对物流的要求较高

物流约束对农产品供应链的影响是显而易见的,它不仅限制了农产品的流通,还影响了供应链的范围和效率。农产品物流配送受到多种因素的限制,包括市场物流配送条件、我国物流配送政策措施、产业规范和标准。这些因素共同作用使农产品供应链中物流服务客体具有特殊性,也使农业生产线和消费者对物流服务具有普遍需求。

五、农产品供应链管理的意义

(一)供应链管理是完善利益机制的利器

供应链管理系统已经突破了传统企业间的边界,它将参与者紧密联系一起,形成"利益同盟军",以达到参与者收益最大化,同样也使得信息等资源得以充分共享,把存货管理水平降至最低,甚至可以做到"零库存"管理,集成并优化供应商的整个物流过程,达到生产、加工、销售、物流配送整个过程的完整一体。

(二)供应链管理是物流管理的利器

现代农产品供货商的核心公司可以建立一种迅速反应机制,实现基于整个现代农产品供货商的统一物流管理工作,将农产品包装、贮存、装卸搬运、农产品加工、物流运输配送等活动作为一种有机的总体,并将它们有机地结合,构成一套完整的系统,以实现迅速反应机制,能够帮助公司获得优势。

通过信息共享和快速有效的反应能够帮助农产品供应链中的各市场主体打破"零和"的竞争格局,完善营销平台,更好地把握客户的需要,并快速做出反应,从而获得竞争力和增长效益。总之,要重新定义农产品加工业,以提升其有效供给,降低生产成本,确保产品安全,推动商品生产的规范化和标准化,从而提升我国农产品加工业的整体竞争力。

六、供应链风险管理分析

供应链是一种复杂而多变的系统,从供应商到消费者,每一道环节都有可能会带来不确定的问题。如果其中某个公司或参与主体发生问题,将会对整条供应链造成影响,以至于可能会导致整条供应链的崩溃。根据供应链内部环境和外部环境分析,把供应链风险分为内生风险和外来风险。

(一)内生风险①

由于信息不对称,供应链中的一方可能会从另一方获得额外的收益,这可能导致合约的破裂,从而引发供应链危机。在整个供应链管理环境中,委托人往往处于劣势地位,代理企业可能会利用这种不对称性来获取最大收益。由于供应商的生产能力有限或为了追求利益最大化,他们可能会不择手段地节省成本,以次充好,使得采购的物资无法达到合同规定的标准,从而给采购带来极大的风险。

随着中国农业企业的蓬勃发展,供货商的数量和构成变得更加复杂,这也大大增加了传导财务风险的概率。由于大多数企业都是单独运营和监控的,因此,供货商提供的数据信息有误概率也会相应增多。由于信息传输滞后,上下游企业相互之间的信息沟通变得不够完善,致使产品和客户需求在认识上出现分歧和误判,从而无法真正满足市场需求。此外,"牛鞭效应"②也会造成过量库存。

如果中国的涉农生产企业过分强调集成效率,就会使生产过程变得过于严格,缺乏灵活性,从而导致整体生产过程陷于停顿。因此,企业应该在组织上注重柔性,以减少采购风险。

挑选分销商是实施有效的供应链管理的关键步骤,因为它直接影响着市场参与者。一旦分销商的抉择错误,将会严重影响核心公司的市场竞争力,并可能造成供应商凝聚力的削弱,甚至造成供应商的崩溃。

物流活动是供应链管理的关键,它不仅能够加快资金流转速度,促进即时工业生产和柔性制造,而且还要求建立一个有效运转的物质管理系统,以确保各成员之间的信息和库存统一管理工作,从而降低物流配送搬运风险。然而,在实际操作中,由于原材料供应、运送、存储、制造、分销等环节可能会发生的工作故障,使得供应链物流变得不稳定,从而带来了潜在的风险。由于运送阻碍,原料和商品根本无法按时供给,导致部分公司在约定的交付期限内根本无法完成交付,从而给下游企业的制造和分销带来了不利影响。

(二)外生风险

1. 市场需求不确定性风险

供应链企业的运营以适应需要为核心,制造、物流、供给和销售等环节都必须依靠对顾客需要的精确判断。但由于竞争的加大,顾客需求偏好的风险也在加大,这导致精确判断变

---

① "内生风险"是指与金融市场参与者的互动有关的不确定性,而不是与交易资产的基本价值有关的不确定性。

② "牛鞭效应"是经济学中的一个术语,指供应链上的一种需求变异放大现象,使信息流从最终客户端向原始供应商端传递时,无法有效地实现信息共享,使得信息扭曲而逐级放大,导致需求信息出现越来越大的波动,此信息扭曲的放大作用在图形上很像一个甩起的牛鞭,因此被形象地称为牛鞭效应。

得更加困难,进而加大了企业的风险。一旦没有精确的市场信息,供应商将不能及时反映出市场变化和客户偏好,进而不能根据新的要求和变化来调整产品和服务,不能进军新的细分市场。最终,由于不能达到顾客迅速订货的要求,市场机会也将随之消失。

2. 资本的周期性风险

经济发展的运动轨道有着鲜明的循环性,兴旺和衰败轮流发生,这样宏观经济的循环性改变使企业的风险增大。在经济繁荣期间,企业可以通过提高存货、补充人力等措施来提升现金流量,但是在不景气期间,由于企业销售量降低,现金流量也会随之降低,而未完工的固定资产仍需要大批资本的持续投资,此时行业投资情况不理想,投资成本费用也会随之上升,从而给企业带来更大的经济风险。由于资本流动性不足,企业的风险大大增加。

3. 政策性风险

随着我国市场经济政策措施的变化,供应商的资金筹措、投入及一些运营管理工作实践活动受到了极大的负面影响,从而使得供应商的风险大幅上升。比如,当我国推出系列的产业结构调整政策和措施时,有些行业会受到激励,有些行业则会受到限制,这些政策和措施会使供应商原来的投入遭受经济损失,因此,供应商必须投入大批资金来完成产业调整,以应对政策风险。

企业经营风险还会受到法律环境的影响,而法律环境会因时而变。每个国家都有一套不断完善的法律体系,但是如果法律法规出现变动或修改,这些变化或许会对企业的运营造成负面影响。

4. 自然灾害等不可抗风险

山洪、台风、暴雨、暴雪等自然灾害会致使供应链的某个节点组织和企业受到严重破坏,从而影响整个供应链的稳定性,使供应链中企业的资金流动受阻或中断,致使产品运营受到经济损失,从而使预订的营运目标和财务管理工作目标无从达成。

第四节 农产品营销中的标准与分类管理

一、标准与标准化

标准是一项规范化文本,旨在经过协议一致性、认可组织审查,以确保在规定区域内达到最佳的秩序。它应当以科学技术和知识的综合应用为基础,以实现最优化的效果。

标准化是一种技术手段,旨在确保在特定范围内解决实际问题或潜在问题,以达到最佳效果。它包括制定、发布和执行标准,以建立专业化生产的技术桥梁。标准化的主要目的是提高产品、流程和服务的可操作性,避免交易障碍,促进技术合作。

二、标准的分类

(一)国际标准

国际标准是由国际标准化组织(ISO)、全球电工理事会(IEC)和国际电信联盟(ITU)等国际组织制定的,它们在全球范围内被广泛采用,并被确认和公布。

(二)区域性标准

区域性标准也称为地域规范标准,是指由区域内的标准机构编制和使用的技术规范。比如欧盟标准化委员会、非洲地方国家标准小组等,旨在确保全球范围内的国际标准一致性和可操作性。

在我国,为了确保工业生产的安全和卫生,必须制定地方技术标准,这些技术标准必须符合国家和行业的要求。这些技术标准由省、自治州、地级市的国家标准行政主管部门制定,并报国务院技术标准化行政主管部门和国务院相关行政主管部门审批。

(三)国家标准

国家标准是一种全国性的技术要求,它的有效期通常为五年,超过这个期限就需要进行修改或重新制定。另外,随着社会的发展,国家也需要不断推出新的标准,以适应人类的日益增长的需求。因此,国家标准是一种不断变化的信息。

国家标准可以分为强制性和选择性两类,前者旨在保证全体公民的人身财产安全,而后者则是透过社会经济管理手段或市场经济调控,自觉采取的,以满足产品、交易和应用等相关方面的需求。一旦推荐性国标被接受并被采纳,或者双方达成协议,它就成为双方必须遵守的技术规范,具有法律约束力。

(四)行业标准

行业标准由国务院相关行政主管部门颁布,并报国务院技术标准化行政机构主管备案,是一种由行业技术标准化主管部门颁布的统一技术要求,它旨在确保行业内的技术标准在全国范围内的一致性和统一性。随着国标的颁布,相关行业标准也将随之废除。《中华人民共和国安全生产法》要求,由国家有关部门批准制定的技术标准,可以在机械设备、电子产品、建材、化工、冶金等领域系统应用,以确保行业的可持续发展。

(五)地方标准

为了更好地管理区域技术标准,《中华人民共和国标准化法》和《中华人民共和国标准化实施管理条例》明文规定,允许制订地区技术标准(包含技术标准样本的编制),旨在整合省、自治州、地级市区域内的技术标准,以确保在缺少国家技术标准的情况下,该地方标准即行废止,在国家和技术标准颁布后正式生效。

(六)企业标准

依据《中华人民共和国标准化法》,中国的技术标准系统由国家标准、行业标准、地区技术标准和中小企业技术标准四大层级组成,它们相互之间存在着特定的依从关系和内部紧密联系,构成了一套覆盖全国的、层次分明的技术标准系统。

企业标准是为了保证公司的各种技术、经营管理和各项工作过程的一致性而制定的标准。《中华人民共和国标准化法》明文规定,公司在制造商品时,必须遵守《中华人民共和国国家标准:企业标准体系 技术标准体系》中的有关规定,并制定规范的公司技术标准,以确保商品质量符合国家技术标准。此外,公司还必须向当地标准化行政机构主管部门和相应行政主管部门提供审批信息,以便在内部得到实施。

三、农产品标准

伴随着社会和经济的不断发展进步,标准化在百姓生活中发挥着越来越重要的作用,渗透于工作和生活的方方面面。农产品标准化是现代农业发展的重要基础,它不仅能够推动农业产业结构的优化,而且还能够为农业产业化发展提供强大的支撑力量,以保障农产品安全和保护生态环境,从而促进农业可持续发展。当前,我国对农产品(食品)的认定技术标准有三种:无公害农产品、绿色食品和有机食品,它们在定义、产品规范、要求、认定形态以及安全等级上存在显著差异。农产品的界定是一个复杂的问题,它涉及农业生产过程中的药物和肥料使用,以及如何获得证书。因此,我们需要仔细研究这些问题。

(一)无公害农产品

无公害农产品是指使用安全可靠的原料,符合国家规定的生产、环境、质量标准,并具有独特的标志,以确保消费者的健康和满足公众的需求。政府部门通过逐级管理推进的方法,对无公害农产品进行确认,而不需要缴纳任何其他费用。

依据《无公害农产品管理办法》,无公害农产品的确定和认证过程由国家级农业生产行政主管部门和农业农村部农产品质量安全中心共同负责实施。在制造无公害农产品时,应当严格遵守我国法规,不得选用任何毒性或危害性的化学品杀虫剂和化肥。

(二)绿色食品

绿色食品是指遵照可持续开发原理,依照特殊方式制造,经中国绿色食品发展中心认证,并采用绿色食物标记的健康、高品质、养生类农产品。这些食物在制造和加工中,经过密切的检测和管理,避免杀虫剂残余、放射性化学物质、多种重金属物质和危害病菌等主要污染对产品的危害,以保证农产品的安全性和健康性。

绿色食品不仅仅体现在外表包装上,更体现在内在品质上,其中包括高品质的原料、高品质的制作工艺、营养成分和安全性指标。绿色食品可以分为 AA 级和 A 级两个等级。在AA 级绿色农产品生产过程中,严格遵循有机合成方式,不采用化学合成的肥料、杀虫剂、兽药、饲养添加剂、食物添加物质或者其他可能对自然环境和人类身心健康造成危害的化学物质,确保产品达到绿色生态农产品标准。在生产 A 级绿色食品时,严格遵守生产设备运行标准和规程,并且限制使用有害化学物质,以确保产品质量达到绿化农产品标准。

(三)有机食品

《中华人民共和国国家标准:有机产品》规定,有机产品是指经过严格的制造和销售程序,符合环保要求的商品,可以满足人类和动物的健康需求。

有机农业的目标是通过采取可持续的农业技术,避免应用化学合成的杀虫剂、化肥、成长控制剂和养殖助剂,并遵守自然法则和环境原则,维护农村生态的平衡。在生产、储藏、运送、包装材料、标志和营销等环节中,也应遵守严格的管理规范。所有在中国境内外出售的有机制品必须经过我国认监委授权的认可机关的审核和认可。另外,对于已经应用化学合成农药或化肥的农庄必须设立高效的管理制度,并在停用化学合成农药和化肥后,通过2～3年的转变期,才能真正变成有机农庄。在转换期间生产的产品,只能叫"有机转换产品"。

总的来说,有机农产品的农药残留量为零,而绿色和无公害产品在法律规定的范围内也不会存在农药残留。有机认证证书使用有效期为1年,而绿色和无公害产品认证证书使用有效期为3年,此外,国家还会定期进行产地环境检测和产品检测,以确保产品质量符合标准。

四、农产品标准化的意义

农产品标准化、规范化是保证农产品质量安全的关键因素,它涵盖了从种植到采收,再到洗涤、包装、营销的每一道流程,由于实行严密的标准规范,可以规定生产商的行动,避免出现因为追求产品质量和利益而不当使用化学药剂,或者过度使用杀虫剂和化肥等问题。严格遵守标准规范是保证农产品储存和运输质量安全可靠的关键,对于现代农业经济的发展具有深远的影响。

(一)提高农产品质量与安全水平

农产品标准化通过制定统一的生产和加工标准,确保农产品从田间到餐桌的每一个环节都符合质量要求。这种规范化管理有助于监控农产品中可能存在的各种风险因素,如农药残留、重金属污染、微生物超标等,从而有效保障农产品的安全性。同时,标准化生产还能提升农产品的整体质量,使其外观、口感和营养价值更加符合消费者的期待。这不仅增强了消费者对农产品的信心,也为农产品的品牌建设和价值提升奠定了基础。

(二)促进农业产业链的现代化

实施农产品标准化是推动农业产业链现代化的重要手段。标准化要求农业生产者采纳先进的种植和养殖技术,改进生产方式,提高作物品种和畜禽的质量。这些做法有助于提高农业生产的效率和产出,减少资源浪费,实现规模经济。此外,标准化还能够促进农业机械化和自动化水平的提升,减少对人工的依赖,降低生产成本,使农业生产更加精准和高效。

(三)优化供应链管理,增强市场竞争力和国际贸易

标准化的农产品的生产和处理过程有明确的记录和规范,这有助于提高供应链的效率和透明度,减少浪费,同时在出现食品安全事件时能够快速追踪和定位问题源头,易于追溯和管理,能有效控制风险。此外,标准化的产品信息也便于消费者识别和选择,提高了市场交易的便利性。通过国际认可的标准生产农产品,可以更容易进入国际市场,满足不同国家和地区对农产品质量和安全的要求,对于扩大出口、增加农民收入和推动农业经济增长具有重要作用。

(四)推进农业供给侧结构性改革

当前农产品市场存在供大于求的局面,而优质农产品却相对匮乏。为了满足消费者对多样性、环保性、健康性和高质量现代农产品的需求,必须推进农产品标准化,以进一步提高农产品的生产质量技术水平和竞争能力。农产品标准化体系建设是推进我国农产品质量提升的关键手段,它不仅可以优化资源配置,还能将更多的产能转移到制造高质量现代农产品上,进而有效地推进供给侧改革,达到供需平衡,推进农产品产业链走向更高水平。

五、农产品分级

农产品分级是一种有效的技术手段,旨在依据农产品的质量特点,将其分为不同级别,以提高农产品的服务质量,保证其价格,促进国际贸易,满足消费者多样化的需求。农产品分级应依据国家或相关部门制定的产品质量标准进行。

(一)农产品分级的目的和意义

我国最早建立的现代农产品质量管理等级是针对果蔬类商品的,旨在统一购进、储存、经销,从而有效地引导农产品的生产和商品流通,提升现代农产品的服务水平,规范市场经济,维护生产、销售、消费三方的利益,为促进现代农产质量管理水平的发展发挥了重要作用。当前,尽管国家制定的标准总量很多,但是这些标准对于解决农产品质量不高的问题仍然有一定的局限,因此,我们需要加强对农产品标准化实施过程的监管,以进一步提高农产品质量。

农产品分级的主要目的是促进农产品的商品化。农产品分级规范是一种有效的产品质量控制方法,它不仅可以为商品流通领域和居民消费提供各种技术规范和客观根据,而且还能够有效地引导和规范现代农产品的制造业,提高农产品的品质;同时,它还可以有效地清洗劣质农产品,维护消费者权益;此外,它还可以促使社会生活有序,促进农产品高品优价,减少贸易生产成本,从而为农业经济发展提供有力的支持。

针对不同的农产品,国家制定相应的品质等级旨在满足不同的市场需求。针对能够径直供给城市、面对顾客的农产品,如果品和蔬菜,制定划分指标,用以指导和规范生产,提升农产品服务质量。针对通过制造或商品流通公司才能供给城市的农产品,如棉、麻、蚕茧和烟叶等,制定划分指标,以完善社会秩序,促进农产品服务质量的持续改善,提升人们的购买

力,实现农业可持续增长。为了进一步提高中国农产品的服务质量和价格,降低贸易生产成本,政府应该制定划分指标,以保证农产品的服务质量。

通过实施现代农产品分级政策,不仅可以进一步提高现代农产品的质量水平,还可以推进农业技术的改进,带动农村生产方式的健康发展。总之,现代农产品分级是实现农产品生产、营销和居民消费之间互动和监督的关键环节,是进一步提高农产品质量和效益的关键。

(二)农产品分级的依据和原则

我国农产品质量标准的制定应该以满足市场和消费者需求为导向,而不是仅仅停留在生产服务的层面。因此,农产品质量标准的制定应该更加关注农产品的品质,同时也要考虑到生产技术水平、方法等实际因素,以及流通、贸易等方面的因素,以确保农产品质量符合消费者的需求,满足消费者的利益。由于我国农产品市场国际参与不足,以及分类指数缺乏对价格、农产品质量标准制定执行数据信息的调研、计算和数据分析,使得农产品质量标准与国际先进水平存在较大差距,进而造成了农产品市场定价和交易价格的不平衡。

农产品分级首先要考虑农产品的安全性能,凡是可能影响消费者人身安全的农产品应定为不合格品。另外,农产品的用途和使用特性也应作为农产品分级时考虑的主要因素。农产品分级时还应对农产品各种质量缺陷分类。从消费者角度看,任何不符合技术规范的缺陷都是不能容忍的;从生产角度看,任何产品都不可能十全十美。所以要综合考虑消费者和生产者各自的要求,既保护消费者的权益又有利于降低生产成本,生产优质农产品。

(三)农产品分级与标准化体系建设

第一,为了更好地满足市场的需求,我国应当建立一套完善的农产品质量分级标准体系,既要求符合国家有关标准的指标要求和最低质量标准,也要求符合国际市场的要求,以确保农产品质量达到最高水平。

第二,为保证农产品质量,应当制定一套完善的分级标准和强制性标准,以便更好地推荐和指导农产品的生产。此外,这些国家标准应当与行业和产业紧密结合,以提高其可操作性和代表性。为保证国家标准的科学化、公正化和透明化,政府、专家、企业和农户等各方应积极参与制定,以满足国家标准使用者和市场的需求。在标准实施后,应适时对不符合规定的部分进行修改,以保证国家标准的效力和可操作。

第三,农产品标准体系建设应以当地农业发展战略和发展方向为基础,结合实际情况,精心设计农产品项目,才能有针对性地推动当地农业发展,以达到最优效果。现代农产品标准体系建设是一个复杂的系统化项目,因此,标准化主管部门应该积极参与,搭建平台、组织协调和标准化知识方法培训,统筹把握项目进度,行业主管部门则应该充分发挥制度分析、科技促进、技术标准修订和推广实施等作用,以确保项目的顺利实施。同时,应当充分考虑到当地农业技术服务部门在该项目领域的技术实力,以确保现代农产品标准体系建设的有效性和可持续性。

第四,农产品标准体系应当发挥标准化的示范作用,以促进可持续发展。建立和完善标准体系的关键在于实际应用,而制定和修订标准则更应重视实施。因此,应该在项目初期就将重点放在参与项目建设的农业龙头企业身上,并且特别注重寻找那些具有较强标准化意识的企业领导。农业龙头企业作为标准体系建设与实施的重要载体,具备良好的技术人员素质和丰富的工作经验,可以有效地检验标准体系的适用性,并通过实施具体的标准来发挥示范作用,提升农户的标准意识,促进农业标准的实施,从而推动产业的发展和提升。

第五,充分的人力资源储备是完成标准体系建设的重要保障,因此,应加强农业标准化人才的培养。目前,基层单位农业技术人员的规范化程度急需迅速提升,主要表现在两点:首先,缺乏使用标准的能力,很多人只是凭借经验或书本知识来指导农村生产,缺乏标准意识,甚至有些人根本不了解农业标准,更谈不上发挥标准的作用;其次,缺乏规范化的原理和方法,无法熟练掌握规范化的过程。对此我们应制定措施加快人才队伍的建设:①针对农业技术人员开展标准化知识培训;②加快基层农业标准信息平台建设;③鼓励农业技术人员积极参与标准化活动。

第五节　农产品期货市场

随着国际农产品交易市场的发展,期货买卖已成为国际市场的一种重要交易形态,期货市场在农产品价格研究和套期保值领域发挥着至关重要的作用。而我国农产品价格构成体系也正要进行一次重大的改革,建设以市场经济为基石的现代农产品体系和经营风险控制体系将是当务之急。

一、国内外农产品期货市场研究现状

(一)国外研究现状

早在 1983 年,外国学者就开始研究农民如何利用期货交易市场来转移价格波动风险。根据对美国农民的调查,在一些州种植玉米的农民中,有超过一半的人选择使用远期合约来转移风险,而在采用远期合约较少的地区,这个比例也达到了 30%。20 世纪中叶,美国农产品期货成为一种有效避免金融市场经营风险的方式,国外学者和金融机构也对这种做法进行了深入的研究,以探索其中的可能性。在 1993—1995 年普渡大学举行的大规模农庄主培训班上,问卷调查表明,10% ~20% 的农庄主曾使用期货和期权投机用于实现套期保值。研究发现,印第安纳州种植玉米和黄豆的农户更易于涉足期货市场,这是因为他们对期货市场的风险认知更加深入,而且,他们的债务水平也更高,这有助于他们降低风险,从而提高收益;农民的受教育水平会对他们运用期货和期权工具产生积极影响。

(二)国内研究现状

对比之下发现,国内对当代农民市场风险认识和农产品期货市场认知等问题的深入研究相对较少,而对推动当代农民参加和运用期货市场的深入研究则更加欠缺。目前,农民主要依靠自身努力来减轻农业危机带来的损失,例如提高文化素养、收集更多正确的市场信息、实施多样化生产以及采用新产品等,而不是依赖外部力量。

1. 关于农产品期货的作用和功能的研究

学术界普遍认为,农产品期货能够有效地降低金融市场定价影响,避免农产品贬值。此外,期货市场的价格发现功能可为农民带来有价值的信息,帮助他们更加合理地进行生产,从而提高收益。学术界研究农产品期货市场的主体结构,以深入了解其发展趋势。

调查表明,中国农产品期货交易市场的整体结构出现明显的失调:一方面,中小型农村散户占有一定的地位,而其他机构客户则相对较少;另一方面,国内商品交易所的客户数据也表明期货交易市场以私人投机者为主,市场价格变化急剧,安全性较差,融资基金流转严重,金融市场经营风险较大。此外,对冲者和市场投机套利者的构成失调也是一个问题。由于农民资本规模较小,认知程度较低,农业合作组织水平也较低,因此他们尚未具有进行期货交易的意识。随着中国农产品期货交易市场的发展,越来越多的大型农产品购销商、农产品加工企业、各种投资机构和私人投资者参与其中,但他们却很难从期货市场中获得实质性的收益。

2. 关于农户参与农产品期货交易模式的可行性和有效性的研究

当前,"公司+农民""订货农产品"等模式是国内最常见的农民参加期货市场的方式,但由于收益分配不健全、合同订立不够完备、农民法律意识薄弱、农民与中介组织信息内容和能力不对称等因素,农产品市场订单的违规率仍然较高。因此,政府应该加强对农民参加期货市场的管理,以促进期货交易市场的规范发展。随着中国农村生产规模的不断扩大,农村生产经营技术的提高以及资本能力的增强,"农民+合作社+期货交易市场"管理模式已成为农民介入期货交易市场的必然选择。为了更好地理解这种现象,一些学者以美洲小麦和生猪这两个种类为例,深入研究了农村保险制度与美国农产品期货的组合模型及其效果。经过"保险+期货"模型的探索,根据实际案例,我们对农村保险制度和美国农产品期货定价风险管理机制提出了完善建议:"保险+期货"模型具有明显的优势,但也存在一些问题,因此,建议将其进一步推广,并建立一套有效的农产品价格风险管理机制。

3. 关于影响农户参与期货市场的因素研究

随着农民对风险的认知水平和对行情预测信息的需求增加,他们参与期货合作社的意愿也会变得更加强烈。此外,农民的年龄、性别、文化程度以及政府提供的补贴等因素也会对他们参与期货市场产生重要影响。因此,为了应对我国农产品期货市场的挑战,农民可以采用参与合作机构的方式来获得更多的利益。

二、我国农产品期货市场的发展历程

由于经济的快速发展,中国农产品期货市场也在不断地壮大,与世界各国期货金融市场的发展步伐一致。从总体上看,中国农产品期货市场的蓬勃发展历经四个主要阶段:准备阶段,初创与治理整顿阶段、规范发展阶段和创新发展阶段。

(一)准备阶段(1987—1989年)

在20世纪80年代初,政府采取了一系列措施来改革商品流通机制,包括复兴乡村集市交易、放开城市农副产品市场、确立物价双轨制等,获得了初步的效果。但是,农产品流通领域依然面临一系列棘手的社会问题,需要进一步加以解决。农户继续面临"卖粮难"的挑战,交易市场上出现欺诈和违约行为,农产品价格波动剧烈,农户不得不承担破产等市场风险。

农产品现货市场存在的问题给中国商品市场经济的发展带来了不小的挑战,但也激起了我国政府对农产品期货市场的探讨热情。1988年3月25日,《政府工作报告》明确提出了"深化商贸体改,鼓励各种批发市场国际贸易,探讨期货交易",为中国进行期货市场研究管理工作提供了重要的理论指导和实践基础。随着国务院政府发展研究中心和国家经济体改委的共同努力,建立了期货交易市场科学研究工作组织,国内各地区积极参与期货交易市场的试点研究,以推动期货交易市场的蓬勃发展。

在过去的一段时间里,我国经济学术界对期货交易市场在社会主义国民经济中的重要性和作用有了一致的认识。各级政府和监管部门共同努力,完成了对期货市场的初步设计,为未来的试运行奠定了坚实的基础。

(二)初创与治理整顿阶段(1990—2000年)

1990年10月12日,郑州粮油批发交易市场正式开幕,象征着我国期货交易所的建立。1992年底,特级铝、一号铜和钢铁期货标准化合同出台;1993年5月,小麦期货标准化合约诞生于郑州商品期货交易所。由于期货贸易取得了重大突破,完成了从传统远期合同贸易向现代期货贸易的转化。从1992—1993年,国内期货交易所规模迅速增长,截至1993年12月31日,全国各地区已经建立了38家期货交易所(批发市场),当中涉及农业的贸易所(批发市场)有14家,这一数字在逐年增加,为国家经济发展做出了重要贡献。

随着农产品期货交易市场的迅速发展,一些不法分子也开始进入,加上交易市场管理制度和技术规范尚未完善,使得交易市场进入了混乱的状态,违规、逼仓、诈骗等恶性现象屡禁不止,极大损坏了期货交易市场的信誉。那时,期货交易市场面临着一系列严峻挑战,其中最主要的是:①大批投机顾客利用这一机会操纵市场,恶意炒作、强行平仓等现象层出不穷,导致期货价格处于不理性的波动状态;②各地方竞相开设期货交易所,以获取大额手续费收入,而忽视了相关规则,严重背离了当地政府试点开设期货交易所的意图;③大批期货经营机构涌现,扰乱秩序,欺骗、坑害投资者的现象屡见不鲜。

为了有效地抑制期货交易市场出现的各种问题,国家出台了一系列的治理措施,"宁肯慢,务求好"。1993年11月4日,国务院办公厅发布《国务院办公厅有关切实防止期货交易市场盲目蓬勃发展的通告》,对期货交易市场做出了规范,其中包括:建立统一的期货监管,将期货交易所总量从50余家减少至15家,停止批准登记注册新的期货和经纪人组织,再次从严审查现行商品交易组织等,以期有效地遏制期货交易市场的不良发展。1998年,中国期货市场经历了一次重大调整,将15家期货交易所合并为上海市期货交易所、郑州商品交易所和大连商品交易所,使得期货交易的品种从35个大幅减少至12个。

(三)规范发展阶段(2001—2013年)

2001年,《国家经济社会发展第十个五年计划大纲》明确提出"稳步发展期货交易市场",标志着期货交易市场正式从管理调整转为稳步合规开展。2004年,《国务院政府办公室有关促进市场经济创新和稳定性的若干意见》更进一步指明了"稳步发展期货交易市场"的创建发展方向,使得中国农产品期货行业在发行数量、交易量、形式及其商品多样化等应用领域都取得了显著的进步,为市场经济完善提供了有力的支持。

随着国内期货市场进入治理整顿期,农产品期货的上市品种总量也在不断增加,从2004年初开始,期货市场已经拥有9个农产期货交易种类,这一总量的增加表明了市场的发展趋势,为投资者提供了更多的选择机会。随着规范发展的推进,棉花、玉米、白糖、豆油、菜籽油、棕榈油等农产期货种类纷纷推出,截至2013年底,已经有11个产品上市,涵盖了粮食、油料、禽蛋、纺织、糖料等多个行业领域。

随着夜盘交易方式的推行,我国农产品期货品种的国际知名度得到了显著提高,这不仅为国内外客户提供了更多的投资机会,也极大地提高了国内农产品期货交易市场的价格发现速度,进而使国内期货交易市场在国际上更加受欢迎。

出于满足全球消费者的需求,国内期货交易所不断拓展产品多样性,提出了农产品期货价格指数种类,以及农产品综合期货价格指数。从2013年以来,郑州市商品交易所和大连市商品交易所都在不断开发这种延伸品,以满足市场的需求。新型指数、板块指数和单品指数等,不仅为国内农产品期货市场提供了全面的参考依据,更为投资者提供了更加精准的投资策略,以及更加可靠的投资回报。

(四)创新发展阶段(2014年至今)

2014年,政府放宽行业市场准入,鼓励金融机构创新,明确提出要大力发展产品期货、产品价格指数、碳排放权等商品交易方式,以推进市场的创新,实行多样化开发,成为当时我国期货市场发展的重要方向。

"保险+期货"构筑了农产品期货助力"三农"发展的新模式。在中央一号文件的指导下,2016—2020年,"保险+期货"业务的试点项目数量达到600多个,为我国期货市场的发展提供了有力的支持,为"三农"的发展做出了重要贡献。

价格发现功能在豆油、豆粕、白糖等品类中表现出色,这类期货产品价格相互匹配度极高,已作为国内外有关行业的计价基础。此外,期货价格、棕榈油等种类历经数年的蓬勃发展,"中国价格"在国际上的深远影响也日益增强,已形成世界主要的价格传导枢纽之一。近年来,经过对行业投资者的培养,农产品期货交易市场已变成一些农产品企业的重要风险防范手段。在国内日压榨能力达到 1000 吨的油脂油料公司中,大约 90% 的公司都采用了期货市场实现套期保值,而国内三十强饲料企业集团中,也有大约半数积极参与到了豆粕、小麦等农产品期货交易中,以此来有效地降低风险。

中国农产品期货市场蓬勃发展,创新能力显著增强。期货品种多样化,功能更为有效,市场组成日渐多样化,体系日趋完善,公司经营主动性不断提升。通过上市白糖、棉花、豆粕和玉米期权,为产业客户提供了一种全新的套期保值方式,从而大大丰富了农产品市场的风险管理手段,使其变得更加灵活多样。截至 2021 年 4 月 30 日,我国已经上市了 27 个农产品期货种类,涵盖了谷物、饲草、油料、禽蛋、纺织、糖料、林业、果蔬等多种农产品范畴,为投资人带来了更为丰富的投资选项,推动了农产品期货市场和农业的发展。

三、我国农产品期货市场面临的挑战

(一)农产品期货国际化水平偏低

近年来,中国期货市场的发展脚步持续加速,但农产品期货市场发展仍然滞后于其他国家。一方面,中国期货市场规则体系与海外市场经济存在较大差异,这限制了期货市场参与全球化的能力。另一方面,中国农产品期货市场的发展受到计划经济转型时期的影响,股票交易和期货企业由证监会统一监管,新产品发行实行批准制,这与国外期货市场组织的管理机制、制度规范等存在较大差异,这也限制了期货市场参与全球化的能力,农产品期货市场的国际化程度受到了一定的影响。然而,由于参与者缺少国外市场投资经历,他们在全球争夺中处于劣势。目前,中国农产品期货市场的投资人构成仍以散户居多,缺少组织机构投资人,交易策略也相对落后,因此积极参与国际竞争的经验不足。

(二)农产品期货的整体交易规模处于低迷状态

近几年来,我国农产品期货市场的成交额增加程度有限,这反映出该交易市场魅力不足。一方面,一些具有影响力的品种(如股指期货)上市后迅速成为金融市场焦点,导致资金流动受到限制。另一方面,随着政策因素的影响,农产品期货价格的浮动区间近年来已经显著缩小,套保者的避险需要也在逐步减少,他们的盈利生存空间遭到了极大的压力,从而使得他们进入市场的动力大大降低。

(三)部分农产品期货的功能发挥不够

伴随市场经济的迅猛发展,许多资金进入农产品期货交易市场,但是由于部分农产品期货品种价值发掘和套期保值效果不佳,导致价格波动剧烈,甚至出现了泡沫化现象。这也严重影响了期货交易市场的整体功能发挥。在农产品期货方面,国内的套期保值效应并不理想。根据国外发展期货交易市场的成功经验,农产品期货的套期保值效率应该达到90%。然而,与国外比较,国内的棉花等农产品期货的套期保值效率存在较大差异。由于套期保值效果不佳,企业参与期货市场的热情受到了严重的抑制,这不仅削弱了企业有效防范价格风险的能力,也阻碍了期货市场价格发现功能的发挥。

(四)农产品期货交易市场的产品构成仍然不够完整

目前,我国农产品期货交易市场大多数农产品都是种植业产品,而畜牧业和水产品等其他农业领域的产品相对缺乏,农产品期货市场的产品结构不够完整。

(五)多层次风险管理体系尚未形成

随着市场经济和期货交易市场的蓬勃发展,多层次资金风险系统的建设也在不断完善。从场内看,现代农产品期权交易种类的上市,不仅可以降低套期保值交易成本,更能满足投资人多样化和个性化的资金安全管理要求,而且还可以完善现代农产品期货交割市场的价值发现管理机制。尽管已上市的现代农产品期权交易种类总量有限,但场外衍生品市场的快速发展却为农产交易市场带来了一个全新的机会,它不仅可以满足大型期货企业的套期保值要求,还可以满足金融机构投资人的精细化风险管理要求,具有高度人性化订制和低买卖成本管理的特点,使得农产商品交易市场发展的覆盖面更加广泛。场外衍生物在国际金融市场中占有重要地位,其规模在不断扩大。然而,目前我国场外衍生物业务的比重仍然较小,我国交易市场发展仍处于早期阶段。

四、如何促进我国农产品期货市场的良性发展

(一)吸取国际领先成功经验,进行机制改革,以提升农业发展水平

随着全球经济一体化的加速发展,我国农产品期货市场也将迎来全球化的机遇,因此,必须吸取国际领先成功经验,改革现行的审批制度,以适应当今国际社会的发展趋势,加速农产品期货市场的发展步伐,实现更高水平的市场化。为了促进农产品期货市场的健康发展,我们应该深入研究和论证工作,支持农产品品种的技术创新和产品挂牌,并制定完备的挂牌、退市和维护机制,以确保市场的稳定和健康发展。通过构建完备的农产品期货品种试运行机制,我们可以在一段时间内评估农产品期待合约的价值,从而有效降低其成本,提高投资者的收益。

(二)加强对农户的培训,重视中介组织的发展,以提升农业生产效率和质量

伴随中国农产品期货市场的迅速成长,一些缺陷也随之显露出来,当前最突出的便是村民参与市场经济和金融服务的能力缺失。为此,我们应该加强对农民的教育,让他们更加清楚地认识到我国农产品期货市场的优势,从而提升他们在金融市场的竞争力和金融服务素养。注重农产品期货买卖市场中介组织的建设,不仅可以有效地减少个体农户在金融市场

上的经营风险,而且还可以为农民提供更多的参与机会,从而更好地保障他们的利益。因此,应该大力推进农民合作组织的建设,积极引导农民参与农产品期货活动。

(三)重新构建农产品期货的产品架构,并强化对期货交易市场的监管

为了推动中国农产品期货交易市场的发展,我们需要完善农产品期货种类,调整其内部结构,加快农村生产资料和商品期货的发行步伐,以实现更加全面的发展。为了更好地适应社会主义市场经济,我们必须加强对期货市场的调整,建立健全市场信誉管理体系,加大产品质量检测体系和物流配送系统的建立,以确保农产品期货市场经济秩序的稳定发展。

(四)建立完善的保证金体系,通过订单和期货相结合的方式来实现安全经营

由于期货交易市场存在着一定的风险,且市场在不断变化,为了保持期货市场的稳定,我们需要建立完善的保证金体系,以防止投资者因期货价格波动而感到恐慌。此外,通过采用“订单+期货”的运营模式,我们可以通过宏观调控手段来最大化粮食收益,不但增加农户的总收入,也增加公司的资源利用率,有效解决以往客户成交后履约艰难的情况。

拓展案例

新冠疫情下中国农产品冷链物流可信追溯系统的研究

首创“一码到底”的溯源技术　京东云打通国内冷链市场

冷链物流已经成为降低农产品采后损耗、保障农产品安全的重要手段,新冠疫情中,与冷链关联的病例时有发生,引起了社会各界对冷链物流的高度关注,建立农产品冷链物流可信追溯体系,对于保障新冠疫情下农产品安全、实现精准追溯与召回具有重要意义。

为满足消费者对进口冷链食品的溯源需求,2021年3月,京东云基于自身的防伪溯源技术,联合京东物流、京东生鲜共同打造“京东冷链溯源平台”,该平台目前已覆盖生鲜果蔬、肉禽、海产等生鲜所有品类,服务近300个商家的超400万件生鲜商品,不仅能实现商品从原产地到消费者全程可追溯,而且通过京东云业内首创的“一码到底”的云上溯源技术,未来还将推动国内各省市溯源码实现互通。

全程溯源,一码到底

2020年11月,国家卫健委发布了《关于进一步做好冷链食品追溯管理工作的通知》,要求明确主体责任,生产经营企业应当及时、准确记录每批次重点冷链食品的检验检疫信息、核酸检测结果、业经消毒的证明、货物来源去向和数量、位置等关键数据。2021年春节,北京市市场监督管理局、北京市商务局更是拓展了北京市冷链食品追溯平台追溯食品品种范围,从进口冷藏冷冻肉类、水产扩大到全部储存温度在0℃以下(含0℃)的进口冷链食品。

京东基于京东云的防伪溯源技术能力,推出京东冷链溯源服务,并率先在北京落地。区

块链技术具有去中心化、公开透明、不可篡改、可溯源的特点，当区块链应用在冷链产品追溯中，可以让用户快速掌握商品生产链各环节的信息，更放心地购买冷链商品。通过京东云一物一码的区块链溯源，冷链食品生产流通全过程信息都能上链，从生产到运输的全部冷链流转过程都实现了可查询、可追溯。消费者在京东平台购买进口冷链商品，可通过追溯码查询产品的来源国家、生产日期、批次号、流通路径以及商品的核酸检测报告、消毒证明等全方位健康安全信息。

冷链食品信息全程可追溯，这是所有消费者的期待。然而与此同时，因各省市地区对于追溯的政策各异，也存在追溯系统信息孤岛问题，企业商品在流转时鉴于各地的追溯政策不一，系统间无法实现数据相通互认，需要重复贴码。有鉴于此，京东冷链溯源平台特别基于区块链技术打造了这套适用于全国冷链商家的溯源系统，通过与各地溯源系统的数据标准对接，能够在业内首次实现跨域追溯系统及追溯码的互认连通，为商品在不同省份间货品流动打通了路径，实现了降本增效的作用。此外，根据操作流程，商家在生产或发货时即将追溯码贴在商品实物上，可支持全流程节点监控和查验，无须额外增加封仓检验等措施，优化运营操作流程，加快商品流通效率，降低流通成本。

合作共建，能力开放

不仅是在冷链生鲜溯源，基于多年技术和场景积累，京东云的区块链技术能力已在多品类溯源中落地应用。京东云打造的防伪溯源平台已为生鲜、母婴、酒类、美妆、奢侈品、跨境商品、医药等众多安全或健康高要求领域的商品提供了防伪追溯服务，目前平台合作品牌商超过1000家，落链数据达到10亿级，消费者"品质溯源"查询次数超950万次。在京东App搜索"溯源"进入"品质溯源"专区，消费者即可方便地购买到采用区块链溯源技术的品质好物。

此外，京东云还将其区块链技术应用逐步纵深拓展，结合人工智能、云计算、数据服务等前沿技术，从供应链追溯、电子合同、政务协同、金融科技等产业场景，打造全方位的生态服务矩阵，并对外开放。部署在京东云上的区块链，在统一标准下，即可实现与其他部署在公有云、私有云、混合云的区块链节点之间的快速组网；基于京东云区块链技术打造的电子合同产品——京东智臻链云签电子合同平台，已连接互联网法院、公证处等司法机构，提供电子合同发起、签署、管理、风险监控等功能，目前已服务超百万份电子合同签约。

作为国内区块链技术领域的领军企业，京东云近些年在区块链赛道上频频布局，于2019年3月率先开源了自主研发的京东云区块链底层引擎JD Chain，为我国区块链发展提供了国产开源可控的底层核心技术；2018—2020年连续3年发布《京东区块链技术实践白皮书》，成为区块链技术产业应用探索的重要参考；同时推出诸多区块链产品，如区块链BaaS平台、云签电子合同平台、防伪追溯平台、医药追溯平台、数字存证平台等，致力为各产业领域提供更易用，更灵活，更低成本的区块链技术服务。目前，京东云的区块链技术已服务超

300万+用户数,部署节点超1000个,将区块链这一先进技术深入产业落地之中。

京东物流相关负责人表示,为了让全国消费者能够更加放心地购买进口冷链食品,京东物流将依据疫情防控要求,整合各方资源,持续推进监管仓和专仓建设,不断拓展溯源平台使用范围,通过全流程服务解决方案,为进口冷链食品铺设一条从源头到消费者餐桌的"安全通道",全力为消费者守护"舌尖上的安全"。

资料来源:乔鹏程.基于区块链库存管理防伪追溯变革研究——以京东"智臻链"为例[J].新会计,2020(2):51-53.

思考题

1. 当前中国农产品冷链物流面临的挑战有哪些?

2. 区块链技术在农产品冷链物流追溯中的优势有哪些?

3. 如何运用区块链技术有效解决农产品冷链物流全程追溯困难、责任主体不明确的难题?

农产品分类营销

本章主要介绍了谷物、畜牧、果蔬、油料、烟草等各类农产品的供给和市场需求情况,具体包括各类农产品的流通渠道和营销环节,针对当前农业发展经营状况,分析各类农产品的需求特征,并提出具有针对性的农产品营销策略。

第一节　谷物营销

一、谷物的生长供给概况

我国的粮食供给主要由谷物、豆类和薯类三大品种组成,其中谷物占九成。自 2014 年以来,我国谷物产量一直保持稳定增长,种植规模占粮食作物种植面积的91%之上,出口量占我国谷物生产量的92%之上,到2021 年,我国谷物产量达到 6.33 亿吨,这将为我国粮食供给带来更大的发展空间。具体到谷类细分品类来看,我国谷物包括稻米、小麦、玉米、高粱、大豆及其他杂粮,其中稻谷、小麦和玉米三大谷物产量占比超过95%。为了保证国民的粮食安全,国家提出了依靠自身力量保证口粮,集中国内资源保重点,达到粮油经济作物基本自给,口粮绝对安全性的目标。同时,粮改对农业发展带来了巨大变革,粮油市场化进一步加强,使得谷类成为发展中国家重点粮食供应种类及重点口粮消费品种,对我国粮食发展有着更加重大的意义。

（一）稻谷

我国拥有悠久的稻米栽种文化,早在 7000 年前,中国长江下游的先民们就开始栽种稻米,中国是世界栽培稻起源地。2010—2022 年,我国水稻单产量不断攀升,从 2010 年的6553 公斤/公顷增至 2022 年的7044.2 公斤/公顷,成为亚洲地区稻米单产最高的国家。稻谷作为我国第一大粮食作物,约60%的人口以大米为主食,稻米种植以自然环境、品种类别和栽种方式为依据,被区划为 6 个稻作区和 16 个稻作亚区,主要散布在松花江流域、长江流域和珠江流域地区,还有云南、贵州的坝子平川,海南部分地区,浙江、福建沿海地区的海滨冲积平原,以及台湾西部的冲积平原。这些地区的稻米种植都受到了自然环境和当地社会经济环境的影响,也是我国水稻的集中产区。目前南方稻区播种面积占我国水稻总面积的94%,其中长江流域的播种面积占比达65.7%,而北方地区的播种面积占比约为6%。

水稻种植业生产属于劳动密集型农业,特点是"一大一小一高三低"。"一大"是指水利工程量大,季风区水旱对水稻生产威胁较大;"一小"指以家庭为生产单位的小农经营,人均耕地面积小;"一高"指精耕细作,单位面积产量高;但是由于生产规模小,经济水平低,农业生产主要靠传统经验,所产稻谷也以自给为主,就造成了水稻商品率、机械化、科技水平的"三低"。自新中国成立以来,杂交水稻的研发与推广、精耕技术的提高推动了我国稻谷产量的巨大飞跃,1997年突破纪录达20 074万吨,随着受到国家种植业结构调整政策影响,粮食产能过剩、供求不均导致稻谷产量出现负增长。2004年以来,国家取消农业税、实行粮食种植补贴、最低收购价托市稳定水稻播种面积,产量也在不断攀升。2015年国家进行农业供给侧结构性改革,我国稻谷种植面积出现较大下滑,但加快转变农业发展方式,增强研发能力和优化品种结构刻不容缓,始终坚守耕地红线不让步,用发展新理念破解"三农"新难题,水稻单产定能稳步上升。虽然稻谷播种面积存在一定的波动性和阶段性,但总体而言,稻谷产量仍在稳步增长,并且正在朝着供求平衡的方向发展。

(二)小麦

小麦是中国粮食系统中不可或缺的重要组成部分,是仅次于水稻的粮食作物,它的营养价值和经济价值都比较高,在我国各地都有栽培,年均播种规模超过24 000千公顷,占全国农业总耕地的22%~30%和粮食作物总种植面积的22%~27%,2021年,中国小麦种植规模达23 570千公顷,在全球比重约10.59%。近年来我国小麦的亩产量在700~800斤,年均总产量在1.3亿吨,占到同期全国年均粮食总产量的27%左右,在全球比重约17.6%,位列全球第一。

小麦可以根据播种期分为春小麦和冬小麦,前者的蛋白质浓度较高,但容重和出粉率较低。我国冬麦栽种覆盖面积占我国小麦种植总面积的95%,大多数散布在长城以南区域,其中河南、山东等省区栽种覆盖面较大,而四川、安徽、陕西、湖北等省区也有不同程度的冬小麦栽培。春小麦在我国的播栽覆盖面占比约为5%,大多数散布在长城以北区域,其中包含黑龙江、内蒙古、甘肃等地区。

2004年以来,因国家一系列惠农政策的实施,小麦播种面积呈波动增长趋势,产量连年稳中求进,小麦产量年均增长率2.3%,实现"十八年连增"。中国小麦播种面积整体呈波动增长态势,从2003年的21 997千公顷到2021年回升至23 570千公顷,增幅约7.2%;得益于我国小麦育种及栽培管理水平的提升与种植面积的增长,小麦产量持续增加,从2003年的8648万吨增加至2021年的13 694.45万吨,增长了5046.45万吨,增幅为58.4%。

虽然我国是当今世界上小麦产量最多的国家,但由于总人口数较多、消费偏好等因素,使得我国小麦供应总量无法满足人民的需求。此外,我国小麦的品种和质量也存在着不足,因此,必须引进国外优质小麦,单独或是与国产小麦混杂利用,以提升面粉的质量。自19世纪80年代以来,我国的小麦进口量在全球一直位于领先地位,而在90年代前后,由于国内减产,小麦进口商品量曾经一度达到1500万吨。在2010年之前,我国每年的小麦进口商品量都低于配额,大约在100万吨左右。但随着时间的推移,这一数字开始逐渐增长,并在很长一段时间内保持在300万~400万吨的规模。到2020年,中国小麦进口量达到838万吨,同比增长140%,2021年小麦进口数量已经超过进口配额,这两年来,小麦进口量激增,主要是由于畜牧业的快速发展,以及国家为应对不确定因素未雨绸缪,加大了小麦进口力度。

(三)玉米

作为一个玉米生产大国,中国的种植面积和生产量仅次于美国,在全球排名第二。近年来,我国玉米生产量占我国粮食作物生产量的近1/5,其重要地位仅次于水稻和小麦,位居第三。由于玉米是四碳植物,其呼吸耗能少,光合利用效率比小麦、水稻等粮食作物高2~3倍,因此单产更高,生产潜能也更大。玉米是一种喜欢温暖气候的粮食作物,主要分布在纬度30°~50°的地区,原产于中南美洲,现在遍及各地,美国、中国、巴西、墨西哥、南非、巴基斯坦和罗马尼亚种植面积大。中国的玉米重要产区分布在东部、华北和西南区域,其中辽宁、吉林、黑龙江、内蒙古、山西、河南、山东、河北八省区的种植覆盖面占全国总量的60%,占全国玉米生产量的70%之上,特别是东北部(包含内蒙古),每年播种春玉米的覆盖面积为1000万~1400万公顷,一般年度玉米生产量为9000万~12 000万吨,占全国总生产量的40%左右,作为中国最大的玉米生产基地,这里的玉米供给充裕,是中国农业发展的重要支柱。华北黄淮区域既可以种植春玉米,也可以种植夏玉米,常年玉米种植覆盖面为1000万~1100万公顷,正常年份玉米产出为5000万~7000万吨,占全国总产量的30%,但是商品销售率仍然低于东北地区。

自新中国建立以来,中国玉米生产量、种植规模和单产均呈现出稳定上升的势头,整体上可以分为两个阶段,在2003年之前,中国玉米总产量稳定增长,年均增速达16.5%,在此期间,玉米播种规模也逐年扩大,涨幅达92%,年均增幅达到1.8%左右。随着惠农政策的提出,综合市场供需形势,我国饲用需求的增加和加工业的发展,极大地调动了农民种植的积极性,在2003—2022年,我国玉米的种植面积和总产量有了巨大的飞跃,到2022年中国玉米播种面积达43 070千公顷,比2003年增长79%,年均增速达4.1%,相当于第一阶段的2.3倍,总产量达27 720万吨,增长140%,年均增长7.4%,单位面积产量每公顷6436公斤。自2010年以来,因人民生活水平的提高,对禽肉、禽蛋和奶制品需求的增加,饲料需求激增,加之进口玉米的价格优势,我国玉米进口一直维持较高水平,2011—2021年,中国玉米进口量从175.36万吨上涨至2834万吨,平均每年进口量约644.16万吨,其中2021年增幅最大。

二、谷物需求结构分析

近年来我国人口总规模逐年增长,总人口从 2011 年的 13.49 亿人增长至 2021 年的 14.13 亿人,CAGR(复合年均增长率)为 0.46%,这一增长趋势表明,我国人均粮食消费量将继续增加,特别是城镇和农村地区的动物性食品消费量也将继续上升。随着人口总量和人均肉禽蛋奶消费数量的增加,我国粮食需求面临着更大的压力。一方面,人均大米消费量稳定或缓慢下降;另一方面,人均小麦消费量逐渐增加,进口数量也在增加;此外,玉米作为饲用的需求也在不断增加,这些因素共同构成了未来粮食需求的增长趋势。

(一)稻谷

作为世界首个研发成功和普及推广杂交水稻的国家,水稻栽培种植正在迅速向高产型转化。目前我国水稻自给率达到98%以上,外部市场对中国稻米的影响也相对有限,据统计,2021 年中国水稻表观消费量达 21 536 万吨,年均复合增长率为 2.24%。从消费结构上看,稻谷的终端需求主要体现在以下几个方面:

(1)食用消费。口粮消费作为生活的刚性需求,增速相对缓慢,但依旧是最主要的需求来源,约占稻谷消费总量的82.4%。

(2)饲用消费。饲用消费是粮食第二大用途。近年我国稻谷市场供大于需,国家加大稻谷去库存力度,饲用替代需求同比增加,约占消费总量的7.8%。

(3)工业消费。工业消费是粮食第三大用途,指企业通常使用粮食作为主要原料或辅料,以满足在酿酒、制药、风味品、制糖、淀粉等工业生产中的生产需求,占比达 9.1%。

(4)种子用粮。种子用粮在粮食用途中数量较少,对稻谷需求结构影响不大,约占总消费量的0.7%。

(二)小麦

中国是全球小麦生产产量最高的发展中国家,同时也是消费量较大的国家,年消费量一直保持在 1 亿吨以上,年度人均消费量在 80~100 公斤。20 世纪 90 年代,由于国内供给不足,小麦生产基本处于短缺状态,因此需要通过进口来弥补,到 1995 年,中国小麦进口量达到 1233 万吨。但随着政府实施的小麦最低收购价政策的落地与实施,2006—2019 年小麦平均自给率达到 106%;然而自 2020 年以来,国内玉米产需格局发生显著变化,由于玉米供不应求,小麦的饲用需求急剧增加,使得国内小麦产量再次出现短缺,无法满足市场需求,也就更加依赖进口来满足国内的消费需求。

我国小麦自给率较高。小麦是我国最重要的粮食作物之一,从 2018—2019 年的数据来看,它的食用、饲用、工业和种用消费量分别占到了总量的 72%、14%、9.3% 和 4.7%,这些消费最主要是用于制粉类口粮消费。

(三)玉米

2000—2018 年,我国玉米国内消费量从 1.12 亿吨增加至 3.04 亿吨,年复合增长率为 5.7%;受非洲猪瘟和新冠疫情等因素影响,2019—2021 年我国玉米消费量出现了下降,回落至 2.89 亿吨。玉米可用于多种用途,包括饲养、工业原料、食品加工和农业种植等。2022 年随着生猪养殖规模高位起伏,饲料消费呈现出明显的先降后升的态势,加之替代品使用减少,玉米饲用消费份额出现一定程度增加。2021 年玉米的食用消费、饲用消费、工业消费和种用消费分别占到了总消费量的 3.1%、60.7%、31.7% 和 0.4%。

三、谷物营销

(一)订单农业,保证产品粮源

为了保证粮食产业的可持续发展和企业的长期生存,以"公司+农民+培训基地"为基础的农产品订购管理模式,要求在镇、村设立无公共危害、有机安全的粮食生产培训基地,并与农民签订采购合同,以确保粮源充足,保证粮食企业在市场竞争中占据优势地位。

(二)狠抓品质品种,树立优质品牌

在粮食生产加工过程中,应当重视地理环境,精准把控粮食质量;加强技术环节,严格执行进口关标准;把握收购环节,避免混收混储;细致加工环节,严格把控粮食品质,以确保生产出满足消费者需求的优质产品。为了满足消费者多样化的需求,我国粮食企业应该不断研发和生产深层次的粮食加工产品,扩大产业链,提高产品附加值,建立完善的技术、产品服务体系,形成差异化优势,激发农户的积极性和生产力,吸引消费者的关注,提升企业竞争力,打造优质的产品品牌,树立企业形象。

(三)更新营销理念,创立名牌产品

为了让消费者更加了解粮食产品的品牌,提高对产品质量和安全的信心,降低对产品价格的抵触,企业应该不断更新营销理念,并利用多种渠道,实行多维立体传播,以提升企业和产品在国内行业以及消费者中的认知度,从而让消费者更加放心地购买粮食产品。为提升企业的销售业绩,可采取如下措施:首先,对营销人员进行培训,以提高他们的服务水平和推销能力;其次,在节假日期间,对企业产品进行促销活动,吸引更多的消费者,增加企业的市场份额;再次,建立营销服务网络,推行总代理商,彻底改变过去面临很多散客的现状;最后,实施科学合理的回报优惠政策,大幅提升经营者的积极性,以激励经销商不断做大做强,为企业带来更多的收益。

(四)合理定价,促进产品销售最大化

因为企业和经销商对产品价格的敏感性,所以在给粮食产品定价时,应该充分考虑他们的心理,并结合他们的需求,在保证产品质量的前提下,合理地调整利润空间。面对高档粮油商品,由于消费群体对市场价格的敏感性较低,消费时会更加注重品牌和质量,因此可以

采取高价策略;而面对中低端产品,由于消费群体对市场价格的敏感性较高,在防止价格竞争的前提下,定价应更具灵活性,采取比同行稍高的价格策略;为吸引更多的经销商,应利用更大的价差来激发他们的积极性。

(五)增加销售网点,促进市场营销

粮食作为日常生活必需品,消费者通常会选择就近购买,因此,营销网点的覆盖面对于提升市场占有率至关重要。开拓粮食交易市场,需要进行推广,并选择优秀的经销商,定期对其进行指导和培训,进行高品质的售后服务,构建良好、和谐的合作伙伴关系;在商品合理的营销半径范围内,应该划定自己的营销范围,以便更好地满足消费者的需求,提升市场占有率;通过合理的资源配置和对营销渠道的精准把控,构建良好的利益关联,以提升渠道销售效率;将自身商品打造成消费者信赖的强势品牌,充分运用零售商的巨大销售网络和规模优势,实现粮食产品的全面发展。

第二节　畜牧产品营销

一、畜产品类型

畜牧是一种利用人们驯化过的生物,如家畜、家禽等,以及鹿、麝、狐、貂、水獭、鹌鹑等,进行人工驯养和繁育,使其将牧草和饲料等植物能转变为动物能的生产过程。畜牧产品是指经过这种生产过程所取得的肉、蛋、乳、皮张和药材等产品。

(一)肉类产品

肉类可以分为白肉和红肉两种,白肉包括爬行动物、两栖动物、甲壳类动物(虾蟹等)或双壳类动物(牡蛎、蛤蜊)等;红肉指牛、羊之类的哺乳动物的肉。肉可以根据加工方式分为生肉、熟肉和肉制品三大类。按家畜、家禽品种分类,肉类可分为畜肉、禽肉、杂畜肉和特种禽肉等。家畜包括猪、牛、羊、马、骆驼等,家禽包括鸡、鸭、鹅等,杂畜和特种禽肉包括兔、驴等。

在我国,猪肉是重要的肉类食用品种,其他肉类食用从多至少依次为:禽肉、鱼虾肉、牛肉和羊肉。我国猪肉大部分输出到马来西亚、文莱、巴西和德国等国家或地区,禽肉多输出到日本、荷兰、朝鲜、加拿大、马来西亚、巴林和德国等地。2023年,全国猪牛羊禽肉产量9641万吨,比上年增加414万吨,增长4.5%,为自2017年以来的最高产量。

(二)禽蛋产品

禽蛋包含鸡蛋、鸭蛋、鹅蛋、鹌鹑蛋等,它们在生活中被广泛食用,为人们带来了丰富的营养物质。我国市场上的禽蛋主要包括鲜蛋和蛋制品。鲜蛋可以分为两种:一种是受精蛋,用来孵化幼雏;另一种是商品蛋,专门用于出售或加工蛋品。蛋制品是由各种禽蛋制成的食

物,可以分为四类:再制蛋、干蛋、冰蛋和其他类别。其中,再制蛋以新鲜禽蛋为原材料,经过配制的纯碱、生石灰、盐或含盐的黄泥、红泥、草木灰腌制过程,再加上食盐、酒糟及一些配菜,可以制作出各种鲜美适口的蛋成品,如皮蛋、咸蛋、糟蛋、松花蛋等。干蛋是一种由新鲜鸡蛋或其他禽蛋做成的食品,通常经过发酵处理和喷粉风干工艺,例如巴氏消毒鸡全蛋粉、鸡蛋黄粉和鸡蛋白片等。冰蛋是一种以新鲜鸡蛋或其他禽蛋为主要原料,经过巴氏消毒冷冻而成的蛋产品,分为全蛋、卵白和蛋黄,以及冰鸡蛋白等。其他类蛋产品是指以禽蛋及其他原料为基础,经过特定工艺制作的食品,例如蛋白质酱和色拉酱。

(三)乳品

乳是哺乳动物分娩后从乳腺分泌出的一种白色或带微黄色不透明液体,富含多种营养物质,通常被称为奶。乳品包括生乳以及乳制品。乳品因其营养丰富,美味香甜等原因被越来越多消费者选择,因饮食结构的升级,人们对乳品的需求也越来越大。

乳制品包括液体乳、乳粉、炼乳等,它们经过巴氏消毒、灭菌、调味和乳酸菌处理后,可以满足不同消费群体的需要,以及其他乳产品销售的制造要求。

其中,液体乳类包含杀菌奶、灭菌奶和酸奶。杀菌奶采用新鲜牛乳或羊乳为原材料,通过巴氏消毒处理后制成的液体制品。酸乳则是通过保加利亚乳杆菌和嗜热链球菌等菌种发酵制成的产品。乳粉由牛奶、羊奶、糖类、调味料和其他配方乳粉组成。配方乳粉是一种经过研发的粉状制品,配方乳粉针对不同人群的营养需要,去除了乳中的某些营养物质或强化了某些营养物质(也可能二者兼而有之),经加工干燥而成。配方乳粉的种类包括婴儿、老年人及其他特殊人群需要的乳粉。炼乳是通过将牛奶经过杀菌和浓缩处理制成的黏稠状产品。根据辅料的不同,可以分为全脂淡炼乳、全脂加糖炼乳、调味调制炼乳和配制炼乳。乳脂肪类是通过离心分离法从牛(羊)乳中提取出来的,通过杀菌、发酵等生产处理过程,形成了一种黏性的或柔软的固态产物。根据其中所含的脂肪量不同,可以分为稀奶油、奶油和无水奶油。

二、肉类产品营销

(一)肉类产品生产状况

在我国禽畜肉类经营范围包括肉鸡业、肉牛业、养猪业等,同时畜牧业生产具有较强的空间分异特征,各个地区的资源条件不同专业化生产程度也不同,所以在区域纬度下进行研究。我国生猪生产的区域布局由南向北转移,中部地区的生产地位不断提升。农业省份如四川、河南、湖南和山东等是中国生猪生产的重要集中区域,受到广泛关注。中国水禽产业正在经历"东退西进,北向南移"的发展,其空间变化显著。我国肉牛的生产区域布局经历了由农区向牧区,再向农牧交错带转变的过程。新疆、内蒙古、河南、山东、河北以及江苏、安徽等地的肉羊产业发展迅速,其生产已经形成了一种从西北向东南的集聚态势。

畜牧生产在区域上的不断演变表明畜牧业对水土资源具有较强的依赖,同时也与城镇化、工业化过程等社会经济变量密切相关,畜牧业生产也偏向于在资源禀赋较好、技术水平较高的地区集聚。在畜牧优势产区,由于农业资源、生产技术、资本投入和产业化经营等有利因素,家畜与肉类产品生产成本较低,质量与价格在市场上具有较强的竞争力,也会有较高市场份额。

我国肉类产品的产量总体呈现出一种上升的趋势,牛肉和羊肉的产量增长缓慢,猪肉的产量先上升后下降,禽肉的产量则呈现出一种波动性的走势(见表6-1、6-2)。

表6-1　2011—2020年全国部分畜禽产品产量　　　　　　　　　万吨

年份	肉类	猪肉	牛肉	羊肉	禽肉	禽蛋
2011	8 023	5 132	611	398	1 709	2 830
2012	8 471	5 444	615	405	1 823	2 885
2013	8 633	5 619	613	410	1 798	2 906
2014	8 818	5 821	616	428	1 751	2 930
2015	8 750	5 645	617	440	1 826	3 046
2016	8 628	5 425	617	460	1 888	3 161
2017	8 654	5 452	635	471	1 897	3 096
2018	8 625	5 404	644	475	1 994	3 128
2019	7 649	4 255	667	488	2 239	3 309
2020	7639	4 113	672	492	2 361	3 468

表6-2　2011—2020年全国部分畜禽出栏量　　　　　　　　　万头(只)

年份	猪	牛	羊	家禽
2011	66 170	4 201	26 662	1 132 715
2012	69 790	4 219	27 100	1 207 704
2013	71 557	4 190	27 587	1 190 459
2014	73 510	4 200	28 742	1 154 167
2015	70 825	4 211	29 473	1 198 721
2016	68 518	4 265	30 695	1 237 300
2017	68 861	4 340	30 798	1 302 191
2018	69 382	4 397	31 010	1 308 936
2019	54 419	4 534	31 699	1 464 100
2020	52 704	4 565	31 941	1 557 000

注:根据农业农村部、国家统计局及其他公开数据整理。

（二）肉类产品消费需求状况

中国是肉类生产大国，也是肉类消费大国，2018 年，国内猪牛羊禽肉出口额占全球的 25.22%，表观消费量占全球的 26%，中国肉类消费的主要变化体现在：

1. 肉类消费持续稳定增加，城乡居民消费差距趋于缩小

2013—2018 年，全国居民人均肉类消费量从 25.6 千克上升到 29.5 千克，增加了 15.23%。其中，城镇居民人均肉类消费量从 28.5 千克上升到 31.2 千克，增加了 9.47%；农村居民人均肉类消费量从 22.4 千克上升到 27.5 千克，增加了 22.77%。

2. 肉类消费结构趋于优化，猪肉消费占比下降明显

随着中国经济的发展和消费者观念的变化，城市居民对基本动物蛋白质和热量的需求得到满足，因此肉食消费水平也将发生多样化的变化，从低蛋白、高脂肪和胆固醇的猪肉转向蛋白质含量更高、脂肪和胆固醇更低的牛羊肉和禽肉，以满足人们的营养需求。调查表明，农村肉食消费水平增长速度显然超过城市居民，尤其是牛羊肉需求量增长更为显著。1990—2018 年，城镇和农村人均猪肉消费量增长率先后达到 22.70% 和 103.54%，而牛羊肉需求量增长率则达到 27%，这表明农民对肉类消费的需求量越来越大，也越来越重视食品安全，更加注重营养均衡，健康饮食。

（三）影响肉类产品消费的主要因素

1. 收入水平

收入水平是影响禽肉消费的最主要因素。由于居民总收入的增长，食品构成的需求量也会发生相应的改变。初始阶段，主食的需求量会有所增加，然后会出现下降趋势，而禽肉作为非粮食消费，在经济转型的过程中，需求量也会伴随居民收入水平的提升而不断增长。

2. 价格

价格是直接影响禽肉消费的一个重要因素，它不仅反映了禽肉本身的价格，还反映了相关产品的价格。根据市场需求规律，正常商品销售的需要量与其价格呈负相关性，而与其他食物则具有替代或相互促进的关系。禽肉的价格弹性比猪肉和牛羊肉低，因此，当上述肉类产品涨价时，消费者会降低对它们的需求，而禽肉的供应量会相对增多。然而，由于中国城乡居民的收入水平和消费仍然较低，因此价格变化对禽肉产品消费量的负面影响仍然很大。

3. 消费惯性

居民消费惯性是一种不可逆转的现象，它会对居民消费群体的行为产生深远的影响。按照杜森贝利的相应收入消费学说，"惯性"指的是居民消费群体在某一特定时期内的消费行为。人们的消费决策受到他们过去的消费习惯的限制，这种限制与当前的生活水平呈正相关。消费者在当期的消费决策中会受自己过去的消费习惯影响，它与当期消费呈正相关的关系，一般用被解释变量的滞后一期作为"习惯"的近似替代。因此，传统的饮食观念和消费习惯对我国禽肉的消费会产生很大的影响。此外,从消费时间上看,春节也是肉类产品的消费高峰期。

(四)肉类产品营销渠道

传统的肉类产品销售受到地域限制,导致其销售模式呈现出明显的分散性和不均衡性。

1. 以肉类产品运销为主的营销渠道

肉类产品的运销主要是指通过便捷的运输将产品运送到县、乡级等地方的集贸交易市场,以面对面的形式与顾客开展贸易。由于没有中间环节,这种形式的交易成本较低,但成交率也相对较低。目前,这种以运销为首的肉类产品营销渠道主要出现于中国商品流通落后地区和某些肉类产品的部分贸易中。

2. 以多层中间商销售为主的营销渠道

肉类制品的生产商通过与中介商的合作,将其商品推向市场,从而使其所有权在流通过程中发生转移。流通过程大致如下:肉类产品生产者—产地中间商—市场批发商—市场中间商—零售商—消费者,其环节复杂,参与主体较多。

3. 以交易型渠道内部关系为主的营销渠道

肉类产品营销平台以交易型渠道内部关系居多,其成员包含食品加工中小企业和产品销售企业,他们相互之间仅具有简单的贸易联系,而不涉及复杂的商业活动。

三、禽产品营销

(一)禽肉禽蛋消费特征

1. 禽肉的消费特征

沿海地区的社会经济发展水平明显高于内陆欠发达地区,在这种状况下,沿海地区禽肉供应量也明显增加。由于生活节奏的加快和快餐业的蓬勃发展,肉鸡成为快餐食品的原料,其需求量也在逐年增长。

禽肉消费的地域差异显著。北方爱吃鸡肉,南方偏爱吃鸭、鹅等水禽肉。就鸡肉而言,南方偏爱黄羽肉鸡,北方地区则基本上以消费白羽肉鸡为主。

猪肉、羊肉和牛肉价格高低对禽肉消费影响很大。猪肉、羊肉、牛肉如果价格上涨,则禽肉消费会增加;反之,如果猪肉、羊肉、牛肉价格下降,则禽肉消费也随之下降,人们对禽肉的消费总是保持在一个整体平衡上。

2. 禽蛋的消费特征

禽蛋消费对价格因素反应敏感。由于人们生活水平的不断提升,蛋类食用也已变成一种普遍存在的日常生活消费行为,但是鲜蛋的消费也多受价格影响。

城镇居民对禽蛋的需求量明显高于农村居民,其中商品性消费占据了主导地位,而农村居民的禽蛋需求量则相对较低。这种差异可以从消费者的消费习惯和消费偏好中得到明显的反映。随着城镇居民人均收入的提高,禽蛋供应量也会随之增多,而人均收入较低的城市居民则会减少对禽蛋类及其产品的食用要求。此外,人均收入较高的城市居民也会更加注重鸭蛋、鹅蛋和鹌鹑蛋等禽蛋类及其产品的食用需求。

(二)禽肉禽蛋营销策略

1. 合理利用价格策略

企业在定价时应该结合市场调研结果,以及目标市场的特征,制定出具有竞争力的产品定价策略,以吸引更多新客户,并有效拓展企业的经营范围。通过精准的市场调研,可以把握我国禽、蛋市场的价格趋势,从而更好地满足消费者的需求,实现产品差异化战略,从而提升企业的竞争力。

2. 做好产品包装分类及创新

想要更好地迎合消费群体的需求,应该根据不同阶段的目标市场提供差别化的商品包装材料。在专卖店或农产品土特产店,应该使用中高档的纸盒或纸袋外包装材料,因为这种商店中的消费群体更多的是用来送礼的,而非自用。而在某些大型超市或零售业商店,应该使用简洁的塑料包装,因为这种商店的主要消费者大多是自用,所以使用塑料包装可以更好地适应他们的需求。简洁的包装材料可以适应消费群体的需求,而且能够节省成本,为商品赢得更多的市场份额。此外,产品包装也可以融入节日气氛,比如"团圆鸡""团圆蛋"这样的理念食品包装,可以让消费群体感受到节日的温馨气氛。

3. 有效开展产品促销

促销活动可以定期或不定期地进行,这有助于企业品牌的推广和提高销量。促销对于提升销售额至关重要。促销方式包括赠送、折扣和降价三种,必须选择经过专业培训的促销人员来实施这些措施。

4. 建立完善的营销渠道

为了提高产品和品牌的价值,应该建立专卖店,并将来自不同渠道的产品统一到专卖店或官网上。这样,每一批产品都会有自己的编号,避免假冒和渠道混乱。在间接渠道中,还应该注意品牌包装的统一性。

四、乳品营销

(一)乳品的生产

1. 乳的生产

中国黑白花奶牛是全球最大的乳牛品种,其产乳量极高,数量众多,分布广泛。2021年,全国乳制品产量突破3000万吨,同比增长7%,创下近三年来最高水平。这些乳制品的原料均来自哺乳动物的鲜乳,为人类提供了丰富的营养和健康食品。在全国范围内,超过100头乳牛规模的养殖基地占比达到70%。

2.乳制品的生产

目前中国乳制品行业已经逐步进入以价格为驱动的高质量发展阶段,行业集中度不断上升,在不同的生产企业之间的差异化竞争态势明显,行业内主要以伊利和蒙牛等龙头企业占据较多市场份额。截至 2020 年底,我国规模以上乳制品生产企业数量约为 570 家。国内乳制品行业区域集中化态势较为明显,以各细分产品市场进行分析,河北、内蒙古和山东为主要的液体乳生产地区,2021 年三者所占市场产量比重分别为 14.2%、11.9% 和 7.6%;其次是乳粉细分产品市场,黑龙江、山西和河北的产量比重分别达到 40.1%、14.2% 和 9.6%。

(二)乳品消费

1.乳品需求

随着我国社会的快速发展,国民的人均消费能力逐渐增强,对乳制品等相关消费品的购买力提高,购买品质好的乳制品产品已经逐渐成为人们的共识,同时国家各部门发布的相关政策和建议,对人们的日常生活提出了食用乳制品的建议,人们对于乳品的需求量逐年增加。我国乳产品出口额较小,大部分产品为婴幼儿原料粉和大包粉,2022 年我国共计出口各类乳制品 4.47 万吨,出口额 1.98 亿美元。其中,出口干乳制品 1.46 万吨,出口额 1.62 亿美元,主要的三大类产品包括:婴配粉 4530 吨,占 31%,大包粉 4219 吨,占 28.9%,炼乳 2554 吨,占 17.5%。出口液态奶 3.0 万吨,同比增加 6.8%,出口额 0.36 亿美元,同比增长 4.8%,主要产品有:包装牛奶 2.39 万吨,占 79.5%,酸奶类 6151 吨,占 20.5%。

2.中国乳品消费特征

(1)消费量增长先快后慢,但消费水平仍然较低。近年来,由于城乡居民收入水平的持续提升,乳制品消费量也呈现出增长趋势,从 1995 年的人均 1.9 千克到 2018 年的 12.2 千克,乳制作早已变成人民生活不可或缺的重要食品,增长幅度达到了 5 倍以上。根据中国奶业协会的统计,2018 年国内奶类人均需求量只为世界平均值的 1/3,这表明国内奶类消费需求仍然低迷。

(2)消费结构变化明显,但高附加值乳品的消费量少。在 2000 年之前,中国乳制品消费量较少,品种也相对单一,城市居民仅食用鲜奶、奶粉和酸奶,分别占比为 86.1%,4.2% 和 9.7%。自 2000 年以来,乳品加工业的飞速发展为市场上乳制品的多样性提供了更多的可能性,口味酸奶、调味乳、儿童配方奶粉和成人调制乳等商品层出不穷,城市市民的乳品消费习惯也在变化。近几年来,城市居民对鲜奶、奶粉和酸奶的需求量都有所增长,其中酸奶的需求量占比已经超过 20%,奶酪等附加值较高的乳制品也有所增长,但总体消费量仍然较低,人均消费量仅为 0.1 千克。

(3)城乡消费差异显著,但差距缩小。城乡发展水平差异明显的同时,城乡居民的乳品消费也存在显著差异。从城乡居民人均乳品消费量来看,城镇居民要显著高于农村居民。2012 年城镇居民人均乳品消费量为 17.9 千克,是农村居民的 3.8 倍,这一差距显著地体现出城乡居民之间的乳品消费差异。根据国家统计局数据,2014—2017年,城乡居民的人均奶类需求量从18.1千克减少至16.5千克,而农村人均奶类需要量则明显增加,达到6千克以上。农村与城镇居民的人均奶类消费量差距正逐步收窄。

(4)消费与收入水平密切相关,地域特征明显。随着全国居民人均收入的不断提升,乳品消费量也呈现出显著增长趋势,全国居民人均纯收入从1995年的2363.3元增加到2018年的28228.0元,而乳品人均消费量也从1.9千克上升到12.2千克。中国拥有广阔的土地,乳品消费水平也有明显的地域差异。内蒙古、青海和新疆等地由于自然、资源条件和风俗习惯的不同,居民日均乳品消费量远高于国内平均值,但是这些区域的居民人均可支配收入却相对较低。

(三)乳品营销渠道

由于保质期的制约,相对于其他消费品而言,乳品营销较为复杂。目前乳品行业渠道的二级城市营销相对单一,以区域代理为主,在重点销售城市建设有企业自营体系;在省会级城市的营销模式会更复杂,主要有以下两种营销操作模式:

一种是配送平台制,即与区域市场内规模较大、网络较为密集的二批商结成联盟,厂家提供微型冷库和送货车辆,并承担一部分配送人员的工资,条件是配送客户专营厂家。同时厂家为每一个平台提供一个跑单员,在每个城市设有10~15家配送平台。这种模式网络密集,能将先进的市场理念渗透。但缺点也十分明显,如费用昂贵,无形中提高了产品的价格。

另一种是传统的网状级邮差分销模式,即厂家直接对区域内的上百家批发网点送货,由批发网点分销到终端的运作模式。这种模式成本低,风险较小,但缺点是治理间接,价格难于操纵,对产品的要求较高,新品铺市依托性较强。

第三节　果蔬产品营销

一、水果产品营销

(一)水果产品

水果是一种多汁、酸甜可口的可食用果实,它不但富含维生素和养分物质,而且还能够帮助消化系统吸收。果品的品种繁多,根据结构和特点可分成浆果、瓜果、橘果、核果和仁果五大类,而根据寒热属性可分成寒性、温性和热性水果,根据消费习惯可分成一般生鲜果品、高级进口水果和坚果与加工品等。

水果一般富含汁液,其中可溶性糖分和挥发性芳香物质含量较高,因此,它们一般是生食的,可独立于三餐食用。水果具有不同于其他农作物的特点:①水果及其加工品均属高值产品。由于其精细的生产管理和集约经营,水果的单位面积收益远超其他农作物,使其成为国际上最具价值的高值产品之一。②水果市场容量大。水果是常年消耗的生活食品,维持着人体的健康,人年均需要 80 千克的水果。消费群体的变大,特别是消费习惯的改变,对水果市场的需求量将会越来越大。③水果生产具有地域性和季节性。水果的生产受到很多条件的限制,包括自然环境和地域环境。每种果实都有其适合的产区,并且由于季节性变化,市场供需也会发生变化,导致果实价格波动。④水果具有易腐和不耐储运的特性。一般水果的保鲜期较短,对储藏和运输条件要求高。

(二)水果产品供应状况

我国是水果生产和消费大国,2020 年中国水果产量全球占比 32.3%,种植面积占比 19.5%,但相比欧美国家,我国果林机械化水平仍较低。2021 年中国盛产水果的省份排名前三为广西、山东、河南,其中广西水果总产量 3121.13 万吨,排名全国第一,是名副其实的"水果大省"。我国水果产量最大的是苹果、柑橘、梨、桃,中国是全球苹果主要产区,占全球生产量的 55%,而陕西则是我国苹果种植覆盖面大、出口量最高的地区,占我国生产量的 1/4。全球杨梅几乎都来自中国;全球 80% 的荔枝,70% 的梨,60% 的西瓜、桃子,50% 的苹果、猕猴桃产自中国。

近年来,由于人们生活水平的提升和膳食良好习惯的培养,我国水果产能稳步增长,现代种植技术和科技的发展使得大规模工业生产、先进的冷链物流配送和 SCM 能力得到了提升,从而降低了商品流通速度和成本。根据统计,2021 年中国果园面积约为 12 962 千公顷,同比增长 2.5%;中国水果产量为 29 611 万吨,同比增长 3.2%,近 10 年果园面积水果产量总体呈稳步增长态势,2010—2021 年我国果园面积增速达 1.55%,产量增速达 3.29%。

(三)水果产品消费

水果味道鲜美且营养价值丰富,随着居民可支配收入的不断增加,消费者开始关注品牌、品质和多样化程度,水果除用于家庭、休闲和果汁型消费外,也一直满足人们对菜肴和送礼的消费需求。水果在消费市场中一贯表现为"鲜""快""优",一直是人们生活中比较受欢迎的食物,但由于其不是必需品,且相同种类之间价值作用相同,替代品很多,消费者购买意愿随产品价格变动而变化,因而需求弹性系数很大。

我国是水果生产和消费大国,且随着居民收入水平提升和饮食均衡的概念愈加深入人心,我国水果消费量持续提升。近 10 年来,我国水果人均消费量显著增长,2012 年仅为 135.51 千克,而到 2021 年,这一数字已经达到 175.27 千克。2021 年我国水果产量约为 2.93 亿吨,同期进口 0.07 亿吨,出口 0.04 亿吨,测算得我国水果表观消费量为 2.96 亿吨,这一数据相比 2012 年的 2.21 亿吨增长了 34%。我国水果进口量占比也从 2012 年的 1.5% 增长至 2021 年的 2.51%,进口水果的消费占比不断提升。

(四)水果产品的营销渠道

水果产品零售产业链由栽培、采摘、物流和仓储、营销四个环节组成,上游包括水果栽培采摘、鲜果采后加工,中游则是冷链物流和仓储,下游则是线上和线下消费者,以及供销合作社、批发市场和零售平台(见图 6-1)。在中国,水果产品销售的主要途径包括传统的农贸市场和现代零售终端,如商场、超市和便利店。此外,电商销售渠道和果品专营店也发展迅猛。2021 年,我国现代水果零售市场占比高达 37%,其次为水果专营零售,占比达 25.3%。

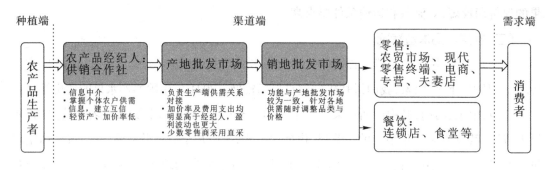

图 6-1 水果产品的营销渠道

二、蔬菜产品营销

(一)蔬菜产品

蔬菜可以被烹调成各种口味的食品,可提供人体所必需的多种维生素和矿物质等营养物质。农产品生物学划分法将植被划分为瓜类、绿叶类、茄果类、卷心菜类、块茎类、真根类、葱蒜类、甘蓝类、豌豆类、多年生蔬果类、水生蔬果类、菌类和其他种类。

与其他商品相比,蔬菜具有鲜嫩易腐性、需求常年性、生产季节性、货源波动性、低值易损性的特点,其产品属性的主要特征是替代性相对较强,需求价格弹性相对于谷物较大。蔬菜产品的消费特点是小型化、特产化和精致化。小型化主要是指由于人口结构的变化导致购买农产品的家庭呈现出小型化的趋势。特产化即优质化,体现了目前人们的消费需求从量的要求到质的要求的转变,要求吃得好,更要吃得健康,吃得安全。精致化则是特产化的延伸,美观的外形、精美的包装。同时,城镇居民蔬菜消费明显高于农村、高收入居民蔬菜消费量多。

(二)蔬菜产品的供应状况

根据最新的统计数据,中国的蔬菜产地大多分布在中南地区,如河南、湖北和湖南。华东地区则以山东为代表,其蔬菜种植覆盖面、产量和产值始终保持在国内首位。目前,中国的蔬菜产品供应充足,生产能够满足国内需求。

随着全球经济的发展,蔬菜产品的供给量已经远远超过需要量,出现产品结构性、时节性和地域性的过剩现状,国内外市场竞争日益激烈。为了满足消费者对于无公害、有机蔬菜的需求,政府和企业正在加大投入,以提高蔬菜产品供给的品质和安全性。随着蔬菜种植覆盖面和产出的不断增加,单产水平也有了显著提升,城市居民对蔬菜的消费量和消费金额也有了显著增长。

(三)蔬菜产品的消费状况

蔬菜产业的蓬勃发展不仅保证了我国市场供给,而且促进了农产品内部结构的调整,优化了人民的膳食构成,增加了农民人均收入,提高了人民的生活水平。近年来,中国蔬菜产业发展迅猛,总体上满足了城市居民对蔬菜类型、质量和品种的不断变化的需要,中国蔬菜产品需求量保持稳定增加的态势。

蔬菜消费过程中常常会受到习俗、偏好、从众、惠顾等心理因素的影响,从而维持或改变其原有的消费方式,除此还有时尚、便宜、猎奇等心理对消费者的影响也较为明显。此外,消费者对蔬菜的质量和种类的要求也越来越高,超市洗净菜、绿色无公害蔬菜、农超对接、产地直销等新型营销模式也不断被人们看好,这正是蔬菜消费多样化的体现,让蔬菜市场拥有更加广阔的发展空间。

(四)蔬菜产品的营销渠道

蔬菜营销渠道分为两种,一种方式是直接销售渠道,即从农民到消费者。另一种是间接销售渠道,蔬菜产品可以以四种不同的形式进行销售:①蔬菜生产者—蔬菜零售商—蔬菜消费者。②蔬菜生产者—产地蔬菜收购商—蔬菜零售商—蔬菜消费者。③蔬菜生产者—消费地蔬菜批发商—蔬菜零售商—蔬菜消费者。④蔬菜生产者—产地蔬菜收购商—消费地蔬菜批发商—蔬菜零售商—蔬菜消费者。

三、花卉产品营销

(一)花卉产品

花卉是一种具有观赏价值的草本植物,是对可以用来描绘、欣赏的植物的统称。花卉有许多种类,可以满足人们不同的需求。花卉产品的最大特点是其生命力不够具有持久性,由于自然规律的存在,植物的衰老会导致商品交易期短,花卉产品不能长时间滞留,必须具备高效通畅的物流系统,因此运输条件苛刻,通常都要求空运,并且要有温度限制,保持产品水分、保证花木的存活。花卉产品受传统习惯和季节变化的影响,生产与销售分为旺季和淡季,价格波动较大。

(二)花卉产品的供应情况

自20世纪90年代以来,我国花卉产业发展迅猛,全国花卉种植面积迅速增长。近30年来,国内花卉产业生产总面积提高了50多倍,销售额提高90多倍,出口额增长300多倍,花卉种植规模占世界总面积的1/3,中国已成世界最大的花卉生产场所,花卉种植规模和产量均位居世界第一。近几年,随着国内花木供应量的持续增加,生产方式不断优化,国内花卉种植规模也呈现出稳步增长的趋势,2021年,国内花卉种植总面积达783万公顷,同比增长4.96%。

我国花卉市场生产地区分布的集中化趋势较为明显,以各个省份的花卉种植面积作为划分依据,2021年江苏省的花卉种植面积达到286万亩左右,占国内花卉市场总种植面积的12.6%,山东省、浙江省和河南省的花卉种植面积分别达到205万亩、200万亩和165万亩,占比9.1%、8.8%和7.3%,此外国内其他省份的花卉种植面积之和达到1409万亩,合计占比62.2%。随着时代的发展,中国花卉产品开始转向多元化,从传统的盆景和小盆花演变到鲜切花、盆栽观赏植物、景观树苗、种球种苗用花卉、干燥花、食用与药用花卉类型,满足了人们对花卉品种的多样性需求。

(三)花卉产品的消费需求

随着经济发展和人民生活水平的提高,人们对各种文化精神方面的需要也日益丰富,加上消费观也在变化,促使花卉市场发展日益成熟,花卉从过去的高端礼品转变为大众日常生活消费品,消费方式也从简单化和团购化转变为个性化和多样化。居民的花卉消费区域也从一、二线城市扩大到三、四线大中城市甚至农村,消费群体在不断扩大,家庭园艺已成为我国花卉市场增长的最大动力。2014—2021年,我国花木行业发展迅猛,花木需求量大幅增加,数据显示,2021年,我国花木零售市场规模达2205亿元,比2020年增长17.5%,为花木行业发展注入了新的活力。其中电商市场规模为896.9亿元。2021年,中国花卉商品进出口总金额第一次冲破7亿美元,较2020年增加12.66%。中国已经成为全球最大的鲜花生产国,拥有丰富的鲜花消费市场,是全球最大的花卉进出口国际贸易国。

近年来,随着渠道的多元化、物流服务配送运输的快捷化、花卉定价的平民化以及传统文化和人口结构的变化,鲜花业务和场景消费得到了不断拓展,吸引了更多的潜在消费者。新型鲜花消费模式如包月服务、自动贩卖机、自助鲜花超市和鲜花盲盒等也随之涌现。花卉产业正在朝着更高档的方向发展,产品价格也越来越合理,优质种苗和种球基地正在得到发展,全国性的流通网络正在建立起来。

(四)花卉产品的营销渠道

花卉行业产业链主要可分为种植培育、销售及应用三个环节。其中种植培育为产业链上游,主要包括花卉育苗、花卉种植及花卉采摘等环节;中游为花卉产品的制作及各类销售渠道;下游则是花卉产品的应用及消费者。目前,我国鲜花营销仍以传统的线下渠道为主,市场上主要存在两种渠道:一种是鲜花集贸交易市场,另一种是零散的零售商。然而,由于批发商市场规模较小,经济发展能力较差,缺少专门的运营专业知识,因此,近年来,随着电子商务产业的蓬勃发展和冷藏链物流配送业务的成熟,鲜花电子商务等线上销售渠道也正在快速兴起,为消费群体带来更多的选择性。具体来看,我国花卉销售市场中,花店占比约为34.7%,花卉市场占比约为16.9%,花卉电商占比约为33.6%,路边花摊占比约为8.1%。

四、园艺产品营销策略

由于民众生活水平的提高,市场经济的发展,园艺产品如水果、蔬菜和花木的市场竞争日益强烈。与一般粮油经济作物不同,园艺商品作为高经济价值农产品,类别很多,可替代性高;生产带有季节性,受天然条件影响较大;储存和运输困难大,交易市场流通不畅;消费需求具有普遍性、大量性和持续性的特点。为了满足现代市场经济的发展需求,园艺产品企业需要制定一套有效的营销战略,以提升商品市场竞争力,增加经济效益,实现产业化,让消费者更易接受并满意。

(一)市场细分策略

根据顾客的需要、行为和习性,可以将园艺产品交易市场类别区分为多个不同的子贸易市场,每一个子贸易市场都有自己的优势,从而满足不同区域顾客的需要。在进行市场细分时,应该遵守如下几个基本原则:①细分市场应当具有明显的差异性,以便更好地反映消费者对商品的需求差异,包括市场规模、容量和潜力等。②企业应该根据自身的能力和可进入性,选择最适合的细分市场,以实现最大的经济效益。③市场细分必须考虑到大量需求,并且要客观地评估子市场的潜力,以确保子市场具有足够的规模和购买力。④细分市场应该具有良好的稳定性,以确保企业能够满足消费者的需求,并且能够有效地应对市场变化带来的风险和损失。

(二)目标市场策略

选择目标市场是企业在市场经济上进行销售的重要一步,它针对各个客户人群的特点,采取适当的销售措施。通常来说,目标市场选择方法有三种。

(1)无差异性营销策略。采用无差异性营销策略可以有效地满足消费者的多样化需求,即将产品的整个市场视为一个整体,以满足消费者的多样化需求,而不是仅仅依赖于单一的产品或营销方案。

(2)差异性营销策略。差异性营销策略指经营者应该将市场划分为多个截然不同的子市场,根据每个子市场的特性,采取有针对性的营销政策,以适应多元化的需求。为此,经营者可以采用多品牌、多型号、多款式、多价位、多个分销商途径、多种广告宣传形式等,来避免价格竞争,获取更多的市场份额,进而在市场经济上占有优势。

(3)密集性营销策略。密集性营销策略也称为集中性市场策略,是一种有效的营销策略,它旨在通过集中资源和精力,设计生产特定的产品,并采用一种营销组合,为某一个特定的子市场服务,以便在特定的市场上取得优势。

(三)价格策略

定价策略是一种有效的营销战略,它将商品与市场竞争、公司市场营销组合等其他多种因素结合,以达到最佳的经济效益和社会效益。如果将心理定价策略与随行就市售价战略相结合,销售额将会大幅提升。根据学者的研究,售价尾数的细微变化可以显著影响人们的购买决策。尾数定价法可以给客户一个准确测算出的较低售价,有时也可以让他们感受到商品更加优惠。

(四)品牌策略

品牌策略的核心在于维护和传播品牌形象,这种形象应该通过提升产品质量、包装设计、图案搭配以及颜色和容量等方面来实现。良好的品牌形象能够帮助企业提升销售额,并为顾客带来更好的体验。根据市场需求和顾客的偏好,产品的质量至少达到中档水平,才能够留住顾客。良好的产品形象能够引起顾客的注意并促成购买,这是不可否认的事实。然而,集市上的园林商品(如果蔬)通常极少有包装物,简易的保鲜膜会让园艺商品的包装缺乏活力,有的还是散装,很难在货架上脱颖而出,很难吸引顾客的注意力。因此,好的外观不仅能够提升商品的层次,还能让顾客感受到舒适、清洁,让他们更乐意伸手去拿、去看,以决定是否购买。

(五)分销策略

园艺商品的分销商应该采用各种途径和方式,从产前、产中、产后到零售、批发、超市、网络等,都能够进行销售,而且还能够设立经销点、线、面,这样才能够全面覆盖所有地区的市场,从而达到销售的最优化和利润的最大化。通过点线面的建设,能够有效地缓冲生产链、供应商和资金链的压力,同样也能够有效地规避市场风险。一旦经销面建设成功,就会构成一套完整的经销体系,从而有效地控制管理成本费用、市场营销成本费用、物流配送成本费用等,最后达成高利润率的目标。

另外,网络营销是一种利用互联网技术实现营销目标的有效方式,它能够帮助企业建立品牌形象、发布信息、促进销售、拓展渠道、提升客户服务、维护客户关系并且进行网上调研等。通过推广,中小企业能够获得更好的效果。推广的出现大大改变了传统的生产商的角色,它不仅替代了市场调查、商品广告传播、商品销售运输及其为消费者本身提供服务等职责,而且还让中间商承担了这部分功能,从而有效降低了成本,并且能够增加商品流通,推动产品的销售。但园艺企业在进行推广时应该谨慎行事,并做好长久投资的准备。

(六)促销策略

为了让园艺产品更好地销售出去,企业可以采取多种促销手段,包括打折、赠送、广告宣传、营业活动和公共关系推广等,以加大宣传力度,将企业及产品的信息传达给消费者,增强他们对企业和产品的了解和信任,从而促进购物。但是,这一过程需要持之以恒,只有获得客户的信赖,才能够实现长期的销售。促销对于果品蔬菜花卉的销售至关重要,通过传播信息、收集市场情报,可以引起客户的关注,引起他们的购物兴趣和行动,进而提升销售量。

第四节　油料作物产品营销

一、油料作物产品的供给现状

油料作物是食用油脂和饲料蛋白的重要来源。中国是全球油料生产、消费和贸易的重要国家,国内油料作物的种植面积仅次于粮食,进口商品量在大宗农产品中最大。近年来,中国油料作物种植面积相对较为平稳,2021 年中国油料作物种植面积为 13 100 千公顷,较2020 年减少了 30 千公顷,同比减少 0.23%。为了应对这种变化,我国政府不断调整和优化油料作物种植结构,以油菜、花生、大豆为主,以期达到更高的食用油产量和更好的经济效益。油料作物是中国农村农产品的重要组成部分,油菜、花生、大豆三者种植面积和总产量占全国的 90% 以上,是农村发展的基础。它不仅仅是国内食用油的重要来源,还是主要的工业生产原料和出口商品生产资料,经过机械加工后的副产物还能用作化肥、饲料,乃至作为一些医药的主要原料,油料作物为农业经济发展提供了重要支撑。

油菜是国内种植规模最大、分布最广的油料作物,其产油量占国内油料作物产油量的55% 左右,是国内第一大食用油源。目前,国内油菜的种植可以分成冬油菜和春油菜两大产区,冬油菜的比例达到 90%,大多数分布在长江中下游流域,而春油菜则大多分布在东部和西北一带,其中以内蒙古海拉尔区域最为富集。目前中国共有 18 个绿色食品原料(油菜)标准化生产基地,种植规模共计 365.94 万亩。我国是当今世界上油菜主产地之一,在 2011 年以前的 30 年里,油菜种植覆盖面和生产量在全球一直保持首位,自 2013 年以来,我国已经成为第二大油菜产地。近 10 年来,国内油菜栽培覆盖面、单产和总产整体情况呈平稳增长态势。从各地区生产比较来看,四川省油菜籽生产量最大,占国内油菜籽总产的 22% 以上,显著高于其他省区。

东北地区三省是国内大豆的重要产区,占国内生产量的 40%,尤其以黑龙江最为突出,其生产量占国内生产量的 36%,其余散布在长江流域、黄淮海流域和华南、东南等地。我国是全球最大的大豆进口国,由于国内饲养需求量的增长,国内大豆进口量始终在稳步增长,最高超过 1 亿吨,然而,国内大豆自给率已经降到 15% 以下。为了提高大豆油料供应保障能力,2021 年中央政府发布了一项全面部署,明确提出强力实施大豆和油料生产能力提高计划。2022 年,国内大豆种植规模实现 1.54 亿亩,比上年新增 2742.5 万亩,增长 21.7%;大豆单产 132 千克/亩,每亩产量比上年提高 2.1 千克,增长 1.6%;总产量达到 405.7 亿斤,比上年增加 77.8 亿斤,增长 23.7%,为农业发展带来了积极影响。面积明显超过 2020 年 1.48 亿亩的阶段高点,是 1958 年以来最高水平,产量更是创历史新高。

花生是中国最重要的粮食作物,在油料作物中种植规模排名第三。花生一般分为南方小花生和北方大花生,其中,河南、山东、河北等北方主产区的种植面积和产量占全国的50%以上,其次是华南地区和长江流域地区。近年来,随着花生产品价格的持续上涨和种植业效益的提高,花生产量出现了三个特点:播种区域稳步扩大、单产水平不断提升、总产量呈上升趋势。由于中国花生的最主要供需来源是国内,对外进出口方面只占很小比重,因此国内花生产品价格的变化趋势相对独立。花生已成为中国总产量最大的油料作物,由于栽培范围的不断扩大和栽种技术水平的提高,国内外花生年总产值也有了显著提高。2021年,中国花生种植规模已经超过4805千公顷,同比上涨1.57%;花生产量达1830.8万吨,同比增长1.75%,为国家经济发展做出了重要贡献。

二、油料作物产品的需求现状

伴随我国经济的发展和城市化进程的稳健推动,油料作物产品作为食用油的主要来源,已成为生活中非常关键的一部分,其压榨后的饼粕也是饲料行业的重要原料。由于城镇居民对植物油需要量的逐年增长,畜牧养殖对蛋白饲料的需要量也在逐年攀升,这也推动了饲料行业的发展,使得大豆、油菜、花生三大油料产品的需求也在逐年增长,从而导致油料产需差距日益扩大。到2021年,全国油料消费总量达到1.65亿吨,产需差距达到1亿吨,食用植物油消费量约3700万吨,自给率达到30.5%。

油料产品的特点是需求价格弹性小,即油料产品的价格下降不会导致其需求的上升;同样收入弹性也较小,人们收入水平的提高或降低,其对于油料产品和制品的需求也不会有很大的变化,所以影响其需求的主要原因是消费者的偏好、相关商品价格和人口的多少等。随着国际产需缺口的不断加剧,中国油料和食用植物油的进口商品量不断加大,2021年大豆进口量为9652万吨,占世界大豆国际贸易量的60%,而且对外贸易依存度达到85%,且进口商品的来源国也十分集中。我国进口可食用植物油超过1000万吨,使得我国对外依赖度达到了70%以上。此外我国与油料相关的芝麻、向日葵、棉籽和油棕等直接加工作为休闲食品的消费面也很广,量很大。

三、油料作物产品的营销产业链

在改革开放以前,国内油料加工产业始终受到国家的严格监管,油脂的供应量受到限制,致使食用油行业的发展滞后不前,产品质量无法适应市场。改革开放以后,食用油产业迎来了发展,走入了一段新的历史时期,但是营销渠道依然相对简单,基本上是依赖生产批发商和专门的购销大户来进行产品流通。自2011年以来,由于政府加大调控力度,市场发生了巨大变化,食用油产业也走入了"去产能"的新发展阶段。

农产品行业链包含了农村重要生产资料的供给、机械加工、储存、营销和居民消费等环节。食用植物油的生产方式从播种黄豆、菜籽、花生、葵花籽等油籽开始,经过压榨、精炼和包装,最终形成食物油,提供给餐饮公司和消费者。此外,副产品油粕也可以作为重要的饲料原料,提供给饲料和化工公司,以满足不同行业的需求。经过精心的机械加工,毛油等初级产品可以用于制造日常用品、基础化学品和营养品,并被应用于食物、化学工业和药品等领域。

四、油料作物产品的营销策略

近年来,由于生活水平和消费水平的日渐提高,食用油领域的竞争也变得越来越激烈,消费者对食用油的需求也从单纯寻求实惠转化为寻求高质量。这种消费行为的变化,使得食用油行业进入了一个寡头竞争的时代,但也导致了整个产业增速的放缓。我国食用油产业目前由几大龙头控制,其中一级品牌有金龙鱼、福临门、鲁花等,二级品牌则包含多力、西王、长寿花等。目前,我国食用油产业共计 2000 多家企业,排名前十的食用油品牌的份额占比达 50% 以上,形成了较为集中的市场格局。目前,小包装食用油的份额仅占 20%,而散装油则达到了 80%。前者当中,金龙鱼、福临门、鲁花三大品牌的份额更是达到 70%,几乎控制了小包装食用油的整个领域。

(一)整合营销策略

整合营销是一种高效率的经营模式,旨在透过构建一个高效率的团队结构和运营网络平台,使企业与各种利益相关者实现高效率交互。它不仅要求企业以最终消费群体为主导,还要求企业将品牌、理念、产品、价值、广告、销售、服务及人员交流等内部资源融合在一起,以确保整合营销的高效率实现。在运作过程中,必须把握四大核心层次:①对整个产品和市场的外部宣传工具和网络平台加以有效整合,是整合营销的核心。②企业内部之间的协同统一性是保证市场营销传递有效性的基础,因此,应当对整个企业内部资源加以良好融合,以人员为核心,实现市场营销传递的目标。③利用已形成的组织架构和技术能力,以最佳的方式将企业内部信息传达给消费者、潜在客户以及其他目标受众,并将相关信息存入数据库,以实现高效的信息系统管理。④推动企业战略决策和财务整合,实现高效资源配置,促进企业间的合作与发展。

(二)观念营销策略

观念营销旨在推动营销理念的转变,并以此为基础,引领科学营销的发展,从而实现最佳的营销效果,即将产品以一种全新的理念推行出去,引导消费者接受和形成那样的消费观念。随着健康饮食理念的兴起,当前及未来,食用油行业消费将朝着精品化、高端化、细分化升级。开发具有更高营养价值,能缓解或改善我国居民慢性病的发生和发展趋势的食用植物油,是未来营养油的发展方向。企业应该积极探索细分市场,改进食用油生产工艺和配比,消除误解,引导消费者购买"放心油""安心油"等安全可靠的食用油,以达到营养均衡的"会吃油",提升消费者的生活品质。

(三)文化营销策略

文化是土壤,产品是种子,营销是耕耘。文化营销是一种利用文化资源,进行创新设计来提高服务的价值,以及树立形象,从而达到企业经营目标的方式。随着现代消费者购买的自主性日益增强,公司仅仅凭借单方面的推广来获得消费群体的认同已经不再是一件容易的事情了。随着人们对产品品牌文化内涵的日益关注,食用油企业正在从简单的商品推介转型为互动式企业文化推广,以更加贴近人们的生活心理诉求,建立起更加深入的认知,从而提升商品的附加值,获取更多的溢价空间,这也是快消品营销的发展趋势。目前很多人在选购食用油时崇尚品牌,良好的品牌口碑代表着过硬的产品质量,会使消费者产生信任感。如金龙鱼通过"敬老爱老"征文活动,使人们懂得金龙鱼玉米油能降低胆固醇与提高血液活力,掌握健康饮食注意事项,既传递了广大消费者的敬老热情,又提高了品牌美誉度。

(四)差异化营销策略

差异化的营销要找到自己有别于竞争对手的个性和形象风格,通过产品研发和概念定位上的创新,在原料、产地、工艺、风味、营养成分等方面寻找特色,然后扬长避短、宣传自己品牌和产品的核心卖点,直击消费者的核心利益。为食用油的营销打造差异化的优势,找到并占据消费者心智领域的优势位置,使品牌形象"落地",树立价值标杆,既减少同质化的价格竞争,又能够尽快促进并带动全产品线发展,提高品牌市场竞争力。核桃油中亚油酸和亚麻酸的理想营养素比例,使其在功能性食用油领域占有了重要的地位;金龙鱼以 1∶1∶1 的比例调节营养素平衡点,成功地抓住了第一代食用油消费者的需求;鲁花以"5S 纯物理压榨工艺技术"品牌标准,成为花生油品种的首选名牌,在消费者心中占有了一席之地。企业在实施战略转型和营销升级时,必须拥有极强的创新精神,勇于挑战既定模式,不断地寻找新的可能性,以求在实践中充分发挥优势,并形成一套独特的、有效的战术打法。

(五)情感化营销策略

在食用油销售终端,要注重消费体验,拉近与消费者之间的距离。深入了解消费者在使用食用油产品时的情绪、心理期望,捕捉其心理需求,以情感共鸣驱动产品营销。或者挖掘品牌潜力,通过配送周边礼品加深与消费者的沟通和互动,促进食用油营销推广。企业要依据自身体量整合、利用品牌信息传播的多元渠道和跨界渠道,在布局线下店面的同时植入网络购物平台和更多社交媒体,集中力量针对目标消费群体进行有效的宣传,为其提供快捷的购物方式、良好的购物体验,降低消费者的认知成本和选择成本。

第五节　烟草产品营销

一、烟草产品概况

(一)烟草简介

烟草是茄科烟草属植物,它最初起源于南美洲,后来因其独特的医疗用途而被引入各地。据史料记载,烟草最早传入中国是在明朝万历年间。中国综合文献记载,中国本土产有烟草,只是与外来烟草种类不同,效力亦有不同,古时多作为药品被中医记录在典籍中,常被称为灵丹妙药。

烟叶是一种重要的经济作物,它不仅是制造香烟的主要材料,而且在全世界覆盖范围内广泛栽培。我国成为全球第一大烟叶产地,也是全世界烤烟生产量最大的国家。烟草行业在国民经济中具有独特的地位,它是消费品和税收的重要来源。

(二)烟草的分类

1. 按植物学性状划分

按植物学性状,烟草分为红花烟草(又称普通烟草)和黄花烟草。红花烟草具有强健的主根,茎呈圆柱形,叶片厚实,形状从披针到卵圆形,呈螺旋状从下往上生长在茎上。在我国,绝大多数栽培的烟草都属于红花品种。黄花烟草烟茎为棱形,根系入土较浅,叶片小、颜色深,生长期短但耐寒性强,多种于黑龙江、甘肃、山西、新疆等北方地区,兰州的黄花烟、东北的蛤蟆烟、新疆的莫合烟都是这个品种。

2. 按烟叶调制方法和用途划分

按烟叶调制方法和用途,烟草分为烤烟、晒烟、晾烟、白肋烟、香料烟。其中,晾晒烟历史最久,也是最先引入中国的,俗称土烟。它的调制方法是将成熟期的烟叶摘取后,挂在屋顶晾晒干燥,以获得最佳的口感和养分价值,它的特点是香辣味重、刺激度大,消费面窄。烤烟是一种独特的香烟,它原产于美国弗吉尼亚州,是在炕房内烤制而成。烤烟在国内主要分布在云南、河南、贵州、山东等省,是中国乃至全球种植覆盖面较大的烟叶种类,更是香烟工业生产的原料。白肋烟原产于美国,它的茎脉呈乳白色,因此得名。它的调制方式是将成熟期的烟叶挂在晾棚里,经过晾干后,烟叶香味浓烈,尼古丁浓度也较高,因此成为制作混合香烟的原料。香料烟一般产于泰国、希腊、土耳其、保加利亚等国。它的叶子非常小,并且具有丰富的芳香物质,这种烟叶适合制造混合型卷烟,但由于产量较低,售价也较高。因此,在全球范围内,香料烟的生产量都不大。

3. 按消费制成品划分

按消费制成品,烟草分为卷烟、雪茄、斗烟、水烟、鼻烟和嚼烟。卷烟是主要的烟草制品,而雪茄则是一种独特的烟草制品,它的制作方法不同于卷烟,味道也有很大的差异,所以单独为一类。中国雪茄烟叶的产区大部分聚集在四川,但是以浙江桐乡的产品质量最为优良。斗烟是一种利用烟斗进行吸食的烟草制品。烟斗由烟管和烟斗头组成,烟斗头通常用陶瓷、金属、木材等材质制成。使用时,将烟丝填入烟斗头,点燃后通过烟管吸食,是中国传统的吸烟方式之一。水烟是一种起源于中东地区的烟草制品,使用烟草与蜂蜜或水果制成,通过水烟袋过滤烟雾,吸食时烟味柔和,因为水可以降低烟雾的温度,滤除部分有害物质。鼻烟是一种粉末状的烟草制品,使用时通过鼻孔吸入。鼻烟在明末清初传入中国,最初是作为一种药物使用,后来逐渐演变成一种上层社会的嗜好。嚼烟是一种放在嘴里嚼的烟草制品。在中国的一些地区,尤其是少数民族中,嚼烟有着悠久的传统。

(三)烟草的特点

1. 成本低、适应性强

烟草是一个生产成本较低、适应作用强的叶用经济作物,与粮油经济作物对比,它的投入相对较少,而且具有较好的生长发育阶段和迅速采收的特点,因此特别适宜大面积和规模化栽培,从北纬60°到南纬45°都可以栽培。烟草对天气变化表现得极为敏感,不同的天气环境、土壤类型、农业生产技术措施会影响烟草的生长发育,直接导致烟叶内在品质和化学成分的变化,影响烟叶质量。

2. 种植技术高、加工工序烦琐

在烟草栽培中,种植技术的高效性和加工工序的复杂性是至关重要的。为了保证栽培的质量和效率,技术人员必须严格控制育苗、移栽、大田种植管理工作、病虫害预防和采收等步骤,且均需要技术人员严格把控,只有保证在这些过程中遵循稳定性、灵活性和适应性的原则,才能真正有效提升我国烟草种植的效率。烟草成熟后的采收、烘制、配方、卷烟和包装等工序对劳动力需求较大,是一个高度劳动密集型的产业。

3. 应用价值的矛盾性

烟草燃烧时可释放几千种化学物质,易对大脑、心脏等多种器官造成损伤,影响自身和身边人的身体健康。随着现代提纯技术的成熟,烟草不仅仅作为一种燃吸材料供人们消费,以烟草为原料,经过加工将之转化为科学研究的工具和资源,是烟草行业改革转型的必由之路。烟草也在基础研究和应用价值研究等诸多领域大放异彩。

(1)农用生态价值:烟草的主要成分烟碱,在农业生产中可广泛用作植物源性杀虫剂,是当今科学防治的热点。

(2)高收益经济作物:烟叶年平均亩产值为2000~3000元,是粮食作物收入的4~6倍,中国烟草税是80%,每年差不多纳税1万亿左右,烟草税占国家税收比例的6%以上。

（3）营养价值：烟草中含有大量的蛋白质资源，也可提取蛋白质结晶，不仅不含食物热能，还可用它加工成美食走进大众视野。

（4）医学药用价值：烟草入药可消肿、解毒、杀虫；同时医学研究发现烟草对人体肺癌、心脏病、皮肤癌都有良好的治疗作用。

（5）社会效益高：烟草种植是一项劳动密集型行业，需要大量的劳动力和专业技能，中国有200万农户，约1亿人口依靠烟草维持生计，这不仅有助于缓解发展中国家农业劳动力外流的问题，而且还具有巨大的社会效益。

二、烟草产品供给现状

全球已经有124个国家种植烟草，其中中国是"大户"中的主要生产国，烟叶种植面积、收购量以及烟卷消费量均占全球总量的1/3以上。烟草在中国南北各省区都有广泛种植。目前，我国共计24个省及自治区开展烟草种植和工业生产，形成了六大烟草主产区。同时，云南是我国的烟叶生产大省，2021年云南烟叶播种面积达408.6千公顷，占全国总面积的40.34%，在全国排名第一。贵州和湖南也分别占13.51%和8.64%。近年来我国烟叶种植面积逐年下滑，2021年中国烟叶播种面积共计1013千公顷，同比减少0.09%，其中烤烟969千公顷（见图6-2）。

（千公顷）

图6-2　2010—2021年中国烟叶播种面积统计

注：根据农业农村部、国家统计局及其他公开数据整理。

近年来，国内卷烟生产一直在稳步增长，2015—2018年出现了下降趋势，但2019年以来，生产出现了回升，到2021年，全国卷烟生产已经超过2.4万亿支，同比增长162%。

2021 年,云南烟叶产量达到 84.7 万吨,占云南省总量的 39.83%,在国内排位第一;贵州烟叶产量达到 23.2 万吨,占国内烟叶总量的 10.93%,在国内排位第二;河南烟叶产量达到 19.3 万吨,占国内烟叶总量的 9.07%,在国内排位第三。随着种植面积的减少,产量也随之下滑,2021 年中国烟叶产量共计 212.8 万吨,较 2020 年减少了 0.6 万吨,同比减少 0.30% (见图 6-3)。

图 6-3　2010—2021 年中国烟叶产量统计

注:根据农业农村部、国家统计局及其他公开数据整理。

三、烟草产品消费现状

我国烟草消费世界第一,不仅是全球最大的烟草消费国,同时每年产出的烟草也非常多,中国烟草消费量占世界总量的 44%,其中我国的烟民数量达到了 3.5 亿,占总人口的 1/4。在我国,15 岁及以上群体抽烟率达到 26.6%,其中男性抽烟率达到 50.5%。就卷烟销量情况而言,自 2015 年消费税增税后,我国卷烟销量在 2016 年出现了较大下滑,随后持续回升,2020 年我国卷烟销量达 2.53 万亿只,同比 2019 年增长 6.66%,已开始接近至增税前的销量。

由于卷烟消费行为具有极高的成瘾性,其附加值和价格弹性较低,因此,即使大幅度提高卷烟产品价格,也不会立即导致卷烟需求量大幅度降低,而是会出现短期内烟草消费增长缓慢,持续需求减少的情况,这表明,对卷烟产品就业的破坏性在短期内不明显,而是会经历一段漫长的消化过程。综合考虑,卷烟消费水平的降低可能会给卷烟企业产生短期内的雇佣经济损失,但由于替代消费需求的增多,劳动力也会相应增多,这取决于消费者的数量和水平。在新的经济发展阶段,全社会的卷烟消费支出仍将继续增长,而卷烟消费内部结构也会发生变化,其中居民可支配收入是直接推动卷烟消费结构的最主要因素。随着人均可支配收入的提高,在消费的"棘轮效应"和"示范效应"下,高档卷烟消费量增加,从2015年的36.75%增长至2020年的48.52%,预计随着生活水平持续提高,卷烟消费结构会随经济增长而持续上升。由于农业人数、信息、资本、技艺等要素不断汇集到小城镇,将会带来极大的聚集效果和规模经济效益,使得劳务市场经济得到良好的发展,大大提高了农户和工人的就业机会率,使他们在城市中拥有比乡村更高的收入,从而有效推动卷烟消费需求构成的持续改善。

卷烟出口量的增加有助于提升国家的贸易收益,对经济总体平衡有积极作用。然而,值得注意的是,虽然卷烟交易顺差在经济层面上带来了一定的积极影响,但从公共卫生和全球控烟的角度来看,烟草制品的生产和消费对人类健康造成了严重危害。因此,世界各国普遍推行控烟政策,鼓励减少烟草制品的生产和消费。中国政府也在推行控烟措施,努力平衡经济发展和公民健康之间的关系。

四、中国烟草产业链分析

"系统引导、垂直监管、专卖专营"管理体系是我国烟草产业的重要组成部分,具有严格的监管特征。目前,中国烟草总公司和国家烟草专卖局共同负责管理全国烟草市场,其下属机构包括33个省级烟草专卖局和地市专卖局,以及18个省级烟草公司和地方卷烟生产企业。中国烟草总公司拥有完整的卷烟生产线,包含上游、中游和下游全产业链。从烟机企业、香精香料企业、复烤企业、再造香烟企业,到中游各工业公司,再到下游各省级商贸企业、地市商贸企业和一些独立法人企业,都在为香烟产业提供全方位的服务。其中,地方烟草企业的管理权在2003年以后由地级烟草专卖局转移至中国烟草总公司,进入垂直化整合阶段,工业企业与卷烟品牌数量也随之持续减少,在烟草经营销售方面,我国采取的是专卖许可证制度,想要从事烟草生产、批发、零售的企业均需向烟草专卖局申请获得相应许可证才可从事相关商业活动(见图6-4)。

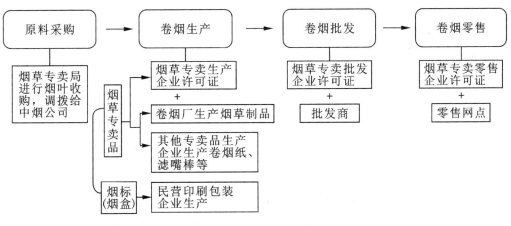

图6-4 中国烟草产业链

五、烟草产品营销策略

(一)烟草营销制度

烟草生产和销售业务应当遵守国家法律法规,经营卷烟成品批发业务的企业,应当经过省市级卷烟专卖行政机关主管的批准,领取烟草专卖批发企业许可证,并经工商行政管理机关批准登记。我国对烟草专卖品的制造、营销、进出口依法实施专卖监督管理,并实施烟草专卖许可制度。

1982 年中国烟草总公司成立后,香烟产业的一体化经营得到了全面确认,但仍存在诸多问题,如规划外烟厂数量不断增加,卷烟生产培育和香烟工业生产严格失控,各省级烟草公司建立缓慢,国家专营政策无法真正地落实到位等。为了更有效地管理卷烟产业,增加积累,《烟草专卖条例》于 1983 年 9 月颁布,我国开始建立烟草专卖管理制度,以更好地控制全国范围内的卷烟产业。

2003 年 11 月 10 日,我国正式签署《世界卫生组织烟草控制框架公约》,2006 年 1 月 9 日,该公约正式生效。为了更好地实施控烟政策,2007 年 4 月,我国政府成立领导小组,用以统筹控烟履约工作和烟草行业发展,不断推动控烟履约工作取得新的进展。2021 年 11 月,国务院修改了新的监督管理规定,将电子烟等新兴烟草制品列入监管范围。自 2003 年以来,烟草行业一直在努力推进降焦减害工作,通过改进配方结构、提高制造工艺等措施,使得单支烟叶的使用量、焦油量及主要有害成分都有了显著的下降,其中部分有害物质甚至比国际知名卷烟品牌还要低。我国非法卷烟比重低于发展中国家,也低于发达国家,处于全球领先水平,有关经验做法得到了世界卫生组织和《世界卫生组织烟草控制框架公约》缔约方的认可。

(二)烟草营销策略

1. 品牌营销策略

品牌营销策略是企业获得消费者认可的关键,它不仅是企业实现目标的重要手段,更是企业最宝贵的无形财富和高级价值的体现。烟草企业应该在自主意识的指引下,积极构建自身品牌形象,以消费者认可的渠道和服务品牌为基础,帮助消费者做出明智的选择,从而满足消费者的需求。为了提升企业品牌认知度,首先应当明确品牌定位,其次要建立完善的品牌识别系统,以便更好地展示品牌形象,并与外部交流。烟草企业可以通过与社会团体和有关组织合作,开展各种公益性和服务性活动,以增强社会公众对其品牌的认可和信任,建立长久稳定的正面形象,提升企业声誉,并为企业带来更多的销售机会。

2. 个性化服务营销策略

烟草公司应当采用个性化服务营销策略,这种策略已经成为客户和消费者的首选,并且受到广泛的欢迎。在新时代,卷烟产品的质量目标应该是科学性和先进性,要保证外观和口感。为了满足客户和消费者的需求,企业应该不断提升产品内在质量,并创造出更多个性化的产品,以满足不同消费群体的需求,这是企业取胜的关键。

3. 信息化营销策略

随着现代市场营销的发展,信息化市场营销策略已变成不可或缺的组成部分。特别是在卷烟行业,随着市场化改革的深入推进,大数据的应用也变得越来越普遍。对市场信息进行科学的数据收集、归纳、分析,掌握竞争品牌的商情和动态、分析消费者的行为和价值取向,有助于形成精准的市场定位;掌握和了解卷烟细分市场的产品销量和价格走势,制定差异化货源投放策略,保证卷烟适销对路,提高品牌市场竞争力,促进资源有效合理利用。

拓展案例

鲁花是这样炼成的

曾经,中国食用油市场一直是益海嘉里和中粮两大巨头之争,它们身世显赫,一个外资,一个央企,携金龙鱼和福临门两大招牌号令天下。直到 20 世纪 90 年代末鲁花的强势出击,打破了这一格局。这个曾经偏安一隅的民营企业,在短短数年间,迅速崛起为食用油市场的第三极,并成为花生油第一品牌,令对手侧目。

一、坚守为人民服务的宗旨

鲁花的前身是山东莱阳姜疃镇物资站。1983 年,孙孟全担任站长前,物资站只有六七人,平房四间,资产几乎为零,由于经营不善,连年亏损。可以说,就是一个烂摊子。接手物资站后,孙孟全做的第一件事就是砍掉五金、建材等项目,把精力放在农产品的加工贸易上,结果第一年就扭亏为盈。

扎根农村,为农民服务,是孙孟全一辈子的心愿。他认为做生意,不要想着耍心眼,玩计谋,先把别人服务好,赚钱那是水到渠成的事。随着业务的扩展,孙孟全创立了鲁花植物油厂,生产花生油。办厂之初,他就提出"为人民服务"的理念,并将这句话挂到厂房的高墙上。在别人眼中,孙孟全的举动实在是太高调,但这背后暗含着一位企业家广阔的胸襟和战略眼光。正是这样一种眼光,成就了鲁花后来的辉煌。

二、创新推出 5S 压榨技术

1986 年,孙孟全刚创办鲁花植物油厂,就碰到一个世界级的难题。花生、大豆等作物含有磷脂,且极易感染黄曲霉。磷脂在高温下容易起沫、冒烟,而作物一旦感染黄曲霉,产出的油就会含黄曲霉毒素,这是一种高危致癌物。当时,食用油主要有两种加工方式:一种是传统的土法榨油,此法工艺简陋,卫生条件差,榨出的油因为含磷脂,加热时容易冒烟,而且黄曲霉毒素经常超标。另一种是化学浸出法,采用溶剂油,对原料进行浸泡,然后高温精炼。

此法榨出的油虽然无烟,也去除了黄曲霉毒素,但营养受到破坏,残留的溶剂会危害人体健康。

如何去除磷脂和黄曲霉毒素,又保留花生的浓香味和营养,是行业传统顽疾,但孙孟全不甘心,他的理念是绝不让消费者食用一滴不健康的油。他带上团队,苦心钻研,但他们的样品第一次送检就被拒了,对方说你们的油虽然很香,但磷脂含量不达标。经过一次又一次失败后,终于在1992年练成独门绝技——5S纯物理压榨工艺。这套工艺由选料、焙炒、压榨、过滤、存储五大环节组成,全程无化学添加剂,也不存在溶剂残留,既保住了花生的原香,又去除了磷脂和黄曲霉毒素。5S压榨工艺推出后,在业内引起轰动,尤其是去除黄曲霉毒素的成果,更是令全世界专家大为震惊。此后,国家对5S压榨工艺进行鉴定,并参照鲁花的工艺,重新修订了花生油国家标准。这对于一家民营企业来讲,是一种莫大的荣誉。鲁花凭借这一核心工艺,获得了国家科学技术进步奖。

三、品牌化战略,做花生油专家

在鲁花攻克花生油世界难题期间,中国粮油市场发生了一场革命。1988年,新加坡嘉里粮油与中粮集团共同出资,组建了南海油脂,三年后推出金龙鱼食用油,开启了中国粮油的小包装时代,中粮集团也推出福临门食用油,中国粮油市场两大品牌寡头垄断的格局初步成形。

当金龙鱼和福临门上演两强争霸时,鲁花还是偏安一隅的地方企业,尽管在孙孟全的带领下,练成了5S独门绝技,但毕竟规模太小,无力与两大寡头抗衡。由于鲁花的花生油成本高,定价不菲,有人在花生油中添加其他的油,掺兑的油卖得好,纯正的花生油却销售惨淡,他很快意识到问题出在品牌上。怎样建立品牌呢? 定位是关键。市场上的食用油种类太多,鲁花的油虽然好,但完全被淹没了。要想走出红海,就必须找到差异化的定位。孙孟全认为,鲁花的优势是花生油,而在这个细分市场,还没有领导品牌。因此,他决定将鲁花的战略确定为做花生油的第一品牌。

鲁花在营销传播中,无论包装设计还是广告诉求,都刻意将自己的品牌和花生油联系在一起,又推出"人民大会堂宴会用油"标语,将鲁花的品牌和权威捆绑在一起,为鲁花积累了声誉,使之成为家喻户晓的品牌。

四、产品好不好,质量很关键

孙孟全在创业之初,就把品质放在第一位。创办鲁花后,他向全厂下达了"绝不让消费者食用一滴不健康的油"的死命令,并把它落实到鲁花的每一个生产环节中。

为了管控品质,每个工厂设有原料信息员,会到各地的花生种植源头去考察,跟踪花生的长势。鲁花还斥巨资,引进全球最先进的花生综合检测仪。这种仪器全球只有五家企业在用,在中国仅鲁花一家。在加工时都有详细的跟踪记录,以确保每一个批次都可以溯源。生产中鲁花只榨取第一道花生原汁。出产后的油还要经过严格检测,每批必检。鲁花不仅抓花生油的质量,连瓶盖、纸箱等都要自己做,用的都是最好的材料,理由是:交给别人去做不放心。在这种"倔强"的死磕中,鲁花花生油创造出一个不小的奇迹,自 1992 年问世以来,从未在相关部门的抽检中出现过质量问题,被评为"国家级放心油"。

资料来源:初志恒,王江伟.以质量、信誉升华品牌价值——莱阳鲁花公司成功之路[J].中国质量万里行,2001(Z2):62-63.

思考题

1.鲁花能够成功的原因是什么?

2.鲁花的成功经验给油料产品营销带来哪些启示? 如何运用这些营销策略来应对市场竞争?

3.鲁花应如何在国外快速打开市场,应采取哪些策略?

农产品国际市场营销

本章将全面介绍农产品国际市场营销的关键要素。第一节将深入探讨农产品国际市场的特征与营销环境,介绍了供需差异性、准垄断性、波动性的农产品国际市场特征,及新态势下农产品国际市场的影响因素、营销环境和预期。通过了解这些内容,使读者更好地把握国际市场的运作机制。第二节重点关注农产品国际市场的细分与目标市场选择,介绍如何进行市场细分和目标市场选择并探讨其意义。通过准确地确定目标市场,了解农产品企业如何更好地满足消费者需求,提高市场竞争力。第三节将深入研究农产品国际市场的营销策略,包括市场调研和定位、品牌建设、渠道与营销、文化因素、质量安全、合作伙伴关系、跟踪评估等关键方面,分享成功案例以帮助读者了解如何制定和执行有效的营销策略,从而在国际市场中取得成功。

第一节　农产品国际市场的特征与营销环境

农产品国际市场是指农产品在全球范围内进行贸易和销售的市场。它涵盖了各类农产品,包括粮食、畜牧产品、水果、蔬菜、农副产品等。农产品国际市场的规模庞大且不断扩大。随着全球人口的增长和经济的发展,国际市场对农产品的需求不断增加。同时,国际市场的开放和贸易自由化政策的推进也促进了农产品的国际贸易。农产品国际市场的特点是跨越国界进行交易。各国之间进行农产品贸易,包括出口和进口,以满足本国需求或利用自身的生产优势出口农产品到其他国家。这种国际贸易形式为各国提供了机会,使各国能够充分利用资源和市场优势,推动经济增长和农业发展。

在农产品国际市场中,贸易政策和法规对市场的运作起着重要的影响。关税政策、贸易壁垒、贸易协定等规定了农产品的进出口条件和限制。各国的政策和法规的差异性会对农产品的市场准入、价格竞争力和贸易流动性产生影响。农产品国际市场也受到地理和气候因素的影响。不同国家和地区的地理和气候条件决定了不同农产品的适宜性和季节性。这导致了全球农产品供应和需求的差异,促使农产品的跨国贸易。文化差异和消费习惯也是农产品国际市场的重要影响因素。不同国家和地区的消费者对农产品的需求和偏好有所不同,包括食物口味、饮食习惯和营养健康意识等。了解消费者需求的多样性,有助于企业在不同国家和地区进行市场定位和产品定制。在农产品国际市场中,竞争激烈,各国农产品的生产能力和竞争优势各异,市场上存在着许多竞争对手。为了在竞争中脱颖而出,企业需要制定有效的营销策略,提升产品质量和品牌形象,并建立稳定的供应链和销售网络。

一、农产品国际市场特征

在我国,农产品消费需求持续增长,但农业发展受到日益加强的资源环境约束。在这种背景下,确保国内大宗农产品的基本供给成为当务之急。与此同时,更加充分地利用国际市场和资源也成为未来我国农业发展的必然趋势,这也是农业产业和贸易政策的理性选择。因此,准确了解农产品国际市场的供需现状、特点及趋势,对于更好地统筹利用国内国外两个市场和两种资源,确保国内农业的可持续发展至关重要。

(一)供需关系层次差异明显

1. 产品供需同步增长,实现总体平衡

农产品国际市场在大多数情况下呈现产品供给与需求同步增长的趋势,即主要农产品的产量和消费量在某一时间段内基本保持相对平衡。这意味着随着人口的增长和经济的发展,农产品的供给和需求都有稳定的增长,整体市场呈现供需平衡的态势。联合国粮食及农业组织(FAO)统计数据显示,1961—2022 年,主要农产品如谷物、油料和肉类产量保持上升趋势,高于同期人口增长速度,人均占有量稳步提高。全球范围内主要农产品的产量和消费量增速基本相当,实现了同步增长和供需基本平衡。根据联合国粮食及农业组织 2022 年12 月发布的《谷物供求简报》,2022 年全球谷物消费量约 27.8 亿吨,而全球谷物供给总量达36.1 亿吨,从总量上看全球粮食供需宽松。

2. 区域性差异明显

尽管农产品国际市场总体上保持供需平衡,但不同地区之间的供需差异十分明显。不同国家或地区在农产品生产能力、自然资源禀赋、经济发展阶段、人口增长等方面存在较大差异,导致了农产品供需关系的层次性差异。特别是发达国家与发展中国家之间的粮食供需不平衡尤为突出。发达国家常常面临粮食生产过剩问题,除将过剩粮食用于贸易和援助外,还用于生物质能源生产。相反,发展中国家粮食供应不足,饥饿和营养不良人口持续增长。以人均谷物占有量为例,根据 FAO 的数据,在 2020 年,包括欧洲、北美、大洋洲在内的第一世界的人均谷物产量达到 914.7 千克/人,而包括亚洲、拉丁美洲和非洲在内的第三世界的人均谷物产量只有 299 千克/人,不到发达国家的 1/3。2022 年 FAO 等相关机构发布了一份权威报告,报告指出:"全球遭遇严重粮食短缺的人数已经连年上升,今年比去年还增加了4000 万人,有近 1.93 亿人面临着饥荒。"对于农产品国际市场,谷物的总量与人均占有量虽

然充足,但是谷物实际的分配、占有却十分不均匀,区域性差异明显。

3. 地区粮食安全问题突出

供需关系层次差异的一个显著表现是地区粮食安全问题。世界粮食供需总体基本平衡,但年度间存在较大波动,粮食危机的威胁始终没有彻底消除,在特定时期还非常突出。在某些地区,粮食供应不足,饥饿和营养不良问题较为突出。这些地区往往依赖进口来满足粮食需求,但受到国际市场价格波动和贸易政策的影响,粮食供应的稳定性存在一定风险。1961—2007 年世界谷物产量从 8.9 亿吨增至 21.2 亿吨,年均增长 1.9%。由于消费的增长,46 年间世界粮食库存下降年份多达 31 年,产不足需的年份比例达 66%。其间还发生了 20 世纪 70 年代初和 90 年代初两次世界性粮食危机。2000 年以来,世界粮食安全形势总体有所改进,粮食产量较大幅度增长,但供需平衡仍不稳定。受气候变化、市场波动影响,粮食库存水平总体下降明显,库存消费比由 2001 年的 29.9% 降至 2007 年的 18.4%,2007 年再次发生了以粮价飞涨为特征的粮食危机。FAO 数据显示,在 2007 年食品价格上涨之前,全球饥饿或营养不良人口约为 8.5 亿人,2007 年猛增 7500 万达到 9.25 亿人。粮食价格上涨对低收入群体、减贫工作以及粮食进口国的政治和社会稳定都产生不利影响。

(二)准垄断性

与农业资源在全球分布不平衡相对应,农产品国际市场供给集中度很高,大宗农产品主要被少数跨国公司掌控,具有准垄断性。农产品国际市场的准垄断性体现在以下几个方面。

1. 少数主要出口国控制着市场份额

在某些农产品领域,少数主要出口国垄断了市场份额。这些国家拥有丰富的资源、先进的农业生产技术和较低的生产成本,因此能够大量出口农产品,并在全球市场上占据主导地位。少数主要出口国控制着农产品市场份额主要体现在以下几个方面。

(1)出口量和市场份额。这些主要出口国通常拥有大量的农产品出口量,占据了全球农产品市场的相当比例。其出口量可能在某些农产品上远远超过其他国家,成为全球市场的主要供应者。

(2)价格影响力。由于这些主要出口国的出口规模庞大,它们的定价决策对于全球农产品价格有较大的影响力。如果这些国家采取统一的定价策略,可能会引发全球农产品价格的波动。

(3)市场稳定性。这些主要出口国在全球市场上扮演着重要的稳定器角色。它们的供应能力和市场份额意味着即使在一些国家或地区出现农产品供应不足的情况下,全球市场仍然有稳定的来源。

(4)行业规范和标准。一些主要出口国制定了行业规范和标准,对农产品的质量、包装、运输等方面进行管控。这些规范和标准可能会影响到全球市场上其他国家的贸易和出口。

(5)贸易谈判和合作。少数主要出口国在国际贸易谈判中可能会形成联盟,共同维护自身的利益和市场份额。它们的合作可能对其他国家的农产品贸易和市场准入产生影响。

需要指出的是,全球农产品市场是复杂多变的,其他国家和地区也在不断增强其出口能力和竞争力,可能会改变市场份额的格局。因此,全球农产品市场的竞争是一个动态的过程,会受到多种因素的影响。

2. 高度集中的市场参与者

农产品国际市场存在着少数大型的跨国农业企业或贸易公司,它们在供应链的各个环节中具有强大的控制能力。这些企业通过垄断资源、渠道和品牌等手段,能够在市场上享有较高的议价权和竞争优势。农产品国际市场高度集中的市场参与者主要体现在以下几个方面。

(1)市场份额。少数主要出口国或大型农产品生产国通常控制着全球农产品市场的大部分份额。这些国家的出口量占据了全球市场的相当比例,形成市场份额高度集中的现象。

(2)出口量。少数主要出口国的农产品出口量通常远远超过其他国家。它们可能是全球某一农产品的主要供应国,其出口量可能远远高于其他竞争对手。

(3)定价能力。由于市场份额高度集中,这些主要出口国的定价能力较强。他们的定价策略可能对全球农产品价格产生重要影响,其他国家或地区的定价通常会受到其影响。

(4)市场稳定性。市场份额高度集中的市场参与者具有一定的市场稳定性。在某些情况下,即使其他国家或地区出现农产品供应短缺,这些主要出口国的供应能力仍然能够维持市场的稳定。

(5)产业规范和标准。这些主要出口国通常拥有较高的农产品产业规范和标准,其产品质量可能在全球市场上有较强的竞争力,因此吸引了更多的买家。

(6)贸易合作和谈判。少数主要出口国通常会形成贸易合作组织或联盟,在国际贸易谈判中有更强的议价能力,以维护自身利益和市场份额。

总体而言,农产品国际市场高度集中的市场参与者主要是少数主要出口国或大型农产品生产国,它们在全球市场上占据着重要地位,影响着市场格局和行业发展。

3. 市场进入壁垒

农产品国际市场对于新进入者来说存在一定的进入壁垒,如高额的市场准入费用、复杂的贸易规则和标准、专利保护等。这些壁垒限制了其他竞争者的进入,使得市场较为集中,并为现有的市场参与者提供了相对较大的市场份额。农产品国际市场的市场进入壁垒体现在以下几个方面。

(1)贸易壁垒。一些国家或地区可能设置贸易壁垒,如高关税、进口配额、非关税壁垒等,以限制其他国家农产品的进入。这些贸易壁垒可能导致农产品出口国面临市场准入的障碍,降低其竞争力。

(2)农药和食品安全标准。不同国家和地区对农产品的农药残留和食品安全标准有所不同,如果进口国的标准要求较高,出口国的农产品可能需要满足更严格的标准,增加了市场进入的成本和难度。

(3)进口许可证和认证。一些国家可能要求进口商获得特定的进口许可证和认证,以确保进口的农产品符合相关法规和标准。这些要求可能增加了农产品出口国的市场准入难度。

(4)地理标志和认证。某些农产品可能拥有地理标志和认证,表明其具有特定地理区域的生产特点和品质,这可以帮助出口国在国际市场上建立品牌优势,但也可能导致其他竞争对手难以进入该市场。

(5)文化和习惯差异。不同国家和地区有不同的消费习惯和文化,可能导致一些农产品在特定市场上更受欢迎,而其他国家的农产品则难以适应这些差异,限制了市场进入。

(6)品牌竞争。一些农产品可能受到特定品牌的垄断或占据主导地位,其他竞争对手难以与之竞争,限制了市场进入的机会。

总体而言,农产品国际市场的市场进入壁垒是多方面的,涵盖了贸易壁垒、标准要求、认证程序、文化差异等因素,这些壁垒可能影响农产品出口国在国际市场上的竞争力和市场准入机会。

4. 垄断定价和市场控制

少数主要出口国或大型跨国企业具有一定的定价权和市场控制能力。它们可以通过操纵供给、控制贸易渠道或利用市场信息不对称等手段,对市场价格产生影响,并对农产品国际市场进行一定程度的控制。农产品国际市场垄断定价和市场控制主要体现在以下几个方面。

(1)定价权控制。少数主要出口国或跨国公司在某些农产品领域具有垄断地位,可以通过控制供应量和定价权来影响市场价格。它们可以选择提高或降低价格,以获得更高的利润或在竞争中占据优势地位。

(2)市场份额控制。少数主要出口国或跨国公司拥有大部分市场份额,这使得其他竞争对手难以进入市场或获得足够的市场份额。这种市场份额控制可以让它们在市场上享有更大的议价权和影响力。

(3)品牌优势。垄断者可能在国际市场上拥有知名的品牌和声誉,这使得消费者更倾向于购买其产品,其他竞争对手难以与之竞争。

(4)合作垄断。少数主要出口国或跨国公司可能通过联合形成合作垄断,共同控制市场供应和价格,从而限制其他竞争对手的进入和竞争。

(5)垄断地位的滥用。少数主要出口国或跨国公司可能滥用其垄断地位,采取排斥性措施,例如设定高额许可费、拒绝提供技术或市场准入等,限制其他竞争对手的发展。

(6)控制关键资源。垄断者可能控制某些关键资源,例如土地、水源、技术等,使其他竞争对手难以获得这些资源,限制了竞争对手的生产能力和市场进入。

这些体现在农产品国际市场上的垄断定价和市场控制行为,可能导致市场上的价格不合理波动,限制其他竞争对手的市场准入,甚至可能影响到国际市场的稳定和公平竞争。监管机构需要密切关注这些现象,维护国际市场的公平竞争和消费者的权益。

这些因素共同导致农产品国际市场的准垄断性,使得少数市场参与者能够在市场中占据主导地位,控制着市场份额和价格,并对市场产生较大的影响力。需要注意的是,农产品国际市场的准垄断性并非普遍存在,具体情况会因不同的农产品和地区而异。此外,随着全球贸易环境的变化和新兴市场的崛起,市场竞争格局也在发生变化,准垄断性可能会受到不同程度的挑战。

(三)波动性

农产品国际市场的波动性主要体现在以下几个方面:

1. 价格波动

农产品国际市场的价格常常存在较大幅度的波动。这些波动可以由多种因素引起,包括气候变化、季节性供需变化、政策调整、经济波动、国际贸易关系等。价格波动对生产者和消费者都具有重要影响,可能导致利润波动、成本压力和市场不确定性。农产品市场的价格波动特征主要表现在以下几个方面。

(1)季节性波动。农产品的生产和供应受季节因素影响较大,因此价格往往在不同季节出现明显的波动。例如,谷物类农产品在收获季节供应充足,价格相对较低,而在非收获季节供应减少,价格上涨。

(2)天气因素波动。自然灾害和气候变化对农产品产量和品质产生重要影响,如旱灾、洪涝、冻害等,这些天气因素可能导致价格剧烈波动。

(3)市场供求关系波动。市场供求关系是农产品价格波动的主要驱动因素。如供给过剩时,价格下跌;供给不足时,价格上涨。

(4)地区差异性波动。不同地区的农产品产量和供求状况可能存在差异,导致价格在不同地区出现波动。

(5)国际市场影响。农产品国际市场的价格波动受国际市场的影响,国际市场供求变化、汇率波动、贸易政策等因素都可能引起农产品价格的波动。

(6)能源价格和运输成本。能源价格和运输成本对农产品市场价格也有较大影响,尤其是对远距离运输的农产品,能源价格的波动会导致价格波动。

农产品市场的价格波动是常态,但波动程度和频率可能因不同农产品、地区和时间段而异。在市场经济条件下,价格波动是供求关系和市场竞争的结果,监管机构和农业生产者都应该密切关注价格波动,采取相应措施应对市场波动带来的挑战。

2. 产量波动

农产品的产量也常常受到波动的影响。气候变化、自然灾害、病虫害等因素可以导致农产品产量的波动。这些波动可能对市场供应和需求产生影响,进而引起价格和市场波动。农产品市场的产量波动性特征主要包括以下几个方面。

(1)季节性波动。农产品的生长和收获通常受季节因素影响,因此产量在不同季节会出现明显的波动。例如,谷物、蔬菜和水果等农产品通常在收获季节有大量产量,而在其他季节则较为有限。

(2)天气因素波动。天气因素是农产品产量波动的主要原因之一。自然灾害(如干旱、洪涝、冻害、台风等)和气候变化都可能导致农作物产量的剧烈波动。恶劣的天气条件可能导致产量减少,而适宜的天气条件则有利于产量增加。

(3)病害和虫害波动。农产品的产量也受到病害和虫害的影响。病害和虫害的爆发可能导致农作物受损,从而影响产量。

(4)种植结构和技术变化。农产品的产量还受到种植结构和农业技术的影响。农民可能根据市场需求和价格等因素调整种植结构,选择适合的农业技术,从而影响农产品的产量。

(5)政策因素。政府的农业政策也可能对农产品产量产生影响。例如,农业补贴、出口限制、进口关税等政策都可能影响农产品的产量。

这些因素的综合影响导致农产品市场的产量波动性较大,农民和相关从业者需要根据市场情况和各种因素做出相应的调整和决策。

3. 需求波动

农产品国际市场的需求也会存在波动性。经济发展水平、人口增长、消费习惯变化等因素都可以导致农产品需求的波动。特定时期的需求变化可能会对市场供给和价格产生影响。农产品国际市场的需求波动特征主要包括以下几个方面。

(1)季节性需求。农产品的需求通常也呈现季节性波动。例如,水果、蔬菜和肉类等食品在特定季节(如节假日、季节性节日)的需求会增加,而在其他季节则可能较为平稳。

(2)经济周期性需求。农产品的需求也受经济周期的影响。在经济繁荣期,人们的收入增加,消费意愿提高,对农产品的需求会随之增加;而在经济衰退期,人们的购买力下降,对农产品的需求可能减少。

(3)人口增长和城市化趋势。全球人口增长和城市化趋势也对农产品需求产生影响。随着人口增加和城市化进程,对食品和农产品的需求不断增长。

(4)对健康饮食的关注。随着人们对健康饮食的关注度增加,对天然、有机、绿色农产品的需求也随之增加。

(5)生活方式和消费习惯变化。随着生活方式和消费习惯的变化,对特定种类的农产品需求可能会出现波动。例如,随着生活节奏的加快,人们对便捷食品和快餐的需求可能增加,而对传统农产品的需求可能减少。

(6)外部因素。国际政治、贸易战争、气候灾害等外部因素也会对农产品需求产生影响。农产品国际市场的需求波动性较大,农产品生产者和贸易商需要密切关注市场需求的变化,灵活调整产销计划,以适应不同的市场条件和需求波动。

4. 贸易波动

国际贸易政策的变化、关税调整、贸易争端等因素都可能导致农产品国际贸易的波动。这些波动可能对市场供需关系和价格产生直接影响,同时也会影响各国的贸易流向和竞争地位。农产品国际市场的贸易波动特征主要包括以下几个方面。

(1)季节性贸易波动。农产品的生产和供应通常受季节因素影响,因此农产品的国际贸易也呈现季节性波动。例如,某些农产品在特定季节产量较高,导致其出口量增加,而在其他季节可能相对较少。

(2)天气和自然灾害。天气和自然灾害对农产品的生产和贸易产生直接影响。天气异常或自然灾害可能导致农产品产量下降,从而导致贸易波动。

(3)政策和贸易壁垒。不同国家对农产品的进口和出口往往有一定的政策和贸易限制。政策调整、关税变化或贸易壁垒的出现可能导致农产品贸易波动。

(4)经济因素。国际经济状况、货币汇率波动以及全球经济周期也会对农产品的贸易产生影响。经济增长导致需求增加,货币贬值导致出口增加等,都可能引发贸易波动。

(5)地缘政治和国际关系。地缘政治和国际关系的变化也可能影响农产品的贸易。例如,国家之间的贸易纠纷、冲突和战争等都可能导致贸易中断或波动。

(6)需求和消费变化。全球人口增长、消费习惯和生活方式的变化也会对农产品的贸易产生影响。需求增加导致贸易增加,而需求减少可能导致贸易减少。农产品国际市场的贸易波动性较大,贸易商需要密切关注市场动态和供求情况,灵活应对不同的市场条件和贸易波动。同时,政府和国际组织也可以采取相应的政策措施来稳定农产品贸易,保障全球粮食安全。

以上波动性因素相互交织,相互影响,使得农产品国际市场的波动性较高。农产品市场参与者需要密切关注这些波动,灵活应对,制定相应的市场策略,以降低风险并抓住机遇。

二、新态势下的农产品国际市场营销环境

(一)新态势下影响农产品国际市场的主要因素

近年来,全球农产品市场面临多重不利因素冲击,导致国际市场出现剧烈的震荡和不稳定性。以下是影响农产品市场的主要因素:

1. 极端天气

拉尼娜等极端天气对全球农业生产造成严重影响,导致部分主产国的农产品产量受损。这导致农产品供应减少,引发价格波动。极端天气对农产品国际市场产生广泛影响,主要体现在以下几个方面。

(1)产量减少。极端天气如干旱、洪水、风暴等可能导致农作物产量减少,影响农产品的供应,供应减少会导致市场上农产品的价格上涨,从而影响全球农产品市场的供需平衡。

(2)质量下降。极端天气可能影响农产品的质量,例如降雨过多可能导致农产品水分过高,增加霉菌滋生的风险。质量下降会降低消费者对产品的信任度,进而影响产品在国际市场上的竞争力。

(3)物流受阻。极端天气可能导致交通中断、港口关闭等物流问题,影响农产品的运输和出口。物流受阻会导致交付延迟,进一步影响农产品的供应链。

(4)市场波动。极端天气通常会导致市场的不确定性增加,投资者和交易商可能对农产品的价格和供应情况感到担忧,导致农产品市场的波动性增加。

(5)国际贸易受限。部分国家可能会对受影响的农产品实施限制或禁运,以保护本国市场或控制价格波动。这样的举措会对农产品的国际贸易带来影响。

总体而言,极端天气会在短期和长期内对农产品国际市场产生显著的影响,需要相关各方采取适当的措施应对。

2. 战争危机

战争危机对农产品国际市场产生多方面的影响,主要体现在以下几个方面。

(1)破坏和减产。战争危机可能导致农田被破坏、农业基础设施遭到损毁,如灌溉系统、仓储设施等,进而导致农作物生产减产或受损。农业生产和运输活动也可能因为安全问题而受到影响,造成农产品供应短缺。

(2)贸易限制。战争危机导致的国界封锁、贸易限制或出口禁令等措施,会打乱农产品的国际贸易通路,限制农产品的跨境流通。这可能导致农产品供应链断裂,从而影响国际市场的供需平衡。

(3)价格波动。战争危机会带来市场不确定性,投资者和交易商对农产品市场充满担忧,导致农产品价格剧烈波动。一方面,战争可能导致农产品的供应减少,推高价格;另一方面,由于市场恐慌,一些投资者可能抛售农产品,导致价格下跌。

(4)地缘政治影响。战争危机可能改变地区和国家之间的政治格局,导致贸易政策和关系发生变化。一些国家可能利用农产品作为政治工具,对其他国家施加经济制裁,限制农产品的出口或进口。

(5)消费需求变化。战争危机会影响人们的消费习惯和需求,有可能导致对特定农产品的需求增加或减少。例如,在战争地区,人们可能更加关注食品安全和储备,导致某些农产品需求激增;而在其他地区,由于经济不稳定和社会动荡,消费需求可能减弱。

战争危机对农产品国际市场带来巨大的不确定性和影响,可能导致供应减少、价格波动、贸易限制和消费需求变化等问题。农产品生产和贸易各方需要密切关注局势变化,采取灵活的市场策略,以适应和化解战争危机带来的挑战。

3. 逆全球化和贸易保护主义

一些国家出现逆全球化和贸易保护主义的趋势,加剧了农产品贸易的不确定性。贸易限制措施的频繁出台打乱了市场预期,使国际农产品市场价格波动不断。逆全球化和贸易保护主义对农产品国际市场产生多方面的影响,主要体现在以下几个方面。

(1)减少农产品贸易。逆全球化和贸易保护主义政策可能导致国家间的贸易壁垒增加,包括提高关税、实施配额、限制进口等措施,从而减少农产品的国际贸易。这会影响农产品的跨境流通,导致市场供求失衡和价格波动。

(2)影响供应链。逆全球化和贸易保护主义导致农产品供应链的不稳定。农产品的生产和加工往往涉及多个国家的合作,贸易保护主义可能打断这些合作关系,影响农产品的生产、运输和销售。

(3)不确定性增加。逆全球化和贸易保护主义带来的政策变化和不确定性会让投资者和交易商对农产品市场感到不安。投资和交易的风险增加,可能导致资金的流动性降低,影响市场的稳定性。

(4)价格波动。贸易保护主义措施可能导致农产品供应短缺或过剩,进而推高或拉低农产品价格。一些国家可能出于保护本国农民和农业利益的考虑,对农产品实施关税或配额限制,导致价格波动和市场波动。

(5)国际合作减少。逆全球化和贸易保护主义可能削弱国际合作和交流,减少农产品的技术和信息交流。这可能影响到农产品生产的效率和质量,限制农业发展。

总体而言,逆全球化和贸易保护主义对农产品国际市场带来的影响是复杂而多样的。这些政策措施可能在短期内保护本国农业利益,但长期来看,可能导致全球农产品市场的不稳定和失衡,对全球农业发展和粮食安全构成挑战。因此,国际社会需要共同努力,维护自由、开放和公平的贸易体系,促进农产品的跨境流通和市场的稳定发展。

4. 能源和金融市场波动

能源和金融市场的波动导致农产品生产成本和贸易成本上升,进一步压缩了农产品的利润空间。能源和金融市场的波动对农产品国际市场产生多方面的影响,主要体现在以下几个方面。

(1)生产成本增加。能源价格的波动直接影响到农产品的生产成本,农业生产通常需要大量的能源,例如燃料用于机械化作业、电力用于灌溉等,能源价格上涨会导致生产成本的增加,从而影响农产品的生产和供应。

（2）物流成本增加。能源价格的波动还会影响到农产品的物流成本,运输农产品涉及燃料费用,如果能源价格上涨,运输成本也会增加,这可能导致农产品价格的上涨,进而降低农产品的国际竞争力。

（3）金融市场风险。金融市场的波动性会带来不确定性和风险,这会影响到投资者对农产品市场的信心。如果金融市场不稳定,投资者可能转向较为安全的资产,导致农产品市场的资金流动性下降。

（4）货币汇率影响。金融市场的波动性还会导致货币汇率的波动,这会对农产品的国际贸易造成影响,货币贬值会使得农产品在国际市场上的价格变得更具有竞争力,但同时也会增加农产品的进口成本。

（5）投机交易。金融市场波动可能会吸引更多投机交易,投机性交易可能导致农产品价格的剧烈波动,而不是基于供求实际情况的变化。这会使农产品市场更加不稳定。

综上所述,能源和金融市场的波动对农产品国际市场有着重要的影响,可能导致农产品价格的波动,生产成本的变化,物流和国际贸易的变动,以及投资者对农产品市场的信心和资金流动性的影响。农产品生产者、贸易商和投资者都需要密切关注能源和金融市场的变化,以制定相应的策略应对市场的波动性。

以上因素共同作用下,全球农产品市场面临着深刻的变化和挑战。农产品贸易格局正在剧烈改变,市场供需关系更加紧张,农产品国际市场价格波动剧烈。这些问题对全球粮食安全和贸易稳定性带来了巨大的影响,需要国际社会共同努力寻求解决方案,以确保全球粮食市场的稳定和可持续发展。

（二）新态势下农产品国际市场营销环境

近年来,全球粮食市场面临不均衡危机。多个粮食主产国遭受旱涝灾害,导致全球粮食供需平衡紧张,并受到疫情、冲突、金融、能源、物流等多方因素影响,市场分配机制受到干扰。国际粮食价格剧烈波动,联合国粮农组织食品价格指数自2021年1月起骤然上涨,各国粮食价格通胀仍然高企,国际市场价格未能恢复正轨。与此同时,我国农产品贸易面临格局重塑,2022年我国除大米和牛肉进口增长较快外,小麦、玉米、大豆、棉花、食用植物油、食糖、肉类和乳制品进口量均大幅下降,进口来源格局发生较大变化。新态势下的农产品国际市场营销环境呈现下述特点:

1. 全球粮食供需不均衡危机

多个粮食主产国遭受旱涝灾害导致农作物减产,影响粮食供给能力。部分国家面临粮食产量下降,供给短缺的局面。粮食需求增加,随着全球人口不断增长和经济发展,粮食需求持续上升。自然灾害和经济动荡也增加了人们对食品的需求,使得粮食的消费量增加。供应链受阻,物流问题以及贸易限制等多方因素导致全球粮食供应链遭受干扰,农产品的流通和交易受到影响,进口国面临难以满足的局面。价格波动加剧,供需失衡使得粮食市场价格波动剧烈,造成农产品价格上涨或者暴跌,使市场参与者面临不稳定的经济环境。粮食安全问题突出,部分国家可能面临粮食不足和饥荒的风险,而一些粮食主产国可能面临粮食过剩和囤积问题,造成全球粮食市场的不稳定性。贸易保护主义抬头,部分国家出于保护本国农业和粮食安全的考虑,实施粮食出口限制,导致全球粮食市场供给不足,加剧了全球粮食供需不平衡的问题。粮食供需不均衡加剧了一些发展中国家的人道主义危机,导致饥饿和营养不良问题,影响着数以亿计的人口健康和生存。为应对全球粮食供需不均衡危机,国际社会需要采取合作措施,加强农产品生产和贸易合作,推动粮食市场的稳定发展,确保全球粮食的公平分配和合理调配,以应对突发的粮食安全挑战。此外,各国也应加强农业技术研发和投资,提高粮食产量和生产效率,增强应对灾害和不确定性的能力。

2. 国际粮食价格剧烈波动

自 2021 年 1 月起,联合国粮农组织食品价格指数骤然上涨,主要大宗农产品的价格开始急剧攀升,引发市场担忧。虽然在 2021 年 3 月食品价格指数创历史新高后,连续 6 个月出现下降,但各国粮食价格通胀仍然持续高企,未能恢复到较为稳定的水平。主要农产品的价格波动幅度较大,特别是 2023 年上半年芝加哥期货市场(CBOT)小麦和大豆价格创新高,玉米价格也出现历史次高,下半年虽有回落,但波动仍较为剧烈。国际粮食价格的剧烈波动影响了市场参与者的预期,导致市场情绪不稳定,进一步加剧了价格波动。不同农产品的价格表现有差异,有些农产品价格持续上涨,而有些则出现震荡下行的态势,导致市场格局不稳定。这些因素共同导致了近年来国际粮食价格的剧烈波动,给全球粮食市场带来了挑战。不稳定的价格形势对于全球粮食供应和安全构成了风险,也影响了各国的粮食进口和出口贸易。因此,需要各国政府和市场参与者密切关注国际粮食市场的变化,采取相应措施,确保粮食市场的稳定和可持续发展。

3. 我国农产品贸易格局重塑

近年来,我国农产品进口总体呈现下降趋势,农产品贸易格局重塑,尤其是在 2022 年,小麦、玉米、大豆、棉花、食用植物油、食糖、肉类和乳制品等农产品进口量都出现大幅下降,进口规模相比前几年有所减少。随着进口量下降,我国农产品进口的来源国也发生了较大的变化。我国开始加大与一些新的贸易伙伴的合作,寻求多样化的进口渠道,这使得一些传统出口国在我国农产品市场上的份额有所减少。在我国农产品进口量有所下降的同时,农产品出口潜力逐渐增大。我国农产品的质量不断提高,国外对我国农产品的需求也在不断增加。因此,我国农产品出口市场逐渐扩大,尤其是在"一带一路"共建国家和其他新兴市场,我国政府对农产品贸易的政策也在不断调整。随着国际贸易形势的变化,我国可能会通过调整农产品进出口税率和配额等贸易限制措施,以应对国际市场的波动。随着人口增加和消费水平提高,国内市场对农产品的需求也在不断增加。这使得我国农产品贸易面临新的机遇和挑战。我国农产品贸易面临着格局重塑的局面,进口量下降、进口来源变化、出口潜力增大以及贸易政策调整等因素都在影响着我国农产品市场的发展。在这个新的市场格局下,我国需要积极应对挑战,加强与其他国家的合作,拓展出口市场,提高农产品的质量和竞争力,实现农产品贸易的可持续发展。

总体来看,近年来农产品国际市场面临多重不利因素冲击,导致全球粮食供求不平衡,价格波动剧烈。全球粮食等重要农产品总产量有所减少,供需错配导致阶段性偏紧。国际市场价格也出现剧烈的波动,影响全球粮食市场的稳定性。同时,我国的农产品贸易格局也在发生重大变化,进口量减少,出口量增加。这些因素使得全球农产品市场面临深刻变化,需要各国共同合作应对,确保全球粮食市场的稳定和可持续发展。

(三)新态势下农产品国际市场营销环境预期

随着全球农业生产、物流和贸易环境仍需警惕不确定性和不稳定性因素。农产品国际市场与贸易环境可能出现以下三方面动向:

1. 部分主粮供需关系趋紧

稻米、玉米、牛羊肉等主粮供需将趋向偏紧,而小麦、大豆、棉花、食用植物油、食糖、猪肉、乳制品等其他农产品供需可能趋向宽松。全球粮食产量预计将有所下滑,消费量可能持平或略降,但贸易量预计会有恢复性增长,整体供需将呈现偏紧态势。

2. 大宗农产品价格下行

国际市场稻米价格将延续上涨趋势,而小麦价格可能呈下行态势,玉米价格将高位震荡,大豆价格可能先涨后跌,棉花价格将低位运行,食用植物油价格可能波动下行,食糖价格将高位震荡运行,猪肉价格将高位震荡回落,而牛羊肉价格可能先涨后跌,乳制品价格可能高位下行。

3. 我国农产品进口预计呈高位趋稳态势

预计稻米进口将继续保持较高水平,但整体规模可能有所减少;小麦进口预计将保持较高水平;玉米进口可能会高位反弹;大豆进口预计将基本稳定;棉花进口可能略有增加;食用植物油进口将稳中有增;食糖进口预计将持平;猪肉进口将继续减少;牛肉进口预计将放缓;羊肉进口预计会增加;而乳制品进口预计将恢复性增长。

综合而言,农产品国际市场可能面临一定的供需紧张态势,而大宗农产品的价格波动也可能较为显著。我国的农产品进口趋势有望保持高位,但进口量和进口来源可能会出现一定的变化。这些情况将需要各国农产品市场积极应对,确保全球农产品供应和贸易的稳定与可持续发展。

第二节 农产品国际市场细分与目标市场选择

在农产品国际市场营销中,细分市场和选择目标市场是取得成功的关键策略。随着全球化进程的不断推进,国际贸易日益频繁,农产品市场也变得竞争更加激烈。因此,了解如何将市场细分为更具体、更有针对性的群体,并选择最适合的目标市场,对于提高农产品的竞争力和市场份额至关重要。本节将深入探讨农产品国际市场细分的方法和标准,以及目标市场选择的策略和要点,旨在帮助学生掌握在国际市场中有效营销农产品的核心知识和技巧。通过学习本节内容,读者将获得在农产品国际市场中精确定位和有效选择目标市场的能力,为企业的国际营销策略制定提供指导。

一、农产品国际市场细分

农产品国际市场细分是将农产品市场按照不同的特征和需求进行划分,以便更好地了解市场结构和满足不同需求。以下是农产品国际市场的一些常见细分:

1. 产品种类细分

在农产品市场中,根据不同的农产品种类,将市场划分为谷物市场、油料市场、肉类市场、蔬菜水果市场、水产品市场以及乳制品市场等。在谷物市场,小麦、大米、玉米等是世界上主要的粮食作物,供求状况对全球粮食安全具有重要影响。油料市场涵盖了大豆、菜籽油、花生油等植物性油料,这些油料是食用油和饲料的主要来源,同时也是生物燃料等工业用途的重要原料。肉类市场则包括了牛肉、猪肉、禽肉等各类肉类产品,这些肉类是人们日常饮食中不可或缺的高蛋白食品。蔬菜水果市场涵盖了各种新鲜蔬菜和水果,是人体摄取维生素和纤维的重要营养来源。水产品市场则涵盖了各类海鲜,如鱼、虾、蟹等,是人们饮食中的重要补充。乳制品市场则包括了牛奶、奶酪、黄油等乳制品,是人们日常生活中的必需品。对于农产品企业来说,了解不同种类农产品的市场需求和消费趋势,可以有针对性地制定营销策略,推广产品,提高市场份额和竞争力。同时,不同种类农产品之间的价格波动和供求变化也需要加以关注,以便及时做出调整和应对市场变化。细分的农产品市场让企业能更精准地定位目标消费群体,提供符合其需求的产品和服务,增强市场的吸引力和竞争力。

2. 地理区域细分

在农产品市场中,地理区域细分是指将市场按照不同地域特点和消费习惯进行划分,以满足不同地区消费者的需求和喜好。将市场按照地理区域进行划分,可以分为亚洲农产品市场、欧洲农产品市场、北美农产品市场等。地理区域细分还可以根据不同国家、地区或城市进行划分。不同国家和地区由于气候、土壤、文化等因素的影响,对农产品的需求和偏好有所不同。例如,在北欧地区,由于气候寒冷,人们对高蛋白的畜牧产品和冷冻蔬果的需求较大;在东南亚地区,气候炎热,人们对热带水果和米饭的需求较高;在中东地区,由于宗教信仰,人们对特定肉类和食品有特殊限制等。因此,企业可以根据不同地区的特点,进行产品定位和市场营销策略的调整,推广符合当地口味和文化习惯的产品。地理区域细分还可以根据城市和地区的经济发展水平、人口规模和消费水平来进行划分。在大城市,消费者更加注重产品的品质和品牌,对高端农产品和有机农产品的需求较高;而在农村地区,消费者更看重价格和实用性,对普通农产品的需求较大。企业可以根据不同城市和地区的市场需求,调整产品定价和推广策略,提高产品的市场适应性和竞争力。

地理区域细分为农产品营销带来了更精准的目标客户群体,有利于提高营销效率和销售量。同时,根据地理区域细分市场需求,企业可以灵活调整产品组合和定价策略,增强市场的适应性和竞争优势。地理区域细分的营销策略可以帮助企业在不同地区建立品牌认知度和美誉度,实现在多地区的市场份额的稳步增长。

3. 消费用途细分

在农产品市场中,消费用途细分是指将市场按照不同消费目的和用途进行划分,以满足不同消费者群体的需求和偏好。消费用途细分可以根据农产品的不同用途和处理方式进行划分。例如,谷物市场可以细分为食用谷物和工业用谷物。食用谷物主要用于人类的食品消费,如小麦、大米和玉米等,而工业用谷物主要用于饲料生产、酿酒等工业生产。油料市场可以细分为食用油料和工业用油料,食用油料主要用于食品加工和烹饪,如大豆油、菜籽油等,而工业用油料主要用于生物燃料、化工和润滑油等工业领域。肉类市场可以细分为食用肉类和加工肉类,食用肉类主要用于直接食用和烹饪,如牛肉、猪肉和鸡肉等,而加工肉类主要用于加工成火腿、香肠、肉罐头等加工食品。消费用途细分还可以根据不同消费场景和群体的需求进行划分。例如,在餐饮行业,对农产品的需求主要用于餐馆、酒店和食堂等的食品加工和供应;在零售市场,对农产品的需求主要用于超市、便利店和菜市场等的零售销售;在食品加工业,对农产品的需求主要用于食品生产企业的原料采购和加工。

消费用途细分为农产品营销提供了更加具体和精准的营销目标,有利于企业根据不同消费用途制定相应的市场营销策略。不同用途和消费场景的消费者对产品的需求和要求不同,因此企业可以针对不同用途细分市场,推出符合不同需求的产品,提高产品的市场接受度和满意度。同时,消费用途细分还有助于企业开拓多元化市场,提高市场份额和盈利能力。

4. 有机与非有机市场细分

在农产品市场中,有机与非有机市场是根据农产品的生产方式和认证标准进行划分的一种细分方式。有机市场指的是生产和销售符合有机农业标准的农产品。有机农业是一种环保型、可持续发展的农业生产方式,其主要特点是不使用化学合成农药和化肥,采用天然有机肥料和生物防治手段,遵循自然生态循环规律,保护土壤、水源和生态环境,同时注重动植物福利。有机农产品通常会经过认证机构的检测和认证,以确保符合有机农业标准,并在产品包装上标注"有机"认证,以便消费者辨识。非有机市场则是指不符合有机农业标准或未经过有机认证的农产品市场。在非有机市场中,农产品的生产过程中可能使用化学农药和化肥,以提高产量和保护作物免受病虫害侵害。非有机农产品虽然可能在生产过程中使用了化学物质,但仍需符合相关的国家法律法规和食品安全标准,以确保消费者的食品安全。

有机与非有机市场的细分对农产品的营销和消费者选择具有重要意义。有机市场的消费者通常对环保、健康和可持续发展有较高的要求,愿意为有机产品支付更高的价格。因此,企业可以根据市场需求和定位,推出符合有机标准的产品,吸引更多有环保和健康意识的消费者。同时,非有机市场仍然占据着大部分农产品市场份额,对于一些价格敏感的消费者,非有机产品可能更具吸引力。因此,企业可以在不同市场中灵活运用有机与非有机农产品的营销策略,以满足不同消费者的需求和偏好。

5. 高端与低端市场细分

在农产品市场中,根据产品的定位、质量、价格以及目标消费群体的不同,可以将市场划分为高端和低端市场两种类型。高端市场通常指的是质量较高、价格较高,面向高收入消费者的市场。在高端市场中,农产品通常拥有更好的品质、更严格的生产标准以及更精细的加工工艺。这些产品常常以优质、独特和健康为卖点,吸引那些愿意为高品质产品支付更高价位的消费者。高端市场的目标消费群体通常是对产品质量有较高要求、追求生活品位和健康的消费者,他们愿意为了享受更好的产品体验而支付额外的费用。低端市场则指的是价格较低、面向普通消费者的市场。在低端市场中,农产品通常以价格优势为主要竞争力,注重成本控制和规模效应。这些产品虽然在价格上较低,但仍需符合基本的质量和安全标准,以满足普通消费者的需求。低端市场的目标消费群体通常是价格敏感型消费者,他们注重性价比,更倾向于选择价格较低但性能和品质相对较好的产品。

高端和低端市场的细分对于农产品的市场营销和定位至关重要。企业可以根据产品特点、目标消费群体以及市场需求,选择恰当的定位策略。在高端市场,企业可以强调产品的独特性、品质和健康价值,以塑造高端形象并吸引高端消费者。而在低端市场,企业则可以强调价格优势和性价比,吸引价格敏感型消费者,并通过规模效应实现低成本的生产和销售。同时,企业还可以根据市场趋势和发展动态灵活调整市场定位,以适应不断变化的市场需求。

6. 进口与出口市场细分

在农产品国际市场中,可以根据产品的流向将市场细分为进口市场和出口市场。进口市场指的是一个国家或地区从其他国家或地区购买农产品的市场。这种市场需求通常是由于本国或地区自身无法满足消费者对农产品的需求,或者是为了获取更多的品种和更好的品质。进口市场的特点是需要满足国家或地区的质量标准和食品安全要求,同时还受到国际贸易政策、汇率波动和贸易壁垒等因素的影响。出口市场则是指一个国家或地区将自己生产的农产品销售到其他国家或地区的市场。这种市场需求通常是由于本国或地区农产品产量较高,出口需求较大,或者是为了扩大销售市场和获取更多的利润。出口市场的特点是需要满足目标国家或地区的市场需求和贸易标准,同时还需要应对国际竞争和价格波动等挑战。

在进口与出口市场中,企业需要了解目标国家或地区的市场需求和消费习惯,进行定位和推广策略的调整。进口市场需要关注目标国家的进口政策、关税和质量标准,同时还要寻找可靠的供应渠道和合作伙伴。出口市场则需要考虑目标国家的贸易政策、市场准入条件和竞争格局,同时还要处理好国际贸易的风险和支付问题。进口与出口市场的细分对于农产品的国际市场营销至关重要。通过深入了解目标市场的需求和特点,企业可以更好地制定市场策略,提高市场占有率,拓展业务范围,实现持续增长和可持续发展。同时,企业还需要积极应对国际贸易政策和市场变化,不断优化产品质量和服务,提升竞争力,稳固市场地位,并把握好进口和出口的市场机会,实现双向互利的发展。

7. 季节性细分

农产品市场在季节性方面也可以进行细分,根据农产品的生长季节、产量和消费需求的变化,将市场划分为不同的季节性市场。在季节性细分中,农产品可以分为春季、夏季、秋季和冬季市场。不同季节对于不同农产品的生长和收获有着明显的影响。例如,春季是许多蔬菜和水果的丰收季节,夏季是水果和蔬菜的高产期,秋季是一些谷物和根菜类农产品的收获季节,而冬季则是一些季节性农产品的淡季。季节性细分的重要性在于帮助农产品生产者和市场营销者根据不同季节的供求变化,调整产品供应和销售策略。在丰收季节,农产品产量较大,需要通过合理的销售渠道和市场推广,及时将产品流通到市场,以避免过多库存和价格下降。而在淡季,可以采取存储、加工和冷藏等方式,延长产品的销售周期,增加产品附加值,并提高产品的市场竞争力。

此外,季节性细分还可以帮助农产品企业在不同季节选择不同的目标市场和营销活动。例如,在春季和夏季,可以重点关注蔬菜和水果的销售市场,开展促销活动吸引消费者;而在秋季,可以将重点转移到谷物和根菜类农产品的市场,满足消费者的季节性需求。细致地进行季节性细分,有助于农产品企业更加有效地应对季节性波动,优化生产和销售计划,提高市场竞争力,实现稳定的销售和持续的业务增长。同时,季节性细分还可以使消费者更好地了解农产品的季节性特点,增加对产品的认知和信任,提高购买意愿,从而促进农产品市场的健康发展。

二、目标市场选择

在国际市场中,农产品的目标市场选择是制定农产品出口策略和营销计划时至关重要的一步。选择适合的目标市场可以帮助农产品出口商更有效地推广产品,拓展市场份额,增加销售额。在进行目标市场选择时,需要考虑以下因素:

1. 潜在需求

潜在需求是指在目标市场中存在但尚未完全被满足的对特定产品或服务的需求。这种需求可能来自目标市场的消费者、企业或其他组织,但由于各种原因尚未得到充分满足或没有得到满足。在农产品的营销中,潜在需求是指目标市场中对特定农产品的需求潜力。这种需求可能源于当地人口的食品需求、农业和畜牧业的发展需求、工业生产或其他用途的需求等。潜在需求的大小取决于多种因素,包括目标市场的人口规模、经济发展水平、消费习惯、文化背景以及农产品的独特性和品质等。

对于农产品出口商而言,发掘目标市场的潜在需求是至关重要的。了解潜在需求可以帮助出口商确定市场的潜在规模,预测市场对农产品的需求量和趋势,制定更有效的营销策略,提高产品的竞争力,满足消费者的需求,拓展市场份额,增加销售额。为了发掘潜在需求,出口商可以进行市场调研和分析,收集目标市场的相关数据和信息,了解当地的消费习惯和需求特点,了解竞争对手的情况,聆听消费者的意见和反馈等。通过这些手段,出口商可以更好地了解目标市场的需求,有针对性地进行产品定位和制定营销策略,满足市场的需求,实现农产品的国际市场营销。

2. 贸易壁垒

在进行目标市场选择时,需要考虑以下贸易壁垒因素:①关税和进口限制。不同国家和地区对农产品征收的关税水平和进口限制可能不同,高关税和进口限制会增加出口产品的成本,限制进入市场。②质量和标准要求。目标市场可能对农产品的质量和标准有严格要求,出口商需要确保产品符合当地的法规和标准,否则可能无法进入市场。③认证和审批。一些国家可能要求农产品获得特定的认证或审批,以确保产品的安全和质量,这需要出口商满足相关的要求。④技术壁垒。目标市场可能存在技术性壁垒,如对基因改造食品的限制或要求特定的包装和标签。出口商需要了解并遵守这些要求。⑤习惯和文化差异。不同国家和地区有不同的习惯和文化,这可能影响农产品的市场接受度和销售策略。⑥竞争环境。目标市场的竞争环境也是考虑因素,如果市场已经有很多竞争者提供相似的农产品,出口商需要找到差异化的竞争优势。⑦法律和政策。目标市场的法律和政策对农产品的进出口可能有一定的限制,出口商需要了解并遵守当地的法规。综合考虑上述贸易壁垒因素,出口商可以选择适合的目标市场,制定相应的营销策略,以增加农产品在国际市场上的竞争力和市场份额。

3. 竞争情况

在农产品国际市场中,目标市场的选择是制定出口策略和营销计划中至关重要的一步。在进行目标市场选择时,必须全面考虑竞争情况。这包括竞争对手的数量、产品特点、市场份额、市场定位、营销策略、服务水平和品牌形象等方面。了解竞争情况有助于农产品出口商找到自身的差异化竞争优势,并制订更有效的营销计划。在了解竞争对手的产品特点和市场定位的基础上,农产品出口商可以精准定位自己的目标市场,并选择适合的营销策略。不同市场对于农产品的需求和偏好可能存在差异,因此了解竞争对手的市场定位可以帮助农产品出口商更好地满足目标市场的需求,提高产品的市场竞争力。同时,对竞争情况的了解也有助于降低市场风险。在竞争激烈的市场中,农产品出口商可能面临价格竞争、品牌竞争等各种挑战。只有充分了解竞争对手的营销策略和产品特点,农产品出口商才能更好地制定反击策略,降低市场风险,避免陷入价格战和恶性竞争。此外,对竞争情况的了解还有助于农产品出口商提高自身的市场适应能力。随着市场变化和竞争态势的不断变化,农产品出口商需要不断调整和优化营销策略,以适应市场的需求和变化。只有通过对竞争情况的持续观察和分析,农产品出口商才能及时做出调整,保持市场竞争力。

总而言之,了解竞争情况对于农产品国际市场营销至关重要。它不仅有助于发现自身的竞争优势,制定有效的营销策略,还可以降低市场风险,提高市场适应能力,从而更好地推广产品、拓展市场份额,实现农产品在国际市场上的持续增长和成功。

4. 物流和运输

物流和运输在农产品国际市场营销中扮演着至关重要的角色。农产品作为生鲜易腐的商品,其及时、高效、安全的物流和运输是保障产品质量和市场竞争力的关键因素。首先,物流和运输对于农产品的及时交付至关重要。农产品的新鲜程度直接影响着产品的质量和口感。因此,高效的物流和运输系统能够确保农产品在采摘、加工后快速运送到目标市场,以保持其新鲜度和营养价值,满足消费者对优质产品的需求。其次,物流和运输对于农产品的安全性具有重要意义。在农产品国际市场中,遵循严格的卫生标准和食品安全要求是必要的。适当的运输方式和仓储条件可以减少产品在运输过程中的损耗和腐败,降低风险,并确保产品的质量和安全性。最后,物流和运输对于降低农产品的运营成本和提高竞争力至关重要。运输成本在农产品的定价中占据重要比例,通过优化物流和运输流程,农产品出口商可以降低运营成本,提高产品的价格竞争力,从而在国际市场上获得更大的优势。另外,全球化和电子商务的发展也为农产品国际市场的物流和运输带来了新的挑战和机遇。新兴技术的应用,例如物联网、大数据、云计算等,可以提升物流和运输的智能化水平,优化供应链管理,实现更高效的物流运作。

总之,物流和运输在农产品国际市场营销中扮演着关键角色。确保及时、安全、高效的物流和运输系统有助于保障产品质量,提高市场竞争力,降低运营成本,为农产品在国际市场上的成功推广和销售打下坚实基础。同时,积极应用新技术也将为物流和运输带来更多创新和发展机遇。

5. 价格和利润

研究目标市场的定价水平和利润空间对营销十分重要,根据市场定价情况,合理制定产品价格,可确保利润可观。价格和利润是农产品国际市场营销中至关重要的两个因素,直接影响着农产品出口商的盈利能力和市场竞争力。首先,价格是农产品在国际市场上竞争的重要因素之一。农产品的价格通常由多个因素决定,包括供求关系、市场需求、生产成本、运输费用、关税和贸易壁垒等。在选择目标市场和制定价格策略时,农产品出口商需要综合考虑这些因素,确保产品的价格具有竞争力,既能吸引消费者,又能保证足够的利润空间。其次,利润是农产品出口商追求的最终目标之一。在国际市场上销售农产品面临着各种挑战,包括激烈的竞争、贸易壁垒、市场需求的波动等。因此,农产品出口商需要确保产品的定价能够覆盖生产成本、运输费用和其他相关费用,并获得足够的利润。同时,农产品出口商还需要灵活调整价格策略,根据市场情况和竞争状况进行适时调整,以确保利润最大化。除了价格和利润,农产品出口商还需要注意市场需求和消费者偏好的变化,及时调整产品定位和营销策略,以满足不同市场的需求。此外,要积极利用新技术和数字化营销手段,拓展市场渠道,提高品牌知名度和市场份额,从而在激烈的国际市场竞争中取得优势地位。

总之,价格和利润是农产品国际市场营销中重要的考量因素。通过合理定价和优化利润结构,农产品出口商可以在国际市场上取得竞争优势,实现可持续发展和盈利目标。同时,灵活应对市场变化和采用创新的营销策略,也是农产品出口商成功的关键。

6. 政治和经济稳定性

政治和经济稳定性是农产品国际市场营销中非常重要的因素。这两个方面的稳定性直接影响着国际贸易环境和农产品出口商的经营情况。综合考虑政治和经济稳定性因素,农产品出口商可以选择最合适的目标市场,并根据不同市场的特点制定相应的营销策略,从而在国际市场中取得竞争优势。

首先,政治稳定性对农产品国际市场营销至关重要。政治稳定性指的是一个国家或地区政治体制的稳定性,包括政府的稳定性、社会的和谐稳定等。在一个政治稳定的国家,农产品出口商可以更加稳定地开展业务,不用担心政治动荡对出口业务的影响。政治稳定性还有助于提供预测性和透明度,使出口商能够更好地制定出口策略和规划长期发展。其次,经济稳定性也对农产品国际市场营销起着重要作用。经济稳定性指的是一个国家或地区经济的稳定性,包括通货膨胀率、失业率、经济增长率等指标。在经济稳定的国家,市场需求相对稳定,消费者购买力较强,这有助于提高农产品的出口销售量。而在经济不稳定的情况下,市场需求可能波动,农产品出口商需要更加谨慎地应对市场风险。

农产品出口商需要密切关注目标市场国家或地区的政治和经济动态,以及潜在的不稳定因素。政治和经济稳定性的变化可能会导致贸易政策调整、市场需求波动,甚至可能出现贸易摩擦和限制。在不稳定性的情况下,农产品出口商需要灵活调整营销策略,寻求多元化的市场机会,降低风险,并建立稳固的供应链和合作伙伴关系。总的来说,政治和经济稳定性是农产品国际市场营销中需要密切关注的重要因素。出口商应该根据不同目标市场的政治和经济情况,制定灵活的出口策略,以确保在不稳定的环境下能够保持稳定的业务发展和盈利能力。

三、农产品国际市场细分与目标市场选择的意义

农产品国际市场细分与目标市场选择对农产品出口和贸易具有重要的意义。

1. 帮助农产品出口商了解市场需求

农产品国际市场细分和目标市场选择使得出口商可以更加深入地了解不同市场的需求和偏好。通过细分市场,可以了解不同国家和地区对农产品的需求量、品质要求、包装标准等,从而有针对性地调整产品和营销策略,满足市场需求。

2. 提高农产品出口的竞争力

针对不同目标市场的特点和需求,对农产品进行细分和定位,可以使产品更好地适应市场,增强产品在目标市场的竞争力。这有助于提高农产品在国际市场的市场份额,增加出口额,促进农产品贸易的健康发展。

3. 降低市场风险

通过细分目标市场,农产品出口商可以在不同的市场间进行分散化布局,减少对单一市场的依赖,从而降低市场风险。当一个市场出现不利因素时,可以通过拓展其他市场来分散风险,保障农产品贸易的稳定性。

4. 优化资源配置

农产品国际市场细分和目标市场选择可以帮助农产品出口商更有效地配置资源。根据目标市场的需求和优势,合理选择生产和加工农产品的地区,优化生产、运输和销售的资源分配,提高资源利用效率。

5. 促进农产品质量提升

针对不同目标市场的要求,农产品出口商需要不断提升产品质量,提高食品安全标准和环境标准。这有助于推动农产品产业的升级和转型,提高产品附加值,增强国际竞争力。

总体而言,农产品国际市场细分与目标市场选择是农产品出口贸易中的战略性工作,能够帮助出口商更好地适应市场需求,提高出口竞争力,降低风险,优化资源配置,促进质量提升,为农产品在国际市场上的可持续发展提供有力支持。

第三节　农产品国际市场的营销策略

国际市场营销策略主要涉及农产品在国际市场上的推广、销售和品牌建设等方面的策略。以下是农产品国际市场营销策略的要点。

一、市场调研和定位

在农产品国际市场营销策略中,市场调研和定位是至关重要的步骤。通过深入的市场调研,企业能够全面了解目标市场的需求、竞争情况、文化背景等因素,为农产品的定位和营销策略提供可靠的依据。市场定位则决定了农产品在目标市场中的地位和差异化竞争策略,确保产品能够满足目标市场的需求,并有效地与竞争对手区分开来。

1. 市场调研

市场调研是农产品国际市场营销策略的重要起点。在进军国际市场之前,企业需要对目标市场进行深入的研究和了解。首先,通过收集大量的市场数据和信息,了解目标市场的规模、增长趋势、消费者特点以及竞争对手的状况。其次,了解目标市场的法律法规、贸易政策以及市场准入条件等,以确保农产品能够合法地进入市场并符合当地的标准和规定。此外,还要了解目标市场的文化、习惯、宗教信仰等因素,以便调整产品的包装、标签、广告等,使其更加符合当地消费者的口味和喜好。

2. 市场定位

在市场调研的基础上,企业需要确定农产品在目标市场中的定位。市场定位是农产品成功进入国际市场的核心策略,它决定了产品的差异化和独特性。定位策略应该根据市场调研的结果和企业的实际情况来制定,以满足目标市场的需求并与竞争对手区分开来。在市场定位中,企业可以选择不同的定位策略,如高端定位、低价定位、有机产品定位等,以满足不同消费者的需求。此外,企业还可以通过强化产品的特色和优势,以及注重品牌建设来实现市场定位的成功。定位策略应该持续地与市场的变化和发展相适应,确保农产品在目标市场中的持续竞争力。

市场调研和定位策略是农产品国际市场营销策略的重要组成部分。通过深入的市场调研,企业能够全面了解目标市场的需求和竞争情况,为产品的定位和营销策略提供可靠的依据。市场定位则决定了农产品在目标市场中的地位和差异化竞争策略,使产品能够更好地满足目标市场的需求,并在激烈的市场竞争中取得优势。因此,对市场调研和定位策略的持续改进和优化对于企业在农产品国际市场上取得成功至关重要。

二、品牌建设

品牌建设是农产品国际市场营销中的重要环节,它涉及塑造和推广农产品的品牌形象,增强产品的竞争力和认知度,以便在激烈的国际市场中取得优势地位。品牌建设不仅仅是一个标识或名称,更是产品所传递的故事、信念和价值,是与消费者建立情感连接的重要途径。

1. 建立品牌形象

品牌形象是农产品在消费者心中的认知和印象,是农产品的个性和独特之处。通过精心设计的品牌形象,农产品能够在国际市场上脱颖而出,吸引更多消费者的目光。品牌形象的塑造需要注重产品的质量、原产地、可持续性、传统文化等方面,使其与目标市场的消费者价值观和审美需求相契合。

2. 传播品牌故事

品牌故事是品牌与消费者之间建立情感联系的桥梁。通过讲述农产品的种植过程、生产工艺、与当地文化的融合等,传达产品的独特之处和价值观,使消费者产生共鸣和认同。品牌故事的传播可以通过广告、社交媒体、宣传资料等多种渠道,以扩大品牌影响力和知名度。

3. 建立品牌信任

在国际市场上,消费者对农产品的信任和认可是品牌建设的核心。通过提供优质的产品、可靠的服务和诚信的经营,农产品企业可以树立良好的品牌信誉,建立与消费者之间的信任关系。品牌信任不仅有助于维护现有消费者的忠诚度,还能吸引更多新的消费者。

4. 扩大品牌覆盖范围

品牌建设的目标是使农产品的品牌得到更广泛的认可和接受。在国际市场中,通过与当地经销商、代理商、合作伙伴等建立合作关系,将品牌推广到更多的销售渠道和销售点。同时,利用互联网和电子商务平台,拓展在线销售渠道,使品牌覆盖范围更广,触达更多潜在消费者。

5. 持续品牌管理和推广

品牌建设是一个持续的过程,需要不断地进行品牌管理和推广。农产品企业需要密切关注市场变化和消费者需求的变化,及时调整品牌策略和推广活动,以适应市场的发展和变化。此外,品牌建设还需要与其他营销策略相结合,如广告宣传、促销活动、公关活动等,形成整体的营销体系,提升品牌影响力。

总体而言,品牌建设在农产品国际市场营销中是至关重要的一环。通过建立品牌形象、传播品牌故事、建立品牌信任、扩大品牌覆盖范围和持续品牌管理和推广,农产品企业可以在国际市场上取得竞争优势,实现品牌的价值最大化。

三、选择合适的销售渠道与多样化的营销手段

在农产品国际市场营销中,选择合适的销售渠道和多样化的营销手段是至关重要的,这些策略将直接影响到农产品在国际市场的竞争力和销售效果。

1. 合适的销售渠道

农产品企业需要根据目标市场的特点和需求,精准选择销售渠道。有些国家或地区可能更倾向于传统的销售渠道,如批发市场、超市或专卖店,而有些地区则更适合通过电子商务平台进行销售。因此,农产品企业需要深入了解目标市场的消费习惯、渠道偏好和销售网络,以确保产品能够顺利进入市场并得到消费者的认可。

2. 多样化的营销手段

多样化的营销手段能够有效提高农产品的知名度和吸引力。在国际市场中,单一的营销手段可能无法覆盖所有潜在客户群体,因此采用多样化的营销手段非常重要。比如,通过社交媒体平台开展网红营销,可以吸引年轻消费者的关注;通过参加国际贸易展览会和农产品展览会,可以与潜在买家建立直接联系,进行面对面的产品宣传;通过电子邮件和短信营销进行个性化宣传,可以提高客户的忠诚度。

3. 新的技术手段

在数字化时代,利用互联网和电子营销工具也是不可或缺的。通过搜索引擎优化(SEO)和内容营销,可以提升企业在搜索引擎上的排名,增加网站流量和曝光度。同时,电子邮件和短信营销可以实现对客户的精准营销,提高客户忠诚度和重复购买率。此外,线上线下结合的营销策略也是非常有效的。例如,农产品企业可以在线上开展促销活动,吸引消费者到线下实体店购买;或者在线上预订农产品,然后线下取货,提供更加便捷的购买体验。新技术在农产品国际市场营销中的应用,将在后文详细讨论。

综上所述,选择合适的销售渠道和多样化的营销手段是农产品国际市场营销的关键策略。这些策略将有助于提高产品的竞争力和知名度,拓展市场份额,增加销售额,促进企业在国际市场的长期发展。然而,要取得成功,企业需要深入了解目标市场,制定具有针对性的营销策略,并不断调整和优化策略,以适应不断变化的市场环境和消费者需求。

四、质量和食品安全保障

质量和食品安全保障是农产品国际市场营销中至关重要的一环。在全球范围内,消费者对于食品的质量和安全越来越关注,因此农产品企业必须在这方面做好充分的保障和管理,以确保产品的合规性和可信度,从而增强消费者信任,提高产品竞争力。

1. 标准与规范

农产品企业应该遵循国际食品质量标准和规范。不同国家和地区可能有不同的食品质

量标准和法规,农产品企业必须了解并遵守这些标准,确保产品在国际市场上符合当地的质量要求。同时,农产品企业可以通过获得国际食品质量认证,如 ISO 22000 认证或 HACCP 认证等,来证明其产品的安全性和质量。

2. 管理体系

农产品企业应该建立健全的质量控制体系和食品安全管理体系。这包括从农产品的种植、生产、加工、运输到销售的整个过程,都需要有严格的质量控制和食品安全管理措施。企业可以通过建立质量管理团队、制定质量控制流程、实施食品安全培训等方式,确保产品的质量和安全可控。

3. 可追溯系统

农产品企业应该建立可追溯系统,确保产品的溯源和可信度。可追溯系统可以帮助企业追踪产品的生产和流通过程,包括原材料的来源、生产工艺、运输路线等,从而提供消费者对产品质量和食品安全的信心。

4. 第三方检测

此外,农产品企业还应积极与第三方食品检测机构合作,定期对产品进行抽样检测,确保产品符合标准和规范。同时,及时回应消费者的质量投诉和反馈,处理相关问题,树立企业的公信力和良好形象。

综上所述,质量和食品安全保障是农产品国际市场营销中不可忽视的重要环节。通过遵循国际标准,建立健全的质量控制和食品安全管理体系,建立可追溯系统,与第三方食品检测机构合作等方式,农产品企业可以提高产品的质量和安全水平,增强消费者信任,从而在国际市场上获得竞争优势和持续发展。

五、了解文化差异

不同国家和地区有不同的文化背景和消费习惯,了解并尊重这些差异是成功营销的关键。根据目标市场的文化特点,调整产品包装和营销策略,使其更符合当地消费者的喜好。在农产品国际市场营销中,了解文化差异具体包括以下方面:

1. 语言和传播方式

了解目标市场所使用的语言,并选择合适的语言进行产品宣传和广告。同时,了解目标市场的主要传播方式,例如在某些地区,社交媒体可能更受欢迎,而在另一些地区,电视广告可能更有效。

2. 产品包装和设计

根据目标市场的文化和审美习惯,对产品进行包装和设计的调整。例如,颜色、图案、标签和图像的选择可能在不同文化中有不同的寓意和符号意义。

3. 产品定位和品牌形象

了解目标市场消费者对农产品的认知和期望,从而调整产品定位和品牌形象,使其更符合当地文化和价值观。有时候,农产品的营销可以融入当地的历史、传统和文化元素,以增加产品的吸引力。

4. 营销活动和促销策略

根据目标市场的文化习惯和传统节日,制定相应的营销活动和促销策略。例如,在某些地区的节日期间推出特别的礼品包或优惠活动,可以吸引更多消费者。

5. 社交礼仪和商务习惯

了解目标市场的社交礼仪和商务习惯,以便更好地与当地的商业伙伴和消费者进行沟通和互动。在一些文化中,商务谈判可能更加注重人际关系和信任,因此建立良好的人际关系是农产品营销成功的重要因素。

6. 食品安全和质量标准

了解目标市场对食品安全和质量的要求,确保农产品符合当地的法规和标准,增加消费者对产品的信任和满意度。

综上所述,了解文化差异是农产品国际市场营销中非常重要的一环。通过深入了解目标市场的文化背景、习惯和传统,农产品企业可以制定更具针对性的营销策略,提高产品在国际市场上的竞争力和市场份额。同时,文化适应性也有助于增强企业与当地消费者和商业伙伴之间的沟通和合作,为农产品的国际营销打下坚实基础。

六、建立合作伙伴关系

在农产品国际市场营销中,建立合作伙伴关系是一个重要的策略。合作伙伴关系可以帮助农产品企业在国际市场上获得更广阔的渠道、更多的资源和更好的市场机会。

1. 寻找合适的合作伙伴

农产品企业可以通过参加国际展览、行业协会活动、商务考察等方式,寻找合适的合作伙伴。这些合作伙伴可以是国际贸易商、经销商、进口商、超市连锁店等。

2. 签订合作协议

一旦找到合适的合作伙伴,农产品企业可以与其签订合作协议,明确双方的合作内容、责任和利益分配等。合作协议应该具备合法性和可执行性,保障双方的权益。

3. 提供支持和培训

农产品企业可以提供相关支持和培训给合作伙伴,帮助他们更好地推广和销售产品。这包括产品知识培训、销售技巧培训等。

4. 共同开发市场

合作伙伴关系应该是互利共赢的。农产品企业可以与合作伙伴共同开发新的市场,推出适应当地消费者需求的产品。

5. 共同推广营销活动

农产品企业可以与合作伙伴共同组织营销活动,提高产品的知名度和市场份额。这可以是线上线下的宣传推广活动,吸引更多消费者。

6. 保持良好沟通和合作

建立合作伙伴关系并不是一次性的事情,而是需要持续的沟通和合作。农产品企业应该与合作伙伴保持密切联系,及时解决问题和困难。

通过建立合作伙伴关系,农产品企业可以充分利用合作伙伴的资源和渠道,快速进入国际市场,降低市场开拓成本,提高产品的竞争力和销售额。同时,合作伙伴关系也可以帮助企业更好地了解目标市场,满足当地消费者的需求,增加市场份额,实现双赢的局面。

七、跟踪和评估

在农产品国际市场营销中,跟踪和评估是一个持续进行的重要环节,它能帮助企业了解营销活动的效果,发现问题和机会,以及及时调整和改进营销策略。

1. 销售数据跟踪

农产品企业应该定期跟踪销售数据,包括产品销量、市场份额、销售渠道等。这些数据能够反映产品在目标市场的受欢迎程度和销售情况。

2. 客户反馈收集

企业可以通过各种途径收集客户的反馈意见,包括电话、邮件、社交媒体等。客户的反馈可以帮助企业了解产品的优缺点,以及客户对产品的满意度和需求。

3. 竞争对手分析

跟踪和评估还包括对竞争对手的分析。企业应该密切关注竞争对手的动态,包括产品定价、营销策略、市场份额等,从中发现自身的优势和劣势。

4. 营销活动效果评估

农产品企业应该评估各种营销活动的效果,包括广告宣传、促销活动、参展展会等。通过评估,企业可以了解哪些活动对销售和品牌推广产生了积极的影响。

5. 市场调研和分析

市场调研是跟踪和评估的基础,通过市场调研,企业可以了解目标市场的潜在需求、竞争格局、文化特点等,为营销策略的制定和调整提供依据。根据跟踪和评估结果,企业应及时调整和改进营销策略。如果发现某个市场效果不佳,可以考虑调整定位和营销方式;如果发现某个市场有较好的潜力,可以加大投入和资源。

6. 跟踪和评估机制

建立跟踪和评估机制,确保跟踪和评估工作的持续进行。企业可以设立专门的团队负责跟踪和评估工作,定期召开会议,分析数据和结果,并及时向决策层汇报。

通过跟踪和评估,农产品企业可以不断优化营销策略,提高产品的市场竞争力和销售额,同时也能更好地满足客户需求,建立良好的品牌声誉,实现可持续发展。

拓展案例

商洛特色农产品出口助力乡村振兴

2022年,商洛农产品出口总值完成1.58亿元,实现63%的增长。

据悉,商洛目前有15家农产品出口企业,全市特色农产品出口实现多点突破。丹凤县双孢菇产品远销俄罗斯、日本、法国、埃及等10多个国家。镇安县香菇制品持续开拓东南亚市场,洛南县生产的香菇菌棒产品受到美国、日本、韩国市场欢迎,全市食用菌出口值达1.29亿元,占农产品出口总值的81.6%,食用菌产品出口份额持续扩大。此外,洛南县核桃产品畅销"一带一路"共建国家和地区,商南县向越南出口鲟鱼4批次30余吨,山阳县和丰阳光食用菌产业园建设供港澳蔬菜种植基地,主要生产海鲜菇、蟹味菇等产品,特色农产品出口多点开花。

近年来,商洛市多措并举出台优惠政策,举办农产品出口退税和电子商务培训,积极签约招商项目,出口招商稳步增长。该市指导农产品加工企业开展基地建设规划,在基地水质土壤检测等方面予以技术支持;支持各县区运用辖区地名注册出口农产品商标,对已注册的地理标志进行市场化运作,擦亮品牌;组织企业广泛参加各类洽谈会、展览会,强力推介商洛特色农产品,积极对接中欧班列,拓宽农产品外销渠道。

下一步,商洛将立足资源禀赋,大力发展食用菌、核桃、中药材、植物提取物等名优产品,借助"中国康养之都""国家农产品质量安全市"等金字招牌,打造特色农产品出口名片,推动全市特色农产品扬帆出海,助力乡村振兴。

资料来源:王晨曦.商洛农产品出口总值完成1.58亿元[N].陕西日报,2023-02-14.

思考题

1. 在农产品国际市场营销中,不同国家和地区的消费者对健康、环保和可持续发展的关注逐渐增加。你认为如何调整农产品营销策略,以满足这些消费者的需求?

2. 农产品在国际市场上面临着质量标准、包装规范、运输要求等多种挑战。如何通过质量管理和合适的供应链策略来确保农产品在跨国销售过程中的品质和安全?

3. 农产品的国际市场营销可能受到政治因素、经济变化和贸易政策等影响。你认为如何应对这些不确定性,以及如何在不同国际市场中制订灵活的营销计划来适应变化?

现代农业产业园的农产品市场营销

本章旨在深入探讨现代农业产业园的农产品市场营销策略,第一节针对现代农业产业园进行概述,指出现代农业产业园的农产品市场营销意义重大。第二至第四节从旅游观光农业中的农产品、乡村文创产业中的农产品和订单农业中的农产品三个方面介绍新时代背景下新型农业模式的内涵、市场结构、存在问题和相关营销策略,以期为我国现代农业产业园的建设提供经验和遵循,为农业现代化建设助力。

第一节　现代农业产业园概述

一、现代农业产业园的内涵

现代农业产业园以技术密集型开发、示范、辐射和科技推广为特色,旨在促进区域农业结构调整和产业升级,不断扩大园区建设规模和范围,在形式上打破工厂和温室栽培的单一模式,整合不同生产主体之间发挥作用的各种农业科技和主导产业,将促进农民增收的各类优势地区纳入园区建设范围之内。在模式上,以"利益共享、风险共担"为原则,以产品、技术和服务为纽带,利用自身优势选择性参与农业生产、加工、流通和销售等环节,有效促进农产品增值,积极推进农业产业化,促进农民增收。突出农业科技作用,形成新品种新技术引进、标准化生产、农产品加工、营销、物流等多种形式为一体的示范园区网络。

现代农业产业园是我国推进农业现代化的重要载体,是实施乡村振兴战略的有效途径。建设现代农业产业园是当前我国发展现代农业、推进农业现代化的重要举措。在此背景下,我们必须通过制定科学的现代农业产业园的农产品市场营销策略来提高产业园自身的发展水平。我国正处于产业结构调整升级期和经济发展方式转变期,在产业转型升级过程中,农产品市场营销对产业园的持续、稳定发展具有重要作用。目前我国农村经济和社会发生了翻天覆地的变化,农产品市场也在发生着巨大变化,这为建设现代农业产业园提供了很好的契机。

二、现代农业产业园建设的方法

(一)明确市场定位,建设特色农产品生产基地

现代农业产业园必须建立特色农产品生产基地,强化利用地域区位优势,打造自己的特色产品。目前,我国农产品生产基地众多,但是发展并不平衡。部分地区因没有特色而导致产品附加值低、竞争力弱,无法获得良好的经济效益和社会效益。而部分地区则因地理位置和环境条件等原因,产品竞争力较强、经济效益较高。因此要明确现代农业产业园的市场定位,明确自身所具备的优势条件和劣势条件,扬长避短,集中建设具有自己特色的农产品生产基地。要充分发挥当地的自然禀赋和传统优势,发挥其自然条件的独特优势,不断增强农产品的品牌效应,提高农产品品质和相关衍生附加值,使其在激烈的市场竞争中具有较强的竞争力。在具体建设过程中要结合当地实际情况,科学地设计农产品生产基地的选址方案,使其具有合理、科学、经济等特点。要加强农产品生产基地建设过程中标准化生产管理和技术指导工作,确保农产品质量安全;同时要结合当地实际情况制定相应的地方标准和企业标准;此外还要做好基础设施建设工作,以适应农业现代化发展需要;最后还要做好农产品营销推广工作,包括大力开展多渠道的广告宣传、多种形式的促销活动等。

另外,在农产品生产基地建设过程中必须形成产业链条体系,使产业链内各环节彼此衔接、相互促进、互为依托、环环相扣,产业链条体系完整闭环;同时要加强对农产品市场营销的研究和分析,加强对产业发展趋势的预判。要积极做好市场调研工作,准确把握当地的市场需求,充分了解消费者的需求和心理特征;还要深入研究现代农业产业园中的农产品生产基地的相关情况,及时掌握当地农业发展状况和农民收入情况,根据自身优势条件和特色产品特点,科学规划农业园区内的农产品生产基地建设项目。

(二)完善营销网络,整合资源

完善农产品市场营销网络是指通过整合利用各种资源来发挥市场营销的作用,充分发挥各种资源的作用。例如产品质量安全控制体系、物流配送体系等。因此,建立完善、科学、合理的农产品市场营销体系,不仅有助于降低和控制成本,而且有利于提高产品质量。建立农产品营销网络是推进现代农业产业园建设的重要举措。首先,应加强对农产品市场营销策略和渠道的研究,利用现代化手段建设农产品营销网络体系。其次,要充分发挥现代化技术手段的作用,建立健全物流配送体系,做好生产与销售的各环节配套服务工作。最后,加强对营销人员的培养、引进和培训,积极推广农产品电子商务模式。

资源是指影响产品生产和销售的各种因素。例如,生产技术资源、资金资源等都是影响生产销售决策的重要因素。因此,要有效地整合这些资源对现代农业产业园建设具有重要意义。首先,应充分利用政府的各种优惠政策。例如国家出台的农业优惠政策、农业保险政策等。其次,鼓励农民积极发展家庭农场,农户可通过合作社进行融资。最后,在农业生产

基地建立"龙头企业+合作社+基地+农户"的生产模式。

针对现代农业产业园建设中存在的问题,我们可以通过采用统一集中采购、统一配送等方式来降低农产品的销售成本和管理成本,进而提高经济效益。比如,通过建立现代农产品市场营销网络系统来对农产品进行生产、加工、运输以及销售等各个环节进行科学规划与协调运行,使每个环节都能够高效运转并实现经济效益最大化,最终实现物流配送体系的完善与发展。例如,可以利用电子商务平台来拓展网络营销渠道。当前电子商务平台在人们日常生活中十分普遍,很多人都在网上购物,这是因为电子商务平台具有许多优势:首先,它具有较强的便利性;其次,它可以减少时间和金钱成本;最后,它可以实现买卖双方信息资源共享等。通过推广农产品电子商务模式,可以实现农产品从生产到销售再到消费全过程的高效精准衔接与管理。通过重视人才培养、引进和培训等手段来优化现代农业产业园建设中农产品营销体系。现代农业产业园的建设离不开人才力量的支持,因此要重视对优秀营销人才的引进和培养工作;持续加强对营销人员的培训工作;鼓励营销人员利用自身所学知识帮助企业拓展市场、开拓新市场。

(三)大力推动塑造品牌形象

塑造品牌形象是农产品市场营销的重要环节,只有树立起良好的品牌形象,才能吸引更多的消费者,才能促进产品销量的提升。首先,要明确现代农业产业园农产品在市场中所处的地位和作用,进而根据目标人群制定产品营销策略。其次,要明确塑造品牌形象在现代农业产业园农产品市场营销中的地位和作用,可以通过树立品牌形象来增强消费者对产业园农产品的认知度。最后,要明确塑造品牌形象对现代农业产业园农产品市场营销的重要性,要想使产业园取得更好的发展,必须具有良好的品牌形象。

随着互联网技术在现代农业产业中的广泛应用,一些地区已经开发出了自己独特的优势农产品品牌和特色农产品。通过这些优势农产品,可以使消费者更好地了解当地农业资源和自然条件。塑造具有地方特色或鲜明特征、口感独特、营养丰富或具有良好口感、营养保健价值高、功能多样化等特点的优势农产品品牌。

(四)制定科学的营销策略

现代农业产业园在农产品营销过程中,首先要进行市场调研,详细分析农产品的特点,掌握农产品需求趋势等相关信息。然后根据农产品的特点和市场需求趋势制定相应的营销策略,从而形成整体营销战略,提高产品的营销效果。这一营销战略需要根据产业园发展阶段和市场需求情况而定,也需要与其他农产品进行比较分析。

另外,在制定营销策略时要充分考虑消费者的购买意愿和购买行为规律等因素,例如在制定促销策略时要根据消费者群体、消费特征等内容来进行。如果是价格策略方面的问题就要在产品定价时充分考虑到产品价格对市场的影响,并根据产品综合成本和市场反馈制定合理的价格,以此来有效地吸引消费者购买。因此,只有制定科学的农产品市场营销策略才能提高现代农业产业园发展水平。

（五）打造平台，增强市场竞争力

要想提高现代农业产业园农产品的市场竞争力，还应该打造平台，扩大宣传。通过各种传播媒介全方位做好产品宣传，提高品牌知名度。可以利用电视、广播、报纸、期刊等媒介来进行产品宣传，在网络平台上也可以通过电子商务的形式进行产品销售。首先，电视广告是现代农业产业园最常见的广告形式，利用电视广告可以有效提高消费者对产业园的认知程度和市场营销效率。此外，电视广告对于农产品品牌宣传来说是最经济有效的传播媒介。现代农业产业园通过定期播出电视广告可以扩大产品影响力，并帮助消费者加深对产业园品牌的印象。其次，广播广告具有很强的针对性和灵活性，它可以在短时间内抓住消费者眼球并迅速将产品销售出去。此外，广播电视还具有较强的互动性和趣味性，如在节目中插入产品宣传视频或定期为栏目和节目录制专题等方式都能增强消费者对产品本身的认知程度和品牌影响力。最后，报刊作为现代农业产业园最常见、成本最低的宣传媒介也是消费者了解产业园产品最直接、有效的途径。报刊通常有较高时效性且受众广泛，因此可以快速有效地帮助现代农业产业园建立品牌形象并提高产品知名度。

随着消费者消费意识的不断增强和互联网技术的不断发展，通过电子商务进行产品销售已经成为一种趋势。但由于农产品种类繁多，消费者很难记住其中某一种产品，因此，现代农业产业园在建设过程中应加强与电商平台、社交媒体、在线社交媒体等新型网络营销平台的合作。由于网络平台上的用户数量庞大，网络营销可以缩短产品营销周期并提高消费者对产品的认知程度，从而更好地进行农产品市场营销。现代农业产业园可通过建立网上商城来吸引客户和扩大销售渠道，并利用电子商务对农产品进行有效包装和推广。

（六）打造销售平台，开展电子商务

建设现代农业产业园，还必须打造电子商务平台，开展电子商务。建立自己的农产品网站是一种很好的农产品销售方式。现代农业产业园应该建立一个自己的网站，这有利于吸引更多的顾客，扩大产业园在市场中的知名度。通过各种渠道进行宣传推广，宣传产业园和产品特色，打造良好品牌形象。利用互联网营销可以实现线上线下相结合，增加农产品营销渠道。

近年来，电子商务的快速发展改变了传统的交易模式，并形成了一种新型的营销方式。通过网络平台实现农产品交易和订单农业已经成为未来农业发展的方向。因此，必须充分认识到电子商务对农产品市场营销的积极作用，同时根据现代农业产业园的实际情况积极探索电子商务发展模式。充分利用互联网技术与资源优势，推动农产品电子商务模式应用。

（1）建设区域性特色农产品品牌。品牌是保证优质产品质量的关键因素之一，也是企业赢得竞争优势和市场份额的重要手段之一。目前我国存在着许多特色农产品品牌，如陕西苹果、山东樱桃、山西小米、吉林人参等都是非常有名的农产品。在现代农业产业园中建设

区域性特色农产品品牌可以帮助产业园发挥比较优势,提高产品竞争力;同时还可以提高市场知名度和美誉度;增强产业园自身持续发展能力,促进生产与销售水平提高;与此同时还可以树立和增强品牌意识。

(2)实施一体化营销战略。近年来我国消费者对产品质量要求越来越高,尤其对绿色食品、有机食品等非常感兴趣。因此各大农业企业要树立良好的市场形象和信誉,同时还要根据现代农业产业园的特点制定一体化营销战略,这样才能在激烈的竞争中赢得优势。

(3)组建营销团队并建立培训制度。利用培训可以增加人员技能,为产品销售打下坚实基础;可以让员工了解企业文化和目标;能够引导销售人员在销售过程中进行自我监督;对销售人员进行培训也有助于提高其素质水平和销售技巧,最终为产业园整体形象宣传做出贡献。

总之,建设现代农业产业园是一个系统工程,涉及多个方面及多种措施的综合应用,需要各相关部门的协调配合。为使现代农业产业园实现科学、合理、快速地发展,还需要建立现代农业产业园评价体系和监督机制。评价体系应从经济效益、社会效益和生态效益等方面对现代农业园区进行全面、立体、科学的评价,将评价结果作为调节政策的重要依据;监督机制应包括政府监督、行业监督、市场监督、社会监督等多方面的监督手段。

三、现代农业产业园建设的意义

现代农业产业园建设意义重大,有利于提升农业生产效率,有利于保障农产品质量,有利于增加农户收入,有利于推进农业现代化进程。通过制定合理的市场营销策略,可以提高农产品在市场上的竞争力,提升农户在市场上销售产品时的主动性,提升农产品全产业链附加价值,使农民从农业生产中获得更多利益。

第二节　旅游观光农业中的农产品市场营销

随着社会经济的发展,人们生活水平的提高,越来越多的人开始关注环保、关注生态,并渴望回归自然,享受田园风光,体验民俗民风,放松身心。旅游观光农业就是以自然生态为背景,以农业观光、休闲度假为主题的旅游活动。旅游业是市场经济下第三产业的主导产业,尤其是在经济高速发展、信息全球化和环境污染日益严重的今天,人们迫切地需要一个可以放松身心、陶冶情操、回归自然的旅游目的地。因此,旅游观光农业深受广大消费者的喜爱,也成就了它的市场发展。我国很多企业抓住了这个商机,发展旅游观光农业,使农业走向资本化,从而促进国家的经济发展。

一、旅游观光农业的含义

旅游观光农业是以农业活动为基础,同时将农业和旅游业相结合的一种交叉性农业发展模式,指广泛利用城市郊区以及农村的空间、农业的自然资源和乡村民俗风情及乡村文化等条件,通过合理规划、设计、施工、融合,建立具有农业生产、生态、生活于一体的农业区域。

旅游观光农业伴随全球农业的产业化发展,人们发现,现代农业不仅具有生产性功能,还具有改善生态环境质量,为人们提供观光、休闲、度假的生活性功能,是可持续发展的发展模式,是符合乡村振兴战略的发展模式。

二、旅游观光农业的市场结构

(一)基于地理因素的市场结构

基于地理因素的市场结构主要包括地区、城乡、气候条件、人口密度等一系列的变量。其中最有效、影响最大的因素就是地区和城乡。受气候、文化和经济发展等方面制约,各地区所形成的生态观光旅游农业具有不同的特点,各有千秋、各有特色,因此,它们对外来的旅游者具有很强的吸引力。

(二)基于人口因素的市场结构

人口因素的变量来自消费者本身,它受消费者年龄、性别、职业、收入、受教育程度等条件制约。在发展生态旅游观光农业时其客源可以分为高、中、低几个档次,根据不同类别的消费群体,设定适宜的旅游观光农业的餐饮、住宿、娱乐等配套设施,达到最大限度地吸引游客。客流量是观光农业能否稳步发展的关键因素。

(三)基于心理因素的市场结构

基于心理因素的市场结构主要表现在消费者的生活方式和个性心理上,基于此,旅游观光农业市场也划分成了几种结构形式,主要包括时尚、安逸、冒险等,这些形式对观光农业产品有很高的要求。为了满足不同生活方式的游客,相关企业必须对其产品进行持续的满足人们需要的创新、调整和优化。

(四)基于行为因素的市场结构

行为因素是指消费者的消费行为习惯,它包括消费时机、频率、方式等。例如,根据消费时机,观光农业市场可以分为周末市场、节假日市场、特殊节庆市场等;根据消费方式,可将观光农业市场划分为团队市场和散客市场。这些结构形式也是促进消费者消费的重要途径。

三、旅游观光农业中农产品营销的意义

随着我国经济的快速发展,人民生活水平也在不断提高,近年来,在城市中也涌现出许

多以农业观光为主题的旅游胜地,其目的就是要利用这些旅游景点为当地农民创造更多、更好的就业机会,增加农民收入。如在新疆和田地区,当地政府充分利用独特的地理优势大力发展旅游业,并将其作为一项富民工程来实施。当地政府把发展旅游业作为调整经济结构、增加农民收入、促进农业产业化经营和推动农村城市化建设的重要举措之一来抓。

随着农产品营销观念日趋深入人心,农产品营销也越来越被重视起来,加强对旅游观光农业中农产品营销的研究具有非常重要的意义。

(一)增加农民收入

农民是农业经济发展的主体,也是社会主义新农村建设的重要力量。农业要实现持续、稳定的发展,必须依靠一支有文化、懂技术、会经营和爱农村的新型农民队伍。而我国目前在农业方面人才短缺,农村人口老龄化等问题十分严重。为了让更多的"三农"问题得到解决,国家提出了"十二五"规划纲要,实施"乡村振兴战略",把农业发展与农村建设作为重中之重,通过大力改善农业生产条件和环境来实现"三农"大发展。

通过旅游业、休闲观光等项目可以促进城市和农村之间的交流和联系,从而促进农村经济与城市经济的共同发展。并且在旅游观光农园中从事旅游、休闲观光等活动会增加农民收入。因为旅游业为农民创造了就业机会并能促进农产品价格上涨,从而提高农民收入。

(二)优化农业农村结构

优化农业农村结构一是能够对乡村旅游资源进行充分开发与利用,对农业结构进行调整与优化,对农业功能进行拓展,使农业产业链进一步延伸,使乡村旅游服务业得到发展,从而推动农民的转移就业,提高农民的收入水平,实现乡村美、农民富、产业兴,为社会主义新农村建设创造更好的设施基础和经济基础。二是能够推动城乡协调,增强城乡间的交流,城市的旅游者能够将现代城市的政治、经济、文化、意识等信息,向乡村传播,让农民足不出户,就能够感受到现代的意识理念和生活习惯,从而提升他们的整体素质。三是可以对乡村文化进行挖掘、保护与传承,使乡村文化得到进一步的发展与提高,形成新的文明乡风。比如贵州白泥坝现代农业示范园、清见开发示范园等。

(三)促进社会稳定和谐发展

农业观光具有一定的社会稳定作用和意义。国家在实施乡村振兴战略中提出了建设美丽中国和实现共同富裕的要求,通过对旅游观光农业中农产品营销进行研究具有十分重要的意义。

四、旅游观光农业中农产品营销现状及存在的问题

旅游业已是我国国民经济的重要组成部分,随着人民生活水平的不断提高,人民对旅游观光农业的认识也在不断地变化和提高。在这样一个大背景下,旅游观光农业应运而生。但目前在我国旅游观光农业中经营农产品方面存在许多问题,这些问题直接影响了我国旅

游观光农业的可持续发展。主要有以下几个问题:①没有形成品牌效应,导致农产品无市场竞争力;②价格不合理,产品附加值低;③销售渠道单一,产品市场开拓力度小;④营销理念落后,创新意识差。

我国的旅游观光农业主要以农产品和林产品为主,但这些产业并没有形成自己独特的品牌形象。农产品品牌形象主要是指以农产品为主的企业或农户所提供或销售的品牌商标、标志、包装和装潢等内容。这种品牌效应主要是指农产品的生产企业(或者农户)以产品形象形成的一种无形资产,但其价值却非常高,具有很大的开发潜力。目前,我国许多旅游观光农业还没有形成自己独特的品牌。例如:四川峨眉山旅游观光农业有限公司(简称峨眉山农业区)自 2003 年成立以来,依托自身良好的自然生态环境条件和丰富的资源优势,经过十几年发展,已经成为我国休闲农业行业内的著名企业。但由于峨眉山农业区是一个以农为主、一二三产业融合发展型农业科技示范园区,因此其产品大多以绿色、有机农产品为主。虽然由于峨眉山农业园区是"绿色食品"生产基地,在市场上具有很大的竞争优势,但对于一些普通家庭来说,由于宣传力度不够,产品价格低且产品质量差,产品缺乏特色,不能满足市场需求而导致其市场竞争力不强。

五、旅游观光农业中农产品市场营销策略

(一)产品策略

通过营销策划,对农产品的生产、流通、销售过程中各环节进行整合,充分利用营销渠道将各类优质农产品进行高效的整合,为消费者提供全方位服务,创造出新的市场价值。

(二)价格策略

一般来讲,旅游观光农业的农产品价格应根据其自身的特点制定,根据生产成本、当地居民消费水平、消费者对农产品市场需求等因素来确定价格。要制定出合理的价格,以低于竞争对手的价格来吸引消费者,形成良好的竞争优势。例如,市场上有很多游客在购买水果,为了吸引他们,可以采取低价策略。再如,游客在观赏草莓时,由于草莓的外观非常好看,很多人都会买一点来尝一下,因此可以采取免费品尝的方式。旅游观光农业农产品的定价要考虑市场需求与消费能力、农产品本身的质量及特色等因素来制定价格策略。对于旅游观光农业而言,可以通过产品组合战略对农产品进行定价战略的规划和设计。

(三)渠道策略

渠道是营销中的重要环节,包括传统营销渠道和网络营销渠道两种方式。首先要积极开展农产品促销,使消费者通过线上、线下购买到安全的、优质的各种农产品。其次要对农产品进行包装设计和推广宣传,吸引消费者对农产品进行消费。同时,还可以根据产品特性在不同渠道上建立起相应的销售渠道,为消费者提供更多更好的选择。

（1）网络营销渠道策略。随着网络的普及，利用现代的网络技术，通过建立网站，对农产品进行宣传和销售。

（2）传统营销渠道。通过电视、报纸、杂志等传统媒体向消费者传递信息，让消费者了解该产品相关的详细信息。

（3）直销渠道策略。根据消费者需求及市场状况进行营销策略调整，针对不同目标消费者制定出符合其消费习惯和消费需求的广告策划。

（4）分销渠道策略。将企业产品直接销售给终端产品使用者，包括零售商、批发商、经销商等。

（四）服务策略

完善农产品营销渠道和网络体系建设，积极开展农业科普教育和文化体验活动，为消费者提供多元化服务和增值服务。如旅游观光农业与社区之间形成的互动模式：社区居民在农业观光区内购买农产品时可以享受到折扣优惠；此外还可以组织当地居民到农耕区进行种植体验；举办具有本地特色的传统节日活动等。

（五）促销策略

促销是一种非常重要的营销手段，也是最容易被消费者接受并且获得良好声誉作用最为明显的一种手段。旅游观光农业中农产品市场营销中需要运用各种有效手段以提高其知名度和美誉度来促进销售。通过网络和其他媒体如报纸、杂志、电视等进行宣传；通过微博、微信等新渠道进行宣传营销；利用网络直播、在线视频直播等新形式进行宣传营销；开展体验旅游，利用现场采摘、制作 DIY 农特产品等形式向消费者销售。

（1）产品质量促销。主要是针对旅游观光农业产品的特点，为消费者提供高质量、优良的农产品，以保证让消费者满意。

（2）价格促销。主要是以较低的价位为消费者提供有价值、有特色的农产品，以增加消费者的购买信心。

（3）服务促销。主要是对产品从生产到销售的全过程进行及时报道和推广，以树立企业形象。

（4）广告促销。主要是利用广告对旅游观光农业农产品进行大力宣传、推广，以提高知名度，扩大产品销售。

大力发展旅游观光农业符合时代发展的要求，既可以很好地改善农村经济状况，又可以将我国传统农业与现代休闲、观光旅游业相结合。而要实现这一目标，需要在保护好生态环境的前提下，充分发挥其优势；同时要认真分析存在的问题和不足以及存在问题的原因，从而制定出正确有效的营销策略。

第三节　乡村文创产业中的农产品市场营销

在农产品的销售过程中,需要以顾客的需求为中心,根据顾客的购买习惯和心理因素来设计产品,并且结合市场营销策略来进行销售。在消费群体多元化,市场营销策略多样化发展趋势下,农产品在设计生产和销售过程中,要能够结合消费群体的特点和购买需求来进行创新。在满足顾客需求基础上进行销售环节的创新,来提升农产品自身的价值,也可以对农产品进行创意设计研发以提高产品附加值。

一、文化创意与农产品的融合路径

乡村文创是一个新兴的行业,是在经济全球化的大背景下,以创新为核心的一种新兴行业。乡村文创可以是一个有创意的想法,也可以是一个网红 IP。想要做好乡村文创,需要考虑两个要素:原创性和创新性。所谓原创,就是指自己创造的东西。创新指的是在原有的基础上,以创造性的方式改变现有的事物,使之产生一种新的、令人耳目一新的感受。而将这两种要素落实到实践中,就是通过文化创意,提升现代乡村文化价值,形成一条特色乡村文化产业链,从而促进乡村文化产业发展。鉴于农业的多功能性,在乡村振兴的大背景下,将文化创意融入农业产业中,是一种行之有效的方式。

(一)将乡村文化与农产品结合

在对农产品进行创意的过程中,除了对品种、颜色等技术进行创新以外,还要将农村文化与农产品的设计巧妙地融合在一起,使农产品不仅具备实用性,还具备一定的观赏价值。例如,荷兰库肯霍夫公园对农产品的创意造型,法国柠檬节对农产品的创意雕塑,中国台湾掌生谷粒对农产品的创意包装,等等。

无论将乡村文化与农产品进行怎样的融合,都必须突出相应主题。因为主题是文创产品的灵魂所在,是一个文创产品的内涵彰显,也是一个文创产品所要表达的一种精神、一种思想。因此,在文创产品的设计过程中,可以适当地加入一些农业农村文化的具象符号或抽象符号实现创新设计,或许将达到出人意料、令人惊喜的效果。

(二)将乡村文化与精深加工结合

在进行农产品深加工时,通过乡村文化对农产品进行赋能,形成乡土产业,从而使其在市场中脱颖而出。以日本为例,在柿饼的深加工上,除了注重柿饼的口味外,还加入了日本动画中的人物形象和手工艺,使得日本的柿饼工业不但具有很高的经济价值,更使日本的农业深加工在国际上享有较高的声誉。

要把乡村文化与农产品深加工有机地结合起来,必须从市场的需要出发,立足于本地的特色农产品,寻找适合自己的乡村文化,使乡村文化在农产品深加工中得到充分的体现,而不是"生搬硬套"的"拉郎配"。

(三)将乡村文化与乡村旅游结合

开发特色乡村旅游线路,要将当地特色文化资源与文化创意进行横纵结合。通过横向和纵向的整合,把地方特有的文化资源和文化创意有机地融合在一起,形成一条具有特色的乡村旅游线路。而这种融合了乡土、民俗和地域文化的"乡村文化"的创意,正是游客们所要追求、所要体验、所要感知的项目。举例来说,提起西安,大家想到洗尽铅华的沧桑;提起江南,大家想到水石相生的灵动;提起内蒙古,大家想到一马平川的旷野。

因此,在对乡村旅游的文创产品进行开发时,除了要将其作为一个文化主题之外,还要对怎样才能让其变成游客旅途中美好记忆的载体进行思考。例如,要提高文创产品的实用性,将一些历史文化、乡土元素、特色标志等与文创产品相融合,从而形成具有一定纪念(收藏)意义的产品。

二、重新审视"文创赋能"农产品的价值定位和功能认知

近年来,国家高度重视乡村文创发展,通过出台扶持政策和发展规划,引导文化产业机构和从业者深入乡村对接帮扶、投资兴业、带动发展、振兴乡村,以重点文创产业业态和项目为载体,促进乡村文化再生产,推动村民素质提升和就业增收,激发了乡村发展活力。地方实践探索也风生水起,如浙江德清县"洋家乐"、河南修武县"美学经济"等乡村旅游新业态声名鹊起,乡村文创正以蓬勃的生命力和巨大的发展潜力,成为乡村振兴的助推器,但乡村文创发展也面临许多亟待解决的问题。

(一)乡村文创是推动乡村振兴战略的助推器

乡村文创的实质是以乡村生态资源、地理环境、文化资源、特色产业、乡村生活等为基础,进行的跨界创新,充分发挥文创对乡村振兴的整体带动作用。通过乡村文创,可以对农产品进行创造性的包装、进行文化的营销,从而实现农业的增值;将破旧废弃的村居老宅、单调平淡的农业景观转变成时尚的民宿和美丽的风景,从而对村容村貌进行更深层次的改善,创造出休闲农业。地方传统的乡土文化得到了激活,并且为其注入了新的文化生命力,这对于提高农民的综合素质,增强他们的文化自信,推动新时代的乡风文明建设具有重要的意义;由乡村文创所带动的产业发展,可以对当地的经济发展起到推动作用,给村庄提供新的生产致富之路,还可以让村民们在此基础上获得更多的收入,从而让他们在特色经济的基础上,达到共同富裕的目的。将乡村文创的发展作为一个机会,让乡村文化焕发出新的活力,让乡村拥有新的功能和新的面貌,做到"用文化唤醒乡土、以创意激活乡村、让宜居重归乡村",通过文化再生产,实现乡村的全面振兴,让乡村在后工业时代重新焕发出光彩,这将是

我国经济社会进入更高层次发展阶段、补齐乡村发展短板实现高质量发展、迈向中华民族伟大复兴、实现文化自信的重要环节。

（二）乡村文创提升村民精神面貌与乡风文明建设

通过对农村文化的发展和相关的活动,美化了农村生活空间,优化了生态环境,活化了历史建筑,使农民的收入得到了明显的提高,与此同时,教育和文化供给也得到了持续的改善。以河南修武县的大南坡村为例,在乡村文化创意的探索中,由于农村的"基层建设"和"美学经济"的兴起,使得村民的文化素养得到了明显的提高,实现了从"要我发展"到"我要发展"的转变,人们对物质生活的要求越来越高,对精神文化的要求也越来越高。借助乡村文创,促进了新时代下农村传统文化的革新,在保持文化精神原生态的前提下,追求时尚、潮流和大众化,用乡村文创来重塑农村的文明,从本质上提高了农村人的文化素质,使农村精神文明得以激活,从而提高了农村的文化活力,为农村增添了新的文化内涵,巩固了农村文化的灵魂。

（三）激活乡村文化再生产是乡村文创发展的根本旨归

乡村文创发展不能只着眼于产业经济方面的发展,毕竟,在实质上,乡村仍然是一个以乡风、乡情、乡习为纽带的生产、生活的集合体,虽然特色文化产业对它有很大的影响,但是文化的再生产是它的灵魂和推动力,因此,要实现文化传承、乡风文明塑造、生态保护、产业发展、村民增收等方面的和谐统一,就必须实现文化传承、乡风文明、生态保护、产业发展、村民增收的目标。乡村文创的价值出发点,应当是对传统艺术、民俗礼节、宗教信仰、节庆习俗、民间约定、家训家风家教等方面的保护与利用。与此同时,利用村庄的美化和产业的转换,在保证良好的生态的基础上,对乡村文化的价值进行评价,促进乡村文化资产的转换,创建出具有乡村特色的文化产品和文化服务,促进形成特色文化产业,并将其发展与农村文化观念的更新、居民的精神面貌的变化相结合。在此过程中,要激发村庄发展的内在力量,增强村民的参与度,使得村庄硬件的改造和公共文化服务的改善,与村庄治理、乡村文明建设和村民素质的提升相辅相成、齐头并进。特色文化产业的发展为乡村振兴奠定了物质基础,并带动了文化传承、乡风文明塑造、生态保护、产业发展、农民增收的和谐统一。

三、乡村文创产业中的农产品市场营销策略

（一）以特色为核心,打造区域品牌

要想在市场营销中成功地进行产品的销售,就需要能够结合区域自身的特点来进行产品设计和开发,通过塑造具有地域特色的农产品品牌来达到提高农产品自身价值,提高经济效益的目的。在市场营销中打造区域品牌是为了能够让消费者认知到该产品在地域方面的特色,通过树立知名度、美誉度和忠诚度来达到宣传目的。比如说某些地方由于气候、土壤等因素生产出的水果和蔬菜具备了地方特色并且口感好,具有很强的辨识度。为了能够进

一步塑造品牌形象从而让消费者产生对该产品的深厚感情,在进行品牌宣传中,还需要通过进行广泛宣传以及借助广告等方式来达到良好效果。在进行品牌推广的时候,需要能够结合地区特征和区域资源优势来进行品牌宣传。以广东地区的农产品为例,可以通过打造岭南特色农业来提高该区域品牌知名度,并借助网络媒体、自媒体等媒介来进行品牌宣传。

为了能够让该地区具有鲜明特色的农产品得到广泛传播,就需要能够通过各种形式,如举办一些农产品展销会、农产品博览会以及参加农产品交易会等,还可以邀请一些专业人士、知名媒体以及电视节目组来对该品牌进行宣传推广。通过这些方式能够让消费者对于该产品产生较为深刻的印象。例如,四川的泡菜很有名,为了打造川菜品牌进而提高区域影响力,可以采取各种形式的宣传推广活动:开展川菜美食节、美食大赛以及各种以川菜为主题的演出等活动来提高产品知名度和美誉度;将泡菜与四川当地特色文化相结合,以川剧脸谱和民间传说等形式来进行宣传推广并形成品牌文化,从而让该地区具有鲜明特色的农产品得到更好发展。另外还要加强对该区域整体形象宣传工作以及提升区域核心竞争力措施建设,在打造区域品牌中需要注意几点问题:一是能够结合地方文化底蕴和特色来进行宣传;二是要能够围绕当地独特产业、历史文化和产业发展状况来进行宣传;三是要将保护农业生态环境和确保农产品安全生产等措施放在第一位。

(二)以文化为主题,凸显地域特征

文化是农产品销售的基础,在农产品开发中,要能够结合地域特征,以及当地的民俗、民风、语言、习惯等,来打造具有地方特色的产品。要能够让顾客在购买过程中产生亲切感。比如以山西汾酒文化为主题,针对山西人性格豪爽的特点,开发出了杏花村系列白酒。在营销策略上,借助包装来塑造品牌形象和打造区域文化形象。

另外,需要强化消费者的体验过程。对于不同文化背景下形成的农产品,要能够有针对性地开发相应的产品。比如河南鸡冠花在花卉市场中比较畅销,福建石狮和云南昆明等地盛产苹果、柑橘等水果,这些地方所生产的产品都有自己独特的地域特征和文化属性。

(三)以产品为载体,强化特色产品

乡村文化创意产业中,农产品的设计生产和销售过程,要能够突出本地区的特色,充分体现本地区的文化价值。对地方特色农产品生产进行有效的挖掘和利用,打造地方产品品牌形象,在带动区域经济发展过程中具有十分重要的意义。在对当地地域文化和地域特色进行挖掘之后,要能够结合现代人的审美需求和消费习惯来对农产品进行创新,并且在产品生产过程中,要能够在产品的造型、设计等方面加大力度。还要能够充分挖掘本地区农产品品牌文化内涵,打造具有个性化、特色化的品牌形象。

在地方文化创意产业发展过程中,要能够充分发挥乡村地区地域文化资源的优势,尤其是要能够利用当地美食特色和文化特色来打造地方农产品品牌形象。例如云南地区有十分丰富的农特产品资源,很多农产品都是通过传统手工制作方法来进行加工生产的,因此在设

计生产过程中,要能够充分利用当地手工制作工艺来打造具有云南少数民族特色的农产品品牌形象。并且通过现代营销手段对品牌形象进行包装设计、宣传推广等,提升产品附加值和销售价格。

还可以充分利用现代科学技术来提高产品产量和质量。例如一些地方有种叫作"南红果"的水果,这种水果含有大量的花青素和黄酮类物质,具有很高的营养价值。这种水果的需要通过现代化技术进行深加工制作。目前市场上对这种水果需求量十分大,但是由于没有专业厂商进行生产加工,因此其产量不高、价格昂贵。利用现代化技术可以对这种水果进行深加工生产或者包装设计等工序制作处理,通过深加工处理后可以增加产品附加值,提高经济效益和社会效益。

在乡村文化创意产业发展过程中要能够结合现代营销手段来加强本地区农产品市场营销力度。例如在地域特色农产品市场营销过程中,要能够充分利用品牌化运作的方法来增强本地区农产品的影响力。可以通过建立网络电商平台来销售本地特色农产品。也可以通过包装设计、广告宣传等方式来进行促销活动。还可以借助线上线下相结合的方式来提高本地区农产品品牌知名度和影响力,激发顾客的购买欲望。

(四)以体验为目的,增强用户参与

现代消费群体追求消费体验,是因为消费者在购买商品时,不单纯看重商品的功能价值和使用价值,还想获得精神上的满足和愉悦。而农产品营销活动也要突出体验性,不仅要考虑到产品本身的功能,还要考虑到消费者在购买后对产品体验过程的感受,通过让顾客参与产品开发、生产过程来满足顾客的精神需求。例如,用户在选购有机蔬菜时不仅会关注产品本身,还会从生产、运输、包装等过程中感受其独特品质。因此通过让用户参与农产品开发、生产及销售等环节的体验过程,增加他们对农产品文化内涵的认同和情感上的共鸣,从而产生购买行为。

(五)打造文创品牌,促进乡村产业发展

打造文创品牌,一方面可以提升农产品的知名度,另一方面可以满足消费者对文创产品的需求,能够促进乡村产业发展。打造文创品牌也需要与当地特色文化相结合,以此来展现文化内涵。并且通过品牌营销来树立自身形象,建立产品形象,扩大品牌的影响力。

在乡村文创产业中,可以充分利用乡村现有资源和自然景观来进行文创产品的开发和设计。在打造文创产品时要注重与当地特色文化相结合,通过结合消费者需求来进行产品的设计和生产。并且在设计过程中要能够体现当地的文化内涵或者是民俗风情等,从而为农产品注入更多情感色彩。

(六)在设计中融入情感因素,提高农产品价值

随着生活水平的提高,人们对生活质量的要求越来越高,对于消费方面也更加注重心理感受。因此在设计农产品的过程中,需要能够突出农产品的个性特点,从而来吸引消费者。

在市场营销过程中,农产品可以通过文化内涵和情感因素来提升产品价值。在乡村文创产业发展过程中,需要能够积极融入地方文化以及民族特色,从而能够充分挖掘消费者心理感受与需求。比如可以将地域文化融入农产品的包装和产品设计中,突出地域特色和民族风情。通过包装和产品设计来提升农产品的价值,例如在茶叶包装上可以融入茶文化,在设计农产品包装的时候就可以结合当地的生产环境以及风土人情,这样就能够大大提升农产品价值。

(七)营销方式多样化

在营销方式多样化的背景下,农产品要能够根据自身的特点和顾客需求来进行设计生产,并且在销售过程中要能够结合消费者的购买习惯和心理因素来进行创新。比如在销售过程中可以利用互联网进行线上营销,也可以利用线下的超市进行实体体验式销售,通过这两种方式来提高农产品的知名度,也可以通过和其他商家合作实现线上和线下销售相结合的模式,还可以采用新媒体营销方式来提高消费者的购买力。总之,在消费群体多样化、市场营销策略多样化发展趋势下,农产品市场营销方式需要根据市场的需求来进行创新,并且能够结合自身特点来设计生产销售流程。

市场营销策略对于农产品的销售具有重要作用,同时也可以促进农产品的发展。在目前的农产品销售过程中,可以从以下几个方面来进行改善:①对我国农村地区的文创产业进行发展,从而为农民提供更多就业岗位。②对农业企业和农村合作社进行扶持和培养,为乡村文创产业发展提供一定的人力资源支撑。③政府要对农民创业过程中存在的困难给予一定的帮助,例如在资金、技术等方面提供扶持和帮助。④要结合农村地区特点,不断提高农村地区文创产品销售水平。⑤加强乡村文创产品的宣传工作,在当地学校中开展教育活动或讲座、举办技能竞赛等,让农民学习新知识、掌握新技能来增加收入。

在当前乡村文创产业发展背景下,要想充分发挥文创产业在农村地区发展中的作用就必须积极推进农业生产现代化、销售渠道多元化、农产品设计研发时尚化以及消费者购买习惯个性化等创新策略。不断提升农民生产水平和市场销售水平以及增强农产品竞争力是未来农业生产发展中的重点方向之一。

第四节　订单农业中的农产品市场营销

一、订单农业的内涵

订单农业也称为合同农业或契约农业,是指农民与中介组织、龙头企业等在农业生产之前,签订具有法律效力的产销合同,明确双方相应的权利与义务关系,农民根据合同组织规划生产,企业或中介组织按照合同的价格与数量收购农民产品的一种农业生产经营组织模式。订单农业主要关注生产者和销售者之间的协议合同。对生产者和销售者来说,订单农业若是搞得好,双方可以实现互利共赢。

订单农业是一种市场经济条件下实现农业商品交换的有效形式,它是依靠市场机制实现供需双方当事人利益一致的一种交易方式。从产品营销的阶段划分看,目前我国正处在从农产品以产定销阶段进入以销定产阶段。订单农业是农产品以销定产阶段的本质要求和必然选择,具有以下特征:①从农业发展层面看,订单农业是适应我国国情和市场经济要求而产生的;②从农产品流通层面看,订单农业使农产品从产到销都有一个可靠的保证;③从政府管理层面看,订单农业是对我国现有市场经济体制的有益补充。

二、订单农业的形式

(一)农户、合作社与个人顾客签订订单

该模式适宜于生态、有机和绿色农产品的种植。如今,人们对农产品的健康、安全有着非常高的期待,农户和合作社可以利用网上的资源,为消费者提供农产品的个性化定制服务,消费者可以通过订购的形式,提前下单,等农产品的生产结束后,再邮寄给消费者。

(二)农户、合作社与农科院等类似的科研机构进行合作

这种订单农业带有一定的科研性质,通过良种和先进的技术提高种植收益。比如,河北东刘庄棉麦双丰基地。农科院提供种子、农药、化肥等农资,并提供相关的人员进行培训,合作社只需要在种植的时候帮忙搜集相关数据,这不但可以极大地减少生产成本,还可以提升农民的生产技术,增加农民的收入。

(三)农户、合作社与龙头企业或者加工厂签订产销合同

农产品加工率越高,附加值就越高。通常情况下,在一些农产品集中的地区,地方政府会将一些相关的加工业企业引入该地区,从而形成一条完整的产业链。利用订单的形式,对资源进行聚集,对产业链进行延伸与整合,这样既能提升农业的增值,又能极大地提升农户与企业的收入。

(四)农户、合作社与批发市场签订产销合同

一般情况下,那些比较知名的农产品上市前都会到各地举行相关的产品推介会,很多批发市场的订单都会在现场进行签订。农户、合作社与批发市场签订产销合同,有利于推进新型农产品快速进入市场,提高产销效率。

(五)农户、合作社与专业协会签订产销合同

许多类似的加工业公司,为抵御风险,保护公共利益,经常会组建相关的协会,与当地的农户、合作社等进行合作。比如河北博野县的南小王乡,有一万多亩的大棚,在合作社的帮助下,全村的大棚都能达到每亩一万多公斤。

（六）农户、合作社与经销公司、经纪人、客商签订产销合同

农户、合作社不但可以与加工企业签订产销合同，对于流通的企业也是一样，多元化、丰富的销售网络有利于提高农产品的效益，也有利于推动规模化种植的发展。

在市场经济条件下，订单农业是实现农产品供求平衡的有效途径，也是提高农业经济效益的重要手段。一方面，农民可以避免价格风险和销售风险。如果订单农业继续发展，并获得长期订单，农民未来5年甚至10年的农产品销售将得到稳定的产销保证，农民也将安心进行农业生产，进而更愿意学习和使用新技术、新模式，提高土地产出效率，获得更多财富。另一方面，销售者也可以获得长期稳定的供应渠道，降低交易成本，以合理的价格获得优质的产品。

订单农业在我国已经有了长足发展，但还没有取得预期的效果。订单农业中的农产品市场营销既具有一般市场营销的特点，又有其特殊性，必须根据它的特点和规律来进行。

三、订单农业中农产品市场营销策略

（一）转变营销观念

订单农业中的农产品市场营销是一项系统工程，需要市场主体和政府各部门的共同努力，也需要订单农业中的农产品生产者、经营者和政府主管部门等在观念上予以转变。订单农业中农产品生产的组织化程度比较低，很多农户仍然是自产自销，没有真正形成生产与销售相互结合的模式，还没有把生产者、经营者和消费者都纳入营销活动之中。即使有部分农产品通过"公司+农户"等形式进入市场，但由于对营销活动还缺少必要的认识，不能很好地将企业和农户、消费者联系在一起，生产者和经营者之间不能形成利益共同体。另外一些订单农业中的农产品价格偏低也影响到订单农业经济效益的发挥。这些问题都需要在实践中逐步解决。

（二）确保稳定可靠的供求来源

农业订单要想占领市场，必须有稳定可靠的农产品供求来源，使产销双方都得到满意。目前，我国农产品产销脱节现象比较严重，一是农民在种植农产品时盲目跟风、盲目追求产量，造成了市场滞销；二是部分地区缺乏稳定的市场信息来源，不能根据市场需求情况及时调整种植规模，生产出一些"两个一半"甚至"三个一半"的产品；三是部分企业由于信息渠道不畅和营销手段落后而对农业生产经营不熟悉、不重视而盲目扩大规模。因此，政府应进一步完善信息网络建设，大力发展农村合作经济组织，发挥其在农产品供需双方之间的桥梁作用和中介作用，建立健全我国的市场信息系统。一方面，通过各种渠道及时掌握国际、国内农产品价格走势及供求情况，为农民适时调整生产规模提供参考；另一方面，通过及时了解国内外市场动态及国际间农产品交易情况的变化，为企业确定生产规模提供参考。

市场信息对农业生产来说是十分重要的，及时而准确的信息有助于提高农业经济效益

和实现农业现代化。因此,应建立健全我国的市场信息系统,充分发挥其在农业生产和经营中的作用。首先,要提高农产品信息收集整理、分析加工等方面的水平。随着人们对农产品的需求不断扩大,信息量也不断增加,但有些农产品在市场上缺乏供求信息,造成了市场混乱、价格波动幅度大。因此要建立健全市场信息系统,将国内外市场供求关系、价格变化等情况及时反馈到生产部门,使生产者及时掌握信息,合理调整生产规模。其次,要建立健全农产品物流系统。当前我国大部分地区仍没有形成比较完善的现代物流体系,不能及时将农副产品运送到消费者手中是阻碍订单农业发展的一个重要原因。

(三)建立稳定可靠的购销方式

订单农业的购销方式,可采取收购与加工相结合的方式,也可采取直接收购与加工相结合的方式。以收购与加工相结合的方式为例,即由农民在订单签订之前先进行收购,然后再由订单农业企业进行加工,这样既能使农民的利益得到保证,又能使企业的加工与生产、加工与销售有机地结合起来。如果农民和企业之间没有约定好收购价格和收购数量,企业则不会再按照约定的数量进行收购。这就需要通过合同来明确双方的权利义务关系。具体做法是:农户先确定一个大致合理的价格,然后企业根据合同规定完成收购;企业向农户支付一定数量的定金后才能进行生产;在生产过程中由农户提供原料和技术指导、负责产品质量监督和加工等。

建立稳定可靠的购销方式的基本原则是:

(1)以市场为导向,积极发展订单农业,发展形式应灵活多样,可以是由农户自发组织起来的专业合作社,也可以是企业。在实践中要根据农产品生产的特点和消费者的需求,选择恰当的营销形式。

(2)以收购为重点。这是订单农业中农产品市场营销成功与否的关键。有了稳定可靠的供求来源后还要进一步选择合适的购销方式。

(3)以加工为中心。订单农业以加工为中心组织生产经营活动,加工企业要参与订单农产品从产前、产中到产后的全过程,能及时了解市场需求变化情况并作出相应反应。

(四)遵循市场规律

在市场经济条件下,订单农业中的市场营销活动必须与市场经济规律相适应,遵循价值规律和供求规律。在订单农业中,市场营销活动的一切活动都应根据价值规律、供求规律进行,做到以市场为导向,以消费者为中心,以提高经济效益为目的,在尊重价值规律的前提下使供求在市场上实现平衡。

农产品的价格受市场供求影响,市场供求是商品价格变化的根本原因。只有适应市场,满足消费者需求,才能取得价格竞争的胜利。但仅仅根据供求关系决定商品价格还不够,因为订单农业中农产品生产和消费之间并不是完全统一的,而是处于动态变化之中,这就要求农产品生产者不断地调整产品结构、品种、规格等方面,使其适应市场需求。因此订单农业中农产品营销应从以下几方面着手:①制定合理的种植规模;②根据市场需求预测来安排生产规模;③根据消费者需要组织生产;④按照价值规律合理定价;⑤把利益分配政策作为合同的重要条款来保证农户和企业利益一致;⑥随时掌握市场行情,适时调整品种和规模。

(五)制定合理的价格策略

针对不同类型农产品采取不同方法,合理定价和制定价格策略是实现订单农业目标不可缺少的手段。订单农业中的农产品价格,必须根据不同类型产品确定不同价格。

一般来说,在满足了基本的消费需求后,农产品价格由其实际价值决定,具有"低买高卖"的性质。但有一些产品却存在较强的消费需求,即消费者在某些方面的特殊需要、情感需要,如某种食品是消费者"特殊爱好"中的一种。这时,企业就必须采取一些特别措施来满足这种需求,如加点儿盐、味精等;否则,企业就会丧失部分顾客。

农产品在生产中,以按质论价、优质优价的原则来确定产品价格是符合市场经济规律和价值规律的。但有一些农产品由于其特定用途、特殊品质等原因导致其价格很低甚至没有利润可言。这种情况就需要企业采取特殊措施来满足这种需求。因此,农产品市场营销中价格的制定,必须根据不同品种、不同品质和不同质量标准来确定价格。

在产品销售过程中,一定要使生产成本降低,以降低单位产品的生产成本,提高企业的经济效益。由于订单农业的产品较一般商品价格要高一些,因此农户所获得的收入就应多一些。为了使农户获得更大的收益,应该考虑到从订单农业中生产出的产品都要经过一定时期(如半年、一年)才能投放市场,而市场上销售的农产品是有限数量和有限品种的,因此农户只有卖出比别人更多数量和更多品种的农产品才能获得更大收益。

为保证订单农业中农产品销售顺利进行,在制定价格时,还必须注意以下问题:防止农产品过分集中上市、脱销;防止因为收购数量过大而使农产品滞销和价格下跌;防止收购企业压级压价、抬高收购价格;防止由于收购企业压价或提高收购价而使农户收入减少;避免因质量标准低而使农产品价值降低;防止由于市场需求减少而使价格下降;避免因交易成本过高而使农户蒙受损失和失去盈利机会等问题。

(六)诚信是订单农业持续健康发展的保障

在市场经济中,订单各方参与者之间存在磨合、博弈。有时候需要博弈多次,或者各方建立信任并且认可长期合作会获得更大收益,订单农业才会稳定发展。

案例一:

在某镇,曾经有几个村都建立了蔬菜种植基地,但是由于市场和农产品的价格起伏不定,农民时盈时亏,很多村的种植基地最终都倒闭了。但是唯有一个村子,一直保持着自己的农庄,因为其与广东一家蔬菜公司有长期合作,保证了农产品的销路。不过,他们的第一次合作并不顺利。当市场上的菜价高于合约上规定的价格时,很多农户都不愿意卖给公司;如果市场价低于合约中的价格,企业也不会从农户手中收购。也就是说,当市场对自己有利时,企业和农户都想多赚点儿钱,导致企业的合约履约率不高,产销合同难以维持。经过多次的利益交换和博弈后,村民们发现再这么发展下去对他们双方都没有好处,如果没有了这个合作伙伴,村民们的蔬菜销路就会成为一个很大的问题。随后,农户代表又和企业商讨了"订单种植"的经营方式。最后,双方达成协议,即在市场价和合同价之间寻找一个平衡,保证双方的利益都不会有太大的损失。经过协商,菜农与企业的合作变得很顺利,就算公司的收购价比市场价低一些,农民也很乐意把菜卖给企业。因为从长期来看,订单种植的收入更有保证。

案例二:

北京平谷有一家专业的果蔬产销合作社,种植生产桃子。在发展订单农业的过程中,这家合作社设定了"三不摘"原则,即不熟不摘桃,甜度不够不摘桃,雨后不摘桃。此外,合作社还有"三不打包"的规定:有病虫害的不打包,有硬伤的不打包,颜色和外观不好的不打包。社员们不使用非法农药或施用劣质肥料,他们严格按照绿色健康的要求种植桃子。几年来,在社员们的管理下,果树的品质显著提高,桃子质量变得更好。不仅不需要担心市场销路,单价也越来越高,深受消费者欢迎。

由此可见,"人无信不立,业无信不兴",诚信是订单农业持续健康发展的基础和保障。推动发展订单农业,有利于提高农产品生产、流通和利用效率,有助于推动一些地方形成一村一品的产业优势。立足特色资源,发展优势产业,关注市场需求,做好市场营销,订单农业一定能走得更远,为乡村振兴做出更大贡献。

拓展案例

河北生态观光农业的发展思路与营销策略

生态观光农业是以农业活动为基础,农业和旅游业相结合的一种新型的交叉性产业;是以农业生产为依托,与现代旅游业相结合的一种高效农业。河北省作为农业大省,拥有十分丰富的农业旅游资源,发展生态观光农业具有得天独厚的优势和潜力。

一、河北发展生态观光农业的资源优势

(一)独特的地理优势和文化优势

河北地理位置十分优越。河北省地处华北,环抱首都北京市,东与天津市毗连并紧傍渤海,东南部、南部衔山东省、河南省,西倚太行山与山西为邻,西北部、北部与内蒙古自治区交界,东北部与辽宁省接壤。河北省是东北地区入关的必经之路,京广、京九铁路、107 国道、京津高速公路纵横省区,交通十分便利。河北省幅员辽阔,西为太行山地,北为燕山山地,燕山以北为张北高原,其余为河北平原,是中国唯一兼有高原、山地、丘陵、平原、湖泊和海滨的省份,海岸线长 487 千米,地形多样,文化底蕴深厚,是中华民族的发祥地之一,有世界文化遗产 3 处、国家级历史文化名城 5 座、中国优秀旅游城市 4 座。

(二)农业资源丰富

在河北,小麦和玉米依然是主要的粮食,但蔬菜和中草药等特色作物种植却是连线成片,枣子、苹果、葡萄、梨子、柿子等特色果园都是绕山绕路,形成"花海果山",特别是坝上的坡状高原,五颜六色的作物就像一条条飘扬的丝带。河北省的森林资源十分丰富,分布面积很大,其中以承德、张家口、唐山和秦皇岛最为突出。畜产品种类繁多、产量大,分布地域差异显著,养猪业以平原为主,养羊业以承德和张家口市为主。石家庄的无极、藁城,廊坊的三河、大厂,唐山滦南都已经建成了国家级养牛示范县(市)。而张北坝上一带,更是以出产"张北马"而闻名。渔业由海洋渔业和淡水渔业两部分构成,海洋渔业主要分布在东南沿海地带,特别是唐山、沧州。淡水渔业全省各地均有分布,尤以唐山、保定最多。

(三)区域特色突出

河北地域辽阔,地貌多样,自然风光秀丽,地理环境复杂,江河纵横,冀西山区地形地貌千差万别,南北纬度差造成的气候变化更是造就了一批特色鲜明的度假区,例如涞源县已经纳入河北省凉城风景区。河北的历史也为其留下了丰厚的文化财富,目前已有 300 余个古遗址和古建筑,其中 30 余个是国家级重点保护单位,在全国名列前茅。有 200 多个省级文物保护单位,还有一些市级和县级文物保护单位。基于地理因素发展生态观光旅游农业的优势得天独厚。

二、河北生态观光农业的市场定位与发展前景

河北生态旅游农场的市场定位,以旅游、休闲、旅游和教育为主要目的。在此基础上,提出了以省内各市和京津地区为主要目标,面向国内外和省内的发展方向。第一个目标是以北京和天津两地的旅游者为主要消费对象;其次是河北周边省份的旅游者;三是省外及境外旅游者。在短期内,重点发展一级和二级目标市场;在中长期内,重点发展三级目标市场。从消费群体来看,主要以机关干部群体、大中小学生群体、妇女儿童群体、老年人群体为主。要以这些消费群体为中心,强化各种形式的促销,将潜在的市场机会转化为实际的市场机会。

河北省既有适合发展生态旅游的自然风光、农地风光,又有体现河北省乡村特点的农耕文化、民族风情、田园生活、田园风光、农林牧渔、休闲娱乐等人文风景。这些都是发展观光旅游的有利因素。观光农业的目标人群以城镇居民为主,不懂农业,不熟悉乡村生活。保

定、石家庄、邢台、邯郸四地拥有超过 400 万的人口,发展潜力巨大。同时,由于中国改革开放的不断深入,到中国来的国外旅游者日益增多,再加上毗邻京津两市的地理优势,使得河北拥有广阔的国内外、省内外的旅游客源。由此可以看出,河北省在发展生态观光农业方面有着巨大的潜力和良好的发展前景。

三、河北生态观光农业营销策略

在生态观光农业的市场营销中,除了要遵循政府主导、可持续发展、市场导向、以人为本、名人带动、大事轰动等基本原则之外,还应该实施具体的市场营销策略。河北生态观光农业的发展策略是"创品牌,立形象,创效益,促发展"。在河北生态观光农业的营销中,应采取"形象""品牌""整体营销""协同经营"等策略。在此基础上,建立"生态河北—绿色河北"系统,以建设"中国生态旅游主产区、国际生态旅游主产区"为核心的生态旅游业。

(一)服务策略

1. 因地制宜确定发展模式

要发展,就要有自己的特色,把自己的特色发挥到极致。河北省的旅游生态农业,主要有三种类型:一种是依托于自然景观发展起来的旅游型旅游,比如石家庄市抱犊寨、龙凤湖、五岳寨、张家口桦树林等,利用自然景观资源,为旅游者提供食宿,增加旅游者的旅游体验。二是基于农业的旅游业发展,这种发展方式基于当地的特色农业,涉及多种产业,如农林、牧草、渔业等,但是它能够覆盖的人群并不多,所以它的发展方式主要依靠周围的城市居民。从农业产业结构上,又可分为农园采摘型、科技农园型、森林观光型、观光渔业型、观光畜牧业型。三是要坚持"以人为本"的理念,河北省历史和文化底蕴深厚,具备开展"以人为本"的理念。如河北省赵县的"赵州桥"、沧州市的"铁狮子"、正定县的"大佛寺"等,其人文风景具有明显的区域特色。河北省根据当地实际情况,加强对各类旅游观光农业的宣传和经营,以提高旅游业的吸引力。对一些文化特色较强的区域,加以适当的改造,使之发展成为观光、住宿于一体的旅游产业。

2. 不断加强基础设施建设

交通、住宿、餐饮、购物都是与旅游观光密不可分的。在农村地区,要发展生态观光旅游农业,想要吸引更多的人前往观光、休闲、娱乐、消费,首先要有便捷的交通。石家庄市是一个重要的交通枢纽,有连接全国的高速公路网,有火车,有高铁,同时河北省规划设置景点直通路线,便于游客出行。这一切都给人们带来了极大的便利,也给旅游业的发展带来了巨大的机遇。旅游管理部门对当地居民进行多种产业的激励,同时还会对当地居民进行专门的投资,以帮助他们发展特色农产品,从而提升他们产品的附加值,采取更先进的营销手段。与此同时,经营单位加强对风景区的规划,确保风景区的生态环境,谋划整个市场的布局,做到了又好又快发展。

（二）产品策略

1. 开发特色生态观光农业旅游产品

在都市游客的需求越来越多元化的情况下，唯有持续创新方能满足游客需求。用新、奇、异、特的旅游项目来吸引游客，才能让农业观光旅游的产品在市场中拥有长期的生存能力和竞争能力，才能满足旅游者不断变化的需要。河北省生态旅游观光农业针对城市青少年推出"农村知识修学游"；针对城市三口之家推出"欢乐家庭农家度假旅游"；针对曾经插过队、下过乡现已回城生活的当年知青，推出"忆峥嵘岁月游"等。对不同的人群推出不同的生态观光旅游农业特色旅游产品，使观光农业长期具备大而稳定的客流量。

2. 打造富有浓郁地方特色的旅游名牌

河北生态旅游观光农业开发立足自身优势，扬长避短，充分展现和突出河北的地方特色，这是农业观光旅游产品具有恒久生命力的关键所在。河北具有丰富多样的农业旅游资源，具有良好的发展生态观光农业旅游的资源条件。各地对此进行了深入的挖掘和整理，并根据当地实际情况，因地制宜，努力创造出了一批适合河北地区特点和发展需要的农业观光旅游产品。

（三）促销策略

1. 广告和公共关系的运用

在中央电视台播放河北生态旅游景区景点的广告，利用凤凰卫视等对东亚、东南亚有影响的电视台开设有关河北旅游的栏目。在重点游客来源地，选用本地有影响力的传媒、河北生态旅游形象大使等，进行有针对性的形象宣传，并拍摄多语言的生态旅游专题、宣传片。通过在重点游客来源地进行网络宣传，与当地主流媒体和有实力的旅游企业合作，共同推动河北的生态旅游。例如，在天津、上海、广州等主要港口城市，在机场、车站、码头、地铁等交通工具上，设置流动广告；在京九、京广、京沪、石德、石太、京承等主要交通干线，以及京深、京沈等高速公路上，设置流动广告，鼓励城市之间在不同的景点相互交换广告。借助独特的地缘、人缘、商缘和文缘等优势，与百度、凤凰卫视、北京旅游、天津旅游、中国电信、中国移动、中国联通等战略合作伙伴，构建战略营销平台。

2. 销售推广与品牌产品推销

在对国内旅游业进行精确的市场定位的同时，以京津及其周边的区域为中心，有步骤、有目标、有计划地发展沿海和内地的客源市场。河北省高度重视并组织好假期旅游，做好"河北人游河北"的宣传工作，大力推进研学旅游、带薪旅游、奖励旅游等。国际旅游保持多元化的发展模式和市场格局，在巩固传统客源市场的同时，积极开拓新兴客源市场及常驻京津外宾市场。

通过举办重大旅游节，搭建旅游推广平台。整合节庆活动，确定一批省级精品节庆活动项目，对全省确定的精品节庆活动项目给予重点政策支持和资金支持，举全省之力精心打造。许多具有地方特色的节日活动由当地城市选择和确定,作为河北省节日体系的重要组成部分。该省率先建立规章制度,全面整合节日资源。整合部门优势,团结社会力量,理顺相关利益,共同推动节庆旅游繁荣发展;不断创新,树立节庆旅游品牌,形成立体的节庆体系,以节庆活动带动和拓展节庆产业,通过省内联动实现空间布局协同;注意时间节气安排,建立四季全方位全时段的节庆体系。

强化促销意识,紧密结合国内外重大政治、经济、文化活动,及时发现和选择市场热点,瞄准定位,做好生态旅游相关产品的策划和包装,集中财力、人力、物力举办参与人员多、影响力大、涉及范围广的大型旅游活动;每年参加三次国内(中国国际旅游博览会、中国国家旅游博览会、华北旅游博览会)和五次海外(大阪、柏林、伦敦、香港、巴黎国际旅游博览会)大型旅游博览会,对省内特色的生态旅游景点和项目进行全面推介,对国内主要旅游市场进行重点宣传推广;对海外主要旅游市场进行团体宣传和推广。根据不同区域、不同人群、不同市场设计和制作各种宣传材料,充分利用新闻媒体和现代信息技术,扩大宣传的覆盖面和影响力。河北省多次邀请国内外有实力的旅行社和海外媒体实地考察或采访河北。通过各类国际国内旅游博览会的展示工作,取得了良好的宣传推广效果,使河北旅游品牌知名度不断提高,相关旅游产品在全国的市场份额也稳定提升。

(四)渠道策略

健全旅行社的批发、零售系统,完善旅游营销网络。实行旅行社团队旅游的激励机制。与大型旅游批发商和航空公司合作,建立河北生态观光旅游营销体系,大力发展国际国内旅游包机业务。在建立渠道时,将直接销售与零售结合起来。

生态观光旅游农业属于一种新型农业发展方式,随着社会经济水平的提升和人们对于生活品质要求的提升,受到了越来越多的人的青睐。然而,由于我国生态观光旅游农业的发展起步晚,相对滞后,很多地区在开发、管理和经营上还有不足之处,再加上缺乏营销手段,导致很多农业资源未得到有效的开发和利用。要想扭转这种局面,可吸收借鉴河北省发展生态旅游农业的有效探索和积极经验,加大基础设施的建设,引进专业的市场营销人员,运用现代化的通信手段,走出去、迎进来,创建出自己的特色旅游品牌,不断推进生态观光旅游农业发展,把具有地域特色的生态观光旅游及其相关农产品推广到世界各地。

资料来源:杨蕾,张义珍,张博.河北观光农业的发展思路与营销策略[J].商业时代,2006(23):109-110.

思考题

1.如何强化订单农业中供需双方的契约关系?

2.现代农业产业园如何做到精准定位?

3.乡村文创产品在营销中如何激发消费者的购买欲望?

新技术在农产品市场营销中的应用

本章将深入探讨当今数字化时代农产品市场营销中的新技术应用,呈现电商营销、社交媒体营销、网红营销、直播营销以及人工智能和物联网技术的广泛应用,旨在帮助学生了解新技术在农产品市场营销中的广泛应用和巨大潜力,掌握如何在数字化时代推广农产品,提升国际竞争力,全面理解这些新兴技术如何为农产品企业提供了全新的发展思路和市场机遇,帮助企业拓展市场,提升竞争力,实现可持续发展。

第一节 农产品的电商营销

电商营销,即电子商务营销,是一种利用互联网及相关数字技术平台,如电子商务网站、手机应用程序等,以推广和销售产品或服务为目的的营销活动。它是传统营销方式与现代信息技术的有机结合,为企业带来了更广阔的市场和更高效的营销手段。农产品的电商营销是利用电子商务平台和相关数字技术手段,推广和销售农产品的过程。随着互联网的普及和电子商务的发展,农产品电商营销已经成为农业产业链中重要的一环,为农产品提供了全球范围的展示和销售机会。

一、电商营销的特征

电商营销是指通过电子商务平台和数字技术手段,在互联网环境下进行商品推广、销售和交易的过程。电商营销是现代营销手段的重要组成部分,其运用先进的信息技术和互联网平台,有效连接生产者和消费者,实现商品交易和市场营销活动。电商营销的特征主要包括以下几个方面:

(1)多样化的营销手段。电商营销可以利用多种在线渠道进行宣传和推广,包括电子商务平台、社交媒体、搜索引擎等。企业可以根据产品特点和目标受众选择合适的渠道,形成多样化的营销手段。

(2)数据驱动的决策。电商营销依赖于大量的数据收集和分析,能够帮助企业做出更加科学和精准的营销决策。通过数据驱动的方式，企业能够更好地了解市场和消费者的需求，优化营销策略。

（3）实时监测和反馈。电商平台可以实时监测产品销售情况和消费者反馈，帮助企业及时调整营销策略和产品定位，提高市场反应速度和敏捷性。

（4）强调用户体验。电商营销注重提供优质的用户体验，通过简洁清晰的界面设计、方便快捷的购买流程等，吸引消费者并提高复购率。

二、电商营销的优势与劣势

电商营销的优势在于降低成本、提高效率和增加销售额。相较于传统的实体店面，电商营销无须支付昂贵的租金和人员成本，节省了企业的运营成本。同时，电商平台可以实时监测产品销售情况，通过数据分析和市场反馈，优化营销策略，提高市场反应速度和销售效率。这使得企业能够更好地满足客户需求，增加销售额，实现业务的持续增长。总体而言，电商营销的优势体现在以下四个方面：

（1）全球市场覆盖。电商平台突破了地域限制，企业可以通过互联网将产品和服务推向全球消费者，拓展更广阔的市场份额。

（2）便捷的购物体验。消费者可以随时随地通过电商平台浏览产品，比较价格，进行购买和交易，提高购物便利性和灵活性。

（3）个性化推荐。电商平台通过数据分析和人工智能技术，能够根据消费者的购买历史和行为，向其推荐个性化的产品和服务，提高购买率和客户满意度。

（4）低成本高效率。相较于传统实体店面，电商营销无须支付昂贵的租金和人员成本，大大节省了企业的运营成本。同时，电商平台可以实时监测产品销售情况，优化营销策略，提高销售效率。

然而，电商营销也面临一些挑战和风险。随着电商市场的竞争日益激烈，企业需要不断创新和优化营销策略，以保持竞争优势。此外，网络安全问题也是电商营销需要面对的重要问题，保护客户的隐私和数据安全是企业应该高度重视的问题。电商营销的劣势包括：

（1）网络安全风险。电商营销面临网络安全的风险，如数据泄露、网络攻击等，可能对企业和消费者造成损失。

（2）激烈竞争。电商平台的普及导致市场竞争激烈，企业需要投入更多资源和精力来吸引消费者和提升竞争力。

（3）售后服务难题。在线交易可能导致售后服务的困难，如退货、换货等问题，需要企业加强售后服务的管理和解决问题的能力。

（4）依赖互联网。电商营销完全依赖于互联网，如果遇到网络故障或断网等问题，可能影响企业的正常营销活动。

综上所述,电商营销具有多样化的营销手段、数据驱动的决策、实时监测和反馈,以及强调用户体验的特点。其优势在于全球市场覆盖、便捷的购物体验、个性化推荐、低成本高效率等,但也面临网络安全风险、激烈竞争、售后服务难题以及依赖互联网的劣势。企业在进行电商营销时需要充分利用其优势,同时应对劣势并加以规避和解决。

三、电商营销的策略

电商营销是利用互联网和数字技术手段,在全球范围内进行商品推广和销售的重要方式。它充分发挥了互联网的优势,实现了企业与消费者之间的直接连接,提高了营销效率和市场竞争力。然而,电商营销也需要企业和社会共同努力,解决面临的挑战和风险,推动电商营销的持续发展。电商营销涵盖了广泛的营销活动和手段,其中一些常见的电商营销策略包括:

(1)网络广告。在电商平台上购买广告位或通过广告联盟进行投放,以吸引潜在客户。

(2)搜索引擎优化(SEO)。通过优化网站内容和结构,提高在搜索引擎结果中的排名,增加网站的曝光度和流量。

(3)社交媒体营销。在社交媒体平台上发布宣传内容、互动活动,与客户建立互动和关系。

(4)电子邮件营销。通过电子邮件向潜在客户或现有客户发送信息、优惠和促销活动。

(5)优惠和促销。提供折扣、优惠券、促销活动等来吸引客户下单购买。

(6)内容营销。通过发布有价值的内容,吸引客户并提供专业知识,增加客户对品牌的信任。

(7)用户评价和口碑营销。积极管理用户评价和口碑,增加品牌的信誉和好评度。

(8)数据分析和个性化推荐。利用数据分析和用户行为,为客户提供个性化的推荐和购物体验。

(9)移动端营销。针对移动设备用户的营销活动,如 App 推广、移动广告等。

电商营销的目标是吸引潜在客户,提高转化率,增加销售量和客户满意度。随着电商发展和技术进步,电商营销策略也在不断演进,适应不断变化的市场环境和消费者需求。

四、电商营销在农产品市场营销中的应用

电商营销在农产品市场营销中发挥着重要的作用,为农产品企业带来了许多机遇和优势。以下是电商营销在农产品市场营销中的应用:

(1)全球市场拓展。通过电商平台,农产品企业可以将产品推向全球市场。这为农产品出口商提供了更广阔的销售机会,突破了传统实体店的地域限制,实现跨国界的交易和销售。

（2）多样化的宣传方式。电商平台为农产品提供了多样化的宣传方式,可以通过图片、视频、文字等形式对农产品进行全方位的展示和介绍,有助于吸引更多消费者的关注和兴趣。

（3）便捷的购物体验。消费者可以通过电商平台随时随地进行购物,不受时间和地点的限制。这为消费者提供了更加便捷和灵活的购物体验,增强了购买农产品的动力。

（4）数据分析和精准营销。电商平台提供了丰富的数据分析工具,可以对消费者的购买行为和偏好进行深入分析。农产品企业可以通过这些数据进行精准营销,推送个性化的推广信息,提高营销效果。

（5）品牌形象打造。电商平台为农产品企业提供了品牌展示的平台,可以通过线上宣传和推广,打造品牌形象,增加品牌知名度和美誉度。

（6）互动和用户参与。电商平台可以实现实时互动,消费者可以在平台上留下评价和评论,提供反馈意见。这为农产品企业提供了与消费者直接沟通的机会,增加用户参与感。

（7）促销和营销活动。电商平台支持各种促销和营销活动的开展,如限时折扣、满减优惠等,可以吸引更多消费者参与购买。

（8）数据追踪和监控。通过电商平台,农产品企业可以实时追踪销售数据和用户行为,及时调整营销策略和销售计划。

电商营销的应用使农产品市场营销更加灵活、便捷和有效,为农产品企业提供了更多发展机遇和竞争优势。但同时,也需要注意应对一些挑战,如物流配送、产品质量保障等问题,以确保电商营销的顺利进行和可持续发展。

第二节　农产品的社交媒体营销

一、社交媒体营销

社交媒体营销是指企业或个人利用各类社交媒体平台,通过发布内容、与用户互动,以及建立品牌形象,来推广产品或服务,增加品牌曝光度,吸引目标受众,促进销售或实现其他营销目标的一种营销策略。

在社交媒体营销中,企业或个人可以通过创建官方账号或页面,发布各种形式的内容,包括文字、图片、视频、直播等,以吸引用户关注和互动。社交媒体平台提供了丰富的功能,例如点赞、评论、转发、分享等,这些互动可以帮助企业与用户建立更紧密的联系,增加用户参与度和忠诚度。社交媒体营销的优势在于它能够与用户实现直接而快速的互动,使企业能够更加了解目标受众的需求和反馈,并根据用户的反应进行及时调整和优化。此外,社交媒体平台具有广泛的用户覆盖面,可以帮助企业更准确地定位目标受众,并将产品或服务推送给潜在客户。社交媒体营销也可以帮助企业建立品牌形象和声誉,通过在社交媒体上展示企业文化、社会责任等方面的信息,塑造积极的品牌形象,增强用户对品牌的信任和好感。

不同的社交媒体平台适合不同类型的内容和目标受众,企业或个人可以根据自身的营销需求和受众特征选择合适的社交媒体平台,并制定相应的营销策略,从而实现更好的营销效果。

二、社交媒体营销在农产品市场营销中的应用

社交媒体营销在农产品营销中有广泛的应用,可以帮助农产品企业扩大品牌影响力,吸引目标受众,增加销售量。以下是一些社交媒体营销在农产品市场中的应用方式:

1. 品牌宣传与故事传播

社交媒体在农产品营销中为品牌宣传与故事传播提供了有力的平台。借助社交媒体的广泛传播和互动特性,农产品企业能够通过讲述故事和传递情感,与用户建立更深厚的关系,树立积极的品牌形象,提高产品的知名度和市场竞争力。品牌宣传和故事传播在农产品营销中起着至关重要的作用。

首先,社交媒体为农产品提供了全球范围的展示平台,使农产品企业能够直接面向全球潜在客户,促进品牌认知和曝光。通过社交媒体平台,农产品企业可以塑造鲜明的品牌形象,展示产品的独特卖点和价值,吸引目标客户群体。同时,社交媒体的互动特性还使品牌与用户之间建立了更紧密的联系,通过用户评论、点赞、分享等互动,增加用户参与度,提高品牌关注度。

其次,社交媒体平台是农产品企业讲述产品故事的理想场所。通过图文、视频等多媒体形式,生动展示产品的种植养殖过程、农民故事,让消费者了解产品的背后故事。这些真实的农产品故事能够与用户建立情感共鸣,增强用户对产品的认知和信任,促进用户转化为忠实消费者。同时,鼓励用户分享使用农产品的故事和体验,如烹饪创意、食用效果等,扩大传播范围,增加口碑效应。

品牌宣传和故事传播通过社交媒体的广泛传播和互动特性,能够帮助农产品企业树立积极的品牌形象,提高产品的知名度和市场竞争力。同时,生动真实的农产品故事能够与用户建立情感共鸣,增强用户对产品的信任度,促进用户购买和口碑传播,为农产品的市场营销带来更多有益的影响。

2. 与用户建立情感共鸣

在农产品市场营销中,与用户建立情感共鸣是一种重要的策略。通过社交媒体平台等渠道,农产品企业可以分享真实感人的故事,展现产品背后的人情味和情感价值,以吸引用户的关注和信任。

通过讲述农产品的种植、养殖故事,农民的辛勤劳动和付出,企业与农民之间的合作关系,以及产品对当地社区和环境的积极影响,农产品企业可以让用户更深入地了解产品的背后故事,从而与用户建立情感共鸣。情感共鸣能够增强用户对产品的认知和信任。当用户感受到企业对于产品和社会责任的关心和热情时,他们更有可能成为忠实的消费者,并愿意与他人分享这种积极的购买体验,从而增加产品的口碑效应。此外,情感共鸣也能够带动用户的互动和参与。当用户对产品产生情感共鸣时,他们更愿意在社交媒体上与企业进行互动,分享自己的使用体验,发表评论,点赞和转发企业的内容,从而增加企业在社交媒体上的曝光率和影响力。

因此,在农产品市场营销中,与用户建立情感共鸣是一种有效的策略,能够提升企业的品牌形象和产品认知度,增加用户的参与和忠诚度,为企业的营销活动带来积极的影响。

3. 用户互动与参与

在农产品市场营销中,用户互动与参与是关键的营销策略。社交媒体平台等数字化渠道提供了与消费者直接互动和参与的机会,为农产品企业创造了更紧密的关系,促进品牌的传播和用户忠诚度的提升。

通过社交媒体平台,农产品企业可以与消费者进行实时互动,回应用户的评论和问题,建立良好的沟通渠道。一方面,这种互动让消费者感受到企业的关心和重视,增强了用户对品牌的信任和忠诚度。消费者的互动和参与还可以为农产品企业提供宝贵的反馈和建议,帮助企业不断改进产品和服务,更好地满足用户的需求。另一方面,农产品企业可以鼓励用户参与品牌营销活动,如用户创意分享、产品使用体验分享等。用户的参与不仅扩大了品牌传播的范围,还增加了品牌的口碑效应。用户之间的互动和分享也为其他潜在客户带来了更真实的产品认知,增加了他们购买的动力。此外,通过举办线上线下的互动活动,如抽奖、促销活动、线上直播等,农产品企业可以吸引更多用户参与,并通过优惠刺激用户购买,提高销售转化率。

总体而言,用户互动与参与是农产品市场营销中不可或缺的一环。通过积极参与和互动,农产品企业可以增强用户对品牌的认知和信任,扩大品牌影响力,提高销售额,实现可持续的市场增长。

4. 精准投放广告

精准投放广告是农产品市场营销中的一项重要策略。随着数字化技术的发展,广告投放不再是传统的"广撒网",而是通过数据分析和用户画像等手段,将广告精准地投放给潜在客户,提高广告的效果和转化率。

农产品企业可以利用社交媒体平台、搜索引擎、电子商务平台等渠道,根据用户的兴趣、行为、地理位置等信息,定向投放广告。例如,通过社交媒体平台的广告投放功能,可以选择特定的用户群体,将广告精准地呈现给这些潜在客户。这样的精准投放能够提高广告的点击率和转化率,降低广告投放的成本,使农产品企业获得更好的市场回报。精准的广告投放还可以帮助农产品企业实现更精细化的营销策略。通过分析广告投放数据,企业可以了解用户对广告的反应和兴趣,优化广告内容和形式,提高广告的吸引力和用户体验。同时,企业还可以根据不同用户群体的需求,制定有针对性的营销活动,提供个性化的产品和服务,增加用户满意度和忠诚度。

然而,精准投放广告也面临一些挑战。首先是数据隐私问题,对用户数据的合法使用和保护是必须严格遵守的法律和道德规范。其次是广告平台的激烈竞争,农产品企业需要投入更多的资源和精力来优化广告投放效果,提高核心竞争力。

精准投放广告是农产品市场营销中的一项重要策略,通过准确地将广告投放给潜在客户,提高广告的效果和转化率,实现更精细化的营销策略,从而促进农产品企业的市场增长和发展。然而,企业需要认真应对数据隐私问题和广告平台竞争等挑战,确保广告投放的合法性和有效性。

5. 与 KOL 合作

与 KOL(key opinion leader,关键意见领袖)合作,是农产品市场营销中一种有效的营销策略。KOL 是在特定领域具有影响力和权威性的人物,他们在社交媒体平台上拥有大量的粉丝和关注者。通过与 KOL 合作,农产品企业可以借助 KOL 的影响力和号召力,将产品推向更多潜在消费者,实现品牌知名度的迅速提升。需要注意的是,网红是与 KOL 高度类似的概念,有关网红营销的内容,将单独在本章第三节进行探讨。

与 KOL 合作的优势在于其具有广泛的传播效应和高度的信任度。由于 KOL 在特定领域具有专业知识和经验,他们的推荐和评价更容易得到用户的信赖。当 KOL 在社交媒体上分享和推荐农产品时,粉丝们会更加愿意尝试这些产品,从而增加了农产品的曝光度和销售量。此外,KOL 合作还能够帮助农产品企业打造更加个性化和有趣的营销内容。KOL 拥有丰富的创意和独特的表达方式,他们可以将农产品的故事和特点生动地展现出来,吸引更多用户的关注和参与。通过与 KOL 合作,农产品企业可以实现更加精准和有效的品牌宣传,提高品牌的影响力和认知度。

然而,与 KOL 合作也存在一些挑战和风险。首先是 KOL 的选择问题,农产品企业需要认真筛选合适的 KOL,确保其与产品的定位和品牌形象相符。其次是合作成本问题,与一些知名的 KOL 合作可能需要较高的费用,农产品企业需要权衡好投入与回报。此外,与 KOL 合作还需要建立良好的合作关系,确保 KOL 对农产品的评价和宣传是真实和符合实际情况的。

综合而言,与 KOL 合作是农产品市场营销中的一项有效策略,通过借助 KOL 的影响力和专业性,实现品牌知名度的提升和销售量的增加。然而,企业需要认真选择合适的 KOL,控制合作成本,建立良好的合作关系,确保 KOL 合作的有效性和真实性。

综上所述,社交媒体营销在农产品市场中是一种重要的推广手段,可以帮助农产品企业与消费者建立更紧密的联系,提高品牌知名度和认可度,从而促进销售和市场份额的增长。

第三节　农产品的网红营销

一、网红营销

网红营销是一种利用网络红人(即网红)的影响力和社交媒体平台的传播能力,推广产品和品牌的营销策略。网红营销是一种营销策略,通过与社交网络或互联网平台上拥有广泛粉丝和受众的网红(即受欢迎的网络名人或 KOL)进行合作,来宣传和推广产品、品牌或服务。这种营销方式利用网红的影响力和号召力,将产品或品牌的信息传播给大量的粉丝和关注者,从而达到扩大品牌知名度、增加销量或吸引更多潜在客户的目的。

网红营销通常是通过发布各种形式的内容,如短视频、图片、文案等,来向粉丝宣传产品或品牌。网红因其在特定领域或主题上的专业性、个人魅力或吸引力,能够吸引和保持大量忠实的粉丝群体,因此其推广的内容往往更容易引起关注和共鸣。

对于品牌方来说,选择合适的网红合作,可以借助网红的影响力,将产品或品牌的信息传播到更广泛的受众群体中,增强品牌曝光度和认知度,并通过网红的个人特点与粉丝建立更加亲密的情感连接,增加用户对品牌的好感和信任,进而提高销售量和品牌忠诚度。

网红营销在互联网时代成为一种非常有效的营销手段,因为它能够更加精准地定位目标受众,以及更直接、生动地传递信息,同时能够在社交网络上迅速产生口碑效应,带动更多用户参与和传播。然而,对于品牌方来说,选择合适的网红合作是至关重要的,需要充分了解目标受众和网红的特点,确保合作能够达到预期的营销效果。

二、网红营销在农产品市场营销中的应用

在农产品市场营销中,网红营销可以发挥重要的作用,带来许多优势。以下是网红营销在农产品市场的应用方式:

1. 合作推广

网红营销在农产品市场营销中的应用主要体现在合作推广方面。随着社交媒体的迅速发展,网红营销成为一种新型的影响力和传播力极强的推广方式。在农产品市场营销中,企业可以与合适的网红进行合作,借助其影响力和号召力,吸引更多潜在消费者,提高品牌知名度和销售量。

首先,农产品企业可以选择与农产品相关领域的网红进行合作。例如,与美食博主合作

推广食品类农产品,与生活家居博主合作推广农产品的用途和家居装饰效果等。通过与相关领域的网红合作,企业可以更好地吸引到目标客户群体,提高广告的曝光度和传播效果。其次,农产品企业可以与拥有大量粉丝的网红进行合作。大量粉丝意味着更广泛的影响力和更多的潜在客户。通过与有影响力的网红合作,农产品企业可以将产品推向更广泛的受众,扩大市场份额,提高销售量。另外,与网红的合作不仅可以在社交媒体平台上进行,还可以在线下举办活动。农产品企业可以与网红共同举办产品体验会、品牌发布会等活动,吸引更多消费者参与,增加品牌的曝光度和知名度。

网红营销是农产品市场营销中一种有效的推广合作方式。通过与农产品相关领域的网红合作,借助其影响力和号召力,农产品企业可以吸引更多潜在消费者,提高品牌知名度和销售量。然而,企业需要选择合适的网红合作伙伴,制定合作协议,确保合作的顺利进行。

2. 体验分享

网红营销在农产品市场营销中的应用体现在体验分享方面。在农产品营销中,企业可以与有影响力的网红合作,邀请他们亲自体验和品尝农产品,并通过社交媒体平台进行实时分享和推广。这种体验分享可以增加产品的可信度和吸引力,吸引更多消费者了解和购买农产品。

网红在社交媒体平台上进行体验分享时,通常会使用多种形式的内容,如图文、短视频、直播等。他们会展示农产品的外观、口感、烹饪方法以及自己的真实感受,从而让观众更加直观地了解产品的特点和优势。体验分享的内容往往贴近生活,真实而有趣,吸引了大量粉丝的关注和参与。在体验分享过程中,网红通常会提供自己的真实评价和体验,这让消费者更容易信任和接受产品信息。同时,网红还会与观众进行互动,回答观众的问题,解释产品的来源和制作过程,增加了用户参与感和互动性。体验分享不仅可以增加产品的曝光度和销售量,还可以建立起品牌和消费者之间的情感连接。通过网红的体验分享,消费者可以感受到产品背后的故事和情感,进而产生共鸣和认同,从而更愿意购买和支持农产品。

然而,企业在进行网红体验分享时也需要注意一些问题。首先是选择合适的网红合作伙伴,确保其在目标客户群体中具有一定的影响力和认知度。其次是确保体验分享的内容真实可信,不夸大产品的优势,避免虚假宣传和误导消费者。最后是关注用户的反馈和意见,及时处理用户的问题和投诉,建立起良好的品牌形象和口碑。

网红营销在农产品市场营销中的体验分享方面具有重要的应用价值。通过邀请有影响力的网红进行产品体验分享,企业可以增加产品的曝光度和销售量,建立品牌与消费者之间的情感连接,提升品牌知名度和信任度。然而,企业需要注意选择合适的网红合作伙伴,确保分享内容真实可信,关注用户反馈,以确保网红营销的效果最大化。

3. 创意营销

创意营销是网红营销中的重要组成部分,它强调在与网红合作时,创造有趣、吸引人的宣传内容,以吸引用户的关注和兴趣。

创意营销注重与网红合作制作独特的宣传内容,包括有趣的短视频、创意图片和有故事性的文字内容。这些内容能够引起用户的好奇心和共鸣,提高用户对农产品的关注度。创意营销强调与网红的合作不应局限于简单的广告宣传,而是要有创意地结合网红的特长和用户喜好,打造更具趣味性和个性化的合作内容。创意营销鼓励用户参与互动,例如在网红推广的活动中加入用户投稿、抽奖、互动问答等环节,增加用户的参与感和忠诚度。创意营销通过讲述农产品的故事和背后的品牌理念,引发用户情感共鸣,增强用户对产品的认知和信任,从而提升购买欲望。

创意营销在网红营销中的应用不仅可以吸引用户的关注和兴趣,还能为农产品带来更加真实和直接的传播效果。通过与网红合作,农产品企业可以通过创意宣传内容在社交平台上迅速扩散,吸引更多用户参与互动及购买,从而提升销售转化率和市场份额。然而,创意营销也需要谨慎考虑与农产品实际情况相符合,避免过度虚假和夸张,确保宣传内容的真实性和可信度。

4. 专属礼包和折扣码

专属礼包和折扣码是网红营销在农产品市场营销中的常见应用之一。在网红代言推广过程中,农产品企业可以与网红合作,设计专属礼包或提供独特的折扣码,以吸引更多消费者购买产品。

专属礼包通常是针对特定网红的粉丝群体定制的,里面包含了农产品企业的特色产品或附加赠品,能够增加用户购买的欲望,提高用户对品牌的认知度。折扣码则是通过网红代言人分享给粉丝的特殊优惠码,消费者在购买农产品时使用折扣码可以享受优惠价格,这可以促进用户的转化和刺激购买行为。折扣码的使用也可以增加用户互动和参与度,帮助农产品企业吸引更多的潜在客户。

通过专属礼包和折扣码的使用,网红营销能够将农产品宣传和促销有针对性地传递给粉丝群体,增加用户购买的动力和决策的信心。同时,这种方式也能够增强用户对品牌的好感和忠诚度,从而提升销售业绩和品牌影响力。然而,在使用专属礼包和折扣码时,农产品企业需要确保优惠内容真实有效,避免虚假宣传和误导消费者的行为,以维护品牌的信誉和形象。

5. 话题营销

话题营销是网红营销在农产品市场营销中的又一重要应用。通过把农产品与热门话题或社会热点结合,农产品企业可以借助网红的影响力和话题的传播力,吸引更多用户关注和参与,提升品牌知名度和销售。

在话题营销中,网红代言人可以通过发布相关内容、参与话题讨论或制作有趣的互动视频,将农产品与时下热门话题连接在一起。这样的营销方式能够引起用户的共鸣和兴趣,激发用户的参与欲望。例如,某农产品企业可以邀请擅长美食烹饪的网红代言人,以农产品为原材料制作独特的料理,然后发布视频分享制作过程和品尝体验。这样的内容不仅能够吸引食品爱好者和美食探索者,还能引发更广泛的讨论和分享,让更多人了解和关注这个农产品品牌。

话题营销的优势在于其与时俱进的特点,能够紧跟时下热点和用户兴趣,提供更加个性化和互动性的内容,吸引更多用户主动参与和传播。这种营销方式能够让农产品品牌在社交媒体上迅速走红,形成话题引爆效应,从而带来更多潜在客户和销售机会。然而,话题营销也需要注意潜在的风险。农产品企业在选择热门话题时需要慎重,确保与话题的关联性和合理性,避免不当宣传和误导消费者。同时,还需要对话题的变化和用户反馈保持敏感,及时调整营销策略,确保始终保持与用户的互动。

6. 精准定向

精准定向是网红营销在农产品市场营销中的一项重要策略。通过精准定向,农产品企业可以将广告或营销活动有针对性地投放给特定的受众群体,以提高营销效果和转化率。

在社交媒体平台上,网红代言人通常拥有大量粉丝和关注者,而这些粉丝和关注者的特征和兴趣各不相同。通过精准定向广告投放,农产品企业可以根据受众的地理位置、性别、年龄、兴趣爱好等因素来筛选目标受众,将广告准确地传递给潜在客户。例如,某农产品企业推出了一款面向健康意识较高的消费者的有机食品,可以选择与关注健康、养生的网红合作,并通过社交媒体平台将广告定向投放给健康养生领域的受众。这样的精准定向广告将更有可能吸引感兴趣的用户,提高广告的点击率和转化率。

精准定向的优势在于能够最大限度地减少广告的浪费,将广告投放给真正感兴趣的用户,提高广告的精准度和有效性。这种定向策略还可以帮助农产品企业在有限的预算内获得更好的营销效果,避免了资源的浪费。然而,精准定向也需要农产品企业深入了解目标受众的特点和需求,准确地把握用户的兴趣和心理,否则可能造成广告投放的不准确。此外,精准定向还需要平台提供足够的数据支持和广告投放功能,以确保广告能够精准地传递给目标受众。因此,农产品企业在进行精准定向营销时需要认真考虑各种因素,并结合实际情况进行调整和优化。

7. UGC 营销

UGC(user generated content,用户生成内容)营销是网红营销在农产品市场营销中的一项重要策略。UGC 营销利用消费者自主创作和分享的内容来推广农产品,增加品牌曝光和用户参与度。

在 UGC 营销中,农产品企业鼓励消费者通过社交媒体平台分享与农产品相关的内容,如使用体验、美食创意、农产地游记等。这些用户生成的内容是真实的、有感染力的,更容易赢得其他用户的信任和兴趣。

UGC营销的优势在于它能够将品牌推广从企业本身延伸到用户,实现用户与用户之间的信息传播。UGC营销不仅能够增加品牌曝光,还可以提高用户参与度和用户忠诚度。用户在参与创作内容的过程中,更容易产生认同感和归属感,从而更加愿意与品牌保持互动和交流。UGC营销还能帮助农产品企业获得更多有关产品的反馈和意见,从而及时调整产品和服务,满足用户需求。此外,UGC营销还可以降低营销成本,因为大部分内容是由用户自主创作的,节省了企业的推广费用。

然而,UGC营销也存在一些挑战。由于UGC内容是用户自主创作的,品质参差不齐,可能存在负面或低质量的内容,对品牌形象造成不利影响。因此,农产品企业需要积极参与UGC营销,及时监控和管理用户生成的内容,确保内容与品牌价值相符,并妥善处理用户的反馈和意见。

总体而言,UGC营销是一种强大的营销策略,可以帮助农产品企业增加品牌曝光、提高用户参与度和忠诚度,降低营销成本,并实时了解用户需求和反馈。然而,企业需要积极参与和管理,以确保UGC营销能够产生最大的营销效果。

三、农产品的网红营销策略

网红营销可以利用网红的影响力和社交媒体平台的传播能力,将农产品推广到更广泛的受众群体中,提高品牌知名度和产品销量。但在应用时,品牌需要选择合适的网红,确保合作的真实性和一致性,同时制定明确的营销策略,以实现更好的营销效果。虽然网红营销有许多优势,但也需要注意以下几点:

(1)选择合适的网红。在选择网红代言人时,要考虑其受众群体是否与目标市场相符。网红的风格和形象应与农产品的定位和形象相契合,以确保宣传效果更为准确和有效。

(2)强调真实性和可信度。消费者更倾向于信任真实的产品推荐和体验分享。农产品企业在与网红合作时,要确保其对产品有真实的了解和体验,避免过度宣传和虚假宣传。同时,确保网红的形象和价值观与农产品品牌的形象相一致,避免产生负面影响。

(3)整合多渠道宣传。网红营销不应局限于某一平台,而是要整合多种社交媒体平台和线下活动,以扩大宣传覆盖面,增加品牌曝光率。

(4)关注用户互动。网红营销的成功在于与用户建立互动和共鸣。农产品企业应关注用户的反馈和意见,及时回复用户的提问和留言,增加用户参与度和忠诚度。

(5)审慎处理负面反馈。有时候,网红代言人的行为或言论可能会引发负面反应,农产品企业需要及时应对和处理负面反馈,保护品牌形象和声誉。

(6)持续监测效果。在网红营销实施后,要持续监测宣传效果和销售数据,以评估营销效果,优化策略,并为后续的营销活动做好准备。

综上所述,农产品营销中应用网红营销需要谨慎选择合适的网红合作伙伴,保持真实性和一致性,确保营销策略与目标一致,并持续监测和评估活动效果,以取得更好的营销效果和品牌推广效益。综上所述,网红营销可以为农产品市场带来更大的关注度和销售机会,但仍需谨慎选择合作对象,并制定合理的营销策略,以实现更好的营销效果。

第四节　农产品的直播营销

农产品的直播营销是一种通过实时直播平台展示和推广农产品的营销策略。在直播营销中,农产品企业可以通过直播平台,如直播电商平台、社交媒体直播功能等,实时展示农产品的种植、养殖、加工等过程,向观众介绍产品特点和优势,并直接进行销售和互动。

一、直播营销的特征及优势

直播营销是一种通过实时直播平台展示和推广产品或服务的营销策略。它利用实时视频直播的形式,让企业或个人与观众直接互动,展示产品特点、功能、使用方法,或者介绍服务的优势和价值,以吸引观众的兴趣并促成购买或转化。直播营销的特征和优势包括:

(1)实时性。直播营销通过视频直播,让企业或个人与观众实现实时互动和交流,增强用户参与感和信任感。直播营销是实时进行的,观众可以在直播过程中即时了解产品信息和互动。

(2)真实性。直播的特点是真实、即时的展示,直播营销通过实时展示产品的使用、制作过程,增加了产品的真实性和透明度,让消费者更加信任产品的质量。直播营销与观众之间建立了更紧密的联系,观众可以在直播过程中提问、留言,企业或主播可以即时回答观众的问题。可以增加产品或服务的透明度,消除消费者的疑虑和担忧。

(3)营造紧迫感。直播营销通常具有一定的时间限制,如限时优惠或限量特价等,可以创造购买的紧迫感,促进销售。

(4)提高曝光度。直播可以吸引大量的观众观看,提高产品或品牌的曝光度,提高产品或品牌知名度,扩大影响力。

(5)拓展受众。直播营销不受地域限制,可以覆盖更广泛的潜在客户,帮助企业拓展新的受众群体。

(6)提高用户体验。直播营销提供了更丰富的用户体验,观众可以实时了解产品的细节和用途,增强了消费者的购买欲望。

(7)数据分析和追踪。直播平台通常提供数据分析和追踪功能,企业可以根据观众数据和用户反馈,实时了解观众的反应和喜好,优化直播内容和营销策略。

直播营销在互联网和移动互联网的发展下逐渐兴起,并成为一种受欢迎的营销手段。通过直播平台,企业可以以更直观、生动的方式展示产品或服务,打造出更加有吸引力的内容,从而吸引潜在客户并提升销售业绩。然而,对于直播营销来说,企业需要注意直播内容的真实性和质量,确保所推广的产品或服务能够满足观众的期望,建立良好的品牌形象和口碑。

二、直播营销在农产品营销中的应用

直播营销在农产品营销中得到广泛应用,它为农产品企业提供了一个实时互动的平台,能够直接展示农产品的特点、生产过程、品质保障措施以及故事背后的情感元素。以下是直播营销在农产品营销中的主要应用方面:

(1)农产品展示。通过直播,农产品企业可以实时展示新鲜的农产品,如水果、蔬菜、肉类等,让观众直接看到农产品的外观、质量和新鲜程度,增加购买的欲望。

(2)农产品生产过程。直播可以展示农产品的种植、养殖、采摘、加工等过程,让观众了解农产品的生产环节,增加对产品的信任和认可。

(3)产品故事。通过直播,农产品企业可以讲述产品的故事,如农民的辛勤劳作、家族传统、环保理念等,从而赋予产品更多情感元素,引发观众的情感共鸣。

(4)互动交流。观众可以在直播中与主播互动交流,提问产品的相关问题、表达意见,增加用户参与感,同时企业也可以及时回应观众的疑问,增加产品的透明度和可信度。

(5)限时优惠和促销。直播平台常常设有倒计时和限时优惠,农产品企业可以利用这一特点推出限时促销活动,创造购买的紧迫感,提高销售转化率。

(6)合作推广。农产品企业可以与网红或明星达成合作,让他们进行直播推广,借助网红的影响力吸引更多观众,提升品牌知名度和销售量。

(7)产品体验分享。观众可以在直播中分享他们使用农产品的体验和创意,例如烹饪、食用效果等,这些真实的用户分享有助于增加产品口碑和推广效果。

通过直播营销,农产品企业可以与潜在客户建立更紧密的联系,展示产品的真实魅力和品质保障,吸引更多消费者选择购买,进而提升市场份额和品牌影响力。但企业需要注意直播内容的真实性和专业性,保持良好的互动氛围,及时回应消费者的反馈和问题,以确保直播营销的有效性。

农产品直播营销是一种有效的营销手段,可以让农产品生产者与消费者更直接地互动和交流,展示农产品的真实性和价值,提高品牌认知度和产品销售转化率。通过合理规划直播内容,加强产品展示与品牌宣传,结合促销活动和互动问答等策略,农产品直播营销可以为农产品带来更多的销售机会和商机。

第五节　其他技术与农产品营销

一、人工智能技术

人工智能技术(artificial intelligence,简称 AI)是一门研究如何使计算机模拟、延伸和扩展人类智能的学科。它是计算机科学的一个分支,旨在开发出能够模仿人类智能行为的计算机程序和系统。

人工智能技术通过模拟人类的学习、推理、问题解决、感知、语言理解和决策等能力,使计算机能够像人一样处理复杂的任务和问题。为实现这一目标,人工智能技术包括多种方法和技术,如机器学习、深度学习、自然语言处理、计算机视觉、专家系统、智能代理等。人工智能技术的发展和应用在各个领域都有广泛的应用,包括:①自动驾驶,让车辆能够自动感知和决策,实现无人驾驶;②语音助手,如 Siri、Alexa 和 Google Assistant 等,能够理解自然语言并执行命令;③人脸识别,用于安全认证、犯罪侦查等领域;④医疗诊断,通过深度学习等技术,辅助医生进行疾病诊断和治疗决策;⑤金融预测,利用机器学习和数据分析预测股市、货币汇率等的变化;⑥自然语言处理,实现机器对人类语言的理解和回应,如机器翻译、情感分析等;⑦游戏智能,让计算机在游戏中与玩家进行智能对战。

总的来说,人工智能技术旨在让计算机拥有类似于人类的智能和学习能力,使其能够更加智能地解决问题和执行任务。随着技术的不断发展,人工智能在各个领域都有着广泛的应用,并在不断推动科技进步和社会发展。

人工智能技术在农产品市场营销中具有广泛的应用,为农产品企业带来了许多优势和便利。以下是人工智能技术在农产品市场营销中的应用:

1.市场分析

在农产品市场营销中,人工智能技术在市场分析方面的应用体现在以下几个方面:①数据挖掘与分析。人工智能能够高效地收集、整理和分析大量市场数据,包括消费者行为数据、市场趋势数据、竞争对手数据等。通过数据挖掘和分析,企业可以深入了解市场规模、潜在客户群体、消费习惯等,为市场营销策略的制定提供数据支持。②智能市场调研。人工智能技术可以智能化设计市场调研问卷,根据特定目标群体的特点和需求,制定个性化的调研问题,提高调研效率和准确度。同时,人工智能可以自动分析调研数据,提取关键信息和洞察,帮助企业深入了解市场需求。人工智能技术在农产品市场营销中的应用,实现了市场分析的智能化、精准化,帮助企业更好地把握市场动态,制定科学的营销策略,提升市场竞争力。

2. 客户画像

通过人工智能技术,农产品企业可以对消费者进行精准的画像分析,了解其兴趣、购买习惯和行为特征,更好地针对不同群体的消费者进行个性化的营销推广,从而更好地进行产品定位和市场推广,提高客户满意度和忠诚度,促进农产品市场营销的持续发展。人工智能可以通过数据挖掘和分析技术,自动收集和整合大量的客户数据,包括购买记录、浏览行为、社交媒体互动等。这些数据来源多样化,能够全面反映客户的行为和偏好。通过分析客户的历史购买行为和偏好,人工智能可以生成客户个性化的产品推荐。这有助于提高销售转化率和客户满意度,因为客户更可能购买符合自己兴趣的产品。人工智能可以对客户在社交媒体上的评论和反馈进行情感分析,了解客户对产品和服务的态度和情感。这有助于企业了解客户对产品的满意度和需求,从而及时做出调整和改进。人工智能可以将客户根据其特征和行为进行分类,形成不同的客户群体。这有助于企业制定更加精准的营销策略,针对不同客户群体采取不同的推广方式和沟通方式。通过人工智能的预测分析,企业可以预测客户的未来行为和需求,从而提前做好准备,满足客户的需求。通过以上方式,人工智能技术在客户画像方面的应用,可以帮助企业深入了解客户,了解他们的需求和偏好。

3. 智能推荐

利用人工智能技术,农产品企业可以根据消费者的历史购买记录和兴趣偏好,为其推荐相关的农产品或优惠活动,提高销售转化率和客户满意度。通过分析用户的历史购买记录、浏览行为、兴趣偏好等数据,人工智能可以生成个性化的产品推荐。当用户在电商平台或农产品销售网站浏览商品时,系统会自动根据用户的个性化特征推荐与其兴趣相关的农产品,提高用户购买意愿和交易转化率。人工智能可以根据用户购买历史和消费习惯,智能生成套餐推荐。例如,针对家庭用户,系统可以推荐一组适合家庭消费的农产品套餐,满足家庭日常需求。通过人工智能的交叉销售算法,系统可以根据用户购买行为,智能推荐与其购买产品相关的其他农产品。这样,当用户购买某种农产品时,系统会智能推荐其他搭配的农产品,增加销售额和用户购买频次。人工智能可以通过实时监测用户行为,及时更新推荐结果。例如,当用户在搜索引擎中输入相关关键词或在社交媒体上讨论特定农产品时,系统可以即时推送相应的农产品推荐信息。通过人工智能技术,系统可以综合考虑多个维度的信息,如用户兴趣、需求、地理位置等,生成更加准确和全面的产品推荐。人工智能技术在智能推荐方面的应用,可以提高农产品市场营销的精准度和效率,为用户提供更加个性化和优质的购物体验,同时也促进了农产品的销售和推广。

4. 聊天机器人

在农产品企业的网站或社交媒体平台上,可以通过聊天机器人与消费者进行实时的互动和咨询,解答消费者的问题,提供购买建议,增强用户体验。聊天机器人可以在农产品销售平台或官方网站上实时为用户提供客户服务和咨询。它可以回答用户关于产品特性、价格、生产过程等问题,帮助用户解决疑惑,提供及时有效的服务。聊天机器人可以帮助用户跟踪订单状态,及时通知用户订单的发货、派送等情况,提供更好的购物体验。通过分析用户的聊天记录和购买行为,聊天机器人可以生成个性化的产品推荐。当用户询问产品时,聊天机器人会根据用户的需求和偏好,智能推荐适合的农产品,提高用户的购买兴趣和转化率。聊天机器人可以与用户进行互动,推广特定的优惠活动、促销信息或新品上市等营销内容,吸引用户关注并增加销售量。聊天机器人可以实时收集用户的反馈和意见,帮助农产品企业了解用户需求和市场动态。通过对用户数据的分析,企业可以优化产品和服务,提升市场竞争力。对于国际市场,聊天机器人可以支持多种语言,帮助企业拓展海外市场,吸引更多国际用户。通过聊天机器人的应用,农产品市场营销可以实现全天候的客户服务,提高用户满意度,提供个性化的购物体验,并通过数据分析优化营销策略,增加销售额和市场份额。

5. 视觉识别技术

视觉识别技术可以帮助农产品企业对农产品进行自动识别和分类。例如,通过拍摄或上传农产品照片,系统可以自动辨识产品种类、品质和成熟度,为企业进行库存管理和销售计划提供便利。在农产品加工和包装过程中,视觉识别技术可以用于质量检测。系统可以自动检测农产品的大小、形状、颜色和瑕疵,帮助企业及时发现和处理不合格产品,确保产品质量和安全。通过视觉识别技术,企业可以对消费者行为进行分析和识别,了解用户的兴趣和喜好,从而提供个性化的推荐和营销策略。例如,根据用户在社交媒体上发布的照片,识别用户喜欢的农产品种类,并向其推送相关产品的广告或优惠信息。视觉识别技术可以用于视频内容的识别和分析。农产品企业可以通过分析用户在视频平台上的观看行为和喜好,了解用户对产品的兴趣,制定更具针对性的视频营销策略,吸引更多用户关注和转化。视觉识别技术可以用于监测用户在购物过程中的行为和反应。例如,在实体店铺中安装摄像头,可以分析用户在购物过程中的面部表情和动作,从而了解用户的满意度和体验,帮助企业改进服务和产品设计。总体而言,视觉识别技术为农产品市场营销带来了更多的智能化和个性化应用,提高了企业的运营效率,提升了用户体验,增强了市场竞争力。然而,随之而来的数据隐私和安全问题也需要得到重视,企业应谨慎使用和保护用户数据,确保合法合规的应用。

6. 农产品供应链管理

人工智能技术可以优化农产品的供应链管理,实现生产、仓储、运输等环节的智能化和自动化,提高效率和降低成本。人工智能技术可以应用于农产品的质量检测和监控过程中。通过视觉识别技术、传感器等设备,可以对农产品进行快速、准确的质量检测,包括外观、大小、颜色、成熟度等方面。这样可以有效降低人工误差,提高质量检测的精度和效率。人工智能技术可以用于建立农产品质量追溯系统,对农产品的生产、加工、流通等环节进行实时记录和追踪。通过区块链等技术,可以确保农产品的质量信息不被篡改,消费者可以通过扫描产品上的二维码等方式,了解到农产品的生产和流通过程,增加产品的透明度和信任度。人工智能技术可以应用于农产品的质量预测和优化。通过对大量历史数据的分析和学习,人工智能可以预测农产品的质量波动和变化趋势,帮助企业提前做出调整,减少质量问题的发生。同时,人工智能还可以优化生产和加工过程,使产品质量得到进一步提升。当农产品出现质量问题时,人工智能技术可以帮助企业快速找到问题的原因和根源。通过大数据分析和模型推理,可以追溯到可能引起质量问题的具体环节,帮助企业快速采取措施进行修复和改进,降低质量问题对市场声誉的影响。人工智能技术在农产品质量管理中的应用,可以帮助企业提高质量检测精度和效率,建立质量追溯系统,预测和优化质量问题,快速处理质量问题,同时通过客户满意度调查,不断改进产品和服务,提高农产品的质量和竞争力。

7. 质量追溯

通过人工智能技术,农产品企业可以实现对产品质量的追溯,跟踪产品的生产过程、运输过程和存储条件,提高产品的安全性和可信度。人工智能技术可以帮助农产品企业实时采集和记录产品的生产和加工数据。通过传感器、条码、RFID(射频识别)等技术,将数据自动上传到系统中,并与区块链等技术结合,确保数据的安全性和不可篡改性。人工智能技术可以对大量的生产和加工数据进行深度分析,识别出潜在的质量问题和风险因素。同时,可以对农产品的生产流程进行全程溯源,从原料采购到加工和包装,准确记录每一道工序和环节,帮助企业找出问题的根源。通过人工智能技术,农产品企业可以实现全程溯源,并将这些信息与产品包装上的溯源码相结合。消费者可以通过扫描溯源码,追溯产品的生产和流通过程,了解产品的来源和质量信息,增加对产品的信任度。基于人工智能技术,农产品企业可以建立质量预警系统。通过实时监测和分析数据,系统可以自动检测异常情况和潜在的质量问题,并及时发出预警,帮助企业采取措施预防质量问题的发生。人工智能技术可以提高供应链的透明度,帮助企业监控和管理供应链各环节的质量状况。这样可以更好地控制质量风险,提高产品质量和安全性。

总的来说,人工智能技术为农产品市场营销提供了更多的智能化、个性化和高效化的手段,帮助企业更好地了解市场和消费者,优化营销策略,提升竞争力和市场影响力。

二、物联网技术

物联网技术(internet of things,简称 IoT)是指将智能设备、传感器、计算机和网络等技术相互连接,并通过互联网实现相互通信和数据交换的一种技术体系。物联网技术使得各种物理设备和对象能够感知、收集和传输数据,从而实现实时监控、远程控制和智能决策。

在物联网中,设备和物体可以是各种各样的,如家用电器、工业机器、智能传感器、车辆、街灯、健康监测器等。这些设备通过嵌入传感器和通信模块,能够感知周围环境的变化并将数据传输到云端或其他设备。随后,这些数据可以被分析、处理和应用,用于实时监控、预测分析、自动控制和智能决策。

物联网技术的应用非常广泛,如智能家居,通过连接家用电器和设备,实现智能控制、节能优化和安全监控;工业自动化,将工厂中的设备和机器连接起来,实现智能生产和远程监控;智能交通,连接车辆和交通设施,实现智能导航、交通管理和车联网服务;智能健康,利用可穿戴设备和传感器,监测健康状况和提供远程医疗服务;农业物联网,在农业领域应用物联网技术,实现农作物监测、智能灌溉和精准农业管理;城市管理,通过连接城市中的设施和设备,实现智能城市管理和服务;环境监测,利用传感器监测环境污染和气象数据,实现环境保护和预警系统;等等。

物联网技术的发展为各行各业带来了巨大的变革和创新,提高了生产效率,优化了资源利用,改善了生活品质,并在未来将继续推动社会的数字化、智能化和互联网化发展。然而,也需要关注和解决相关的安全和隐私问题,确保物联网技术的可靠性和可持续发展。

物联网技术在农产品营销中扮演着重要的角色,为农产品的生产、加工、运输、销售和消费等各个环节提供了智能化和数字化的解决方案。物联网技术在农产品营销中发挥着日益突出的重要作用。

1. 生产监测和管理

物联网技术在农产品营销中的生产监测和管理方面扮演着至关重要的角色。通过在农田、温室、牲畜场等地方安装物联网传感器,可以实时监测土壤湿度、温度、光照等环境参数。这些传感器能够精准地收集农作物和牲畜的生长情况,为农民提供关键的决策支持。借助物联网技术,农民可以远程监控和管理农业生产,及时调整灌溉和施肥系统,确保作物获得最佳的生长条件。同时,监测牲畜的行为和健康状况也变得更加便捷。物联网传感器能够检测牲畜的体温、运动情况等指标,及时发现异常状况,并进行相应处理,提高养殖效率。此外,物联网技术所收集的大量数据还可以进行深度分析,为农民提供更为准确的生产建议和优化方案。通过对数据的分析,农民可以了解作物的生长状态、植株营养需求等信息,有针对性地进行农业管理,从而提高产量和品质。物联网技术在农产品营销中的生产监测和管理方面为农民带来了前所未有的便利。凭借实时监测和远程管理的优势,农民可以精确地了解和把握生产环境的变化,有效地应对各种挑战,进而提高农产品的生产效率和质量,实现可持续农业发展。

2. 供应链追溯

供应链追溯是农产品营销中物联网技术的另一个重要应用方向。借助物联网技术,农产品从生产到消费的全程信息可以实时被记录、跟踪和存储。这项技术为供应链提供了高度的透明度和可追溯性,为消费者提供了更加可靠的产品信息。在农产品包装上加装二维码或 RFID 标签成为可能,这些标签上记录着产品的生产地点、种植或养殖方法、加工过程、运输路径等详细信息。当消费者购买产品后,可以通过智能手机等设备扫描产品上的标签,即刻获得产品的全程追溯信息。消费者能够轻松了解产品的生产环境、质量控制措施以及运输过程,这种透明度增加了消费者对产品的信任度。供应链追溯技术为农产品营销带来了更多的优势。首先,它有助于防范食品安全问题,如果出现食品安全问题,追溯系统可以快速定位问题源头,采取及时有效的措施。其次,供应链追溯也为农产品的品牌建设和营销带来了新的机遇。透明的供应链信息传递给消费者,加强了产品的可信度,提高了品牌形象。在数字时代,消费者对产品的质量和安全性要求越来越高。供应链追溯作为一种高效的技术手段,不仅增加了消费者对农产品的信任感,还为农产品营销打开了新的营销渠道和竞争优势。通过物联网技术的应用,农产品市场营销的可持续发展得以推进,同时为农民和消费者带来了更好的体验和福祉。

3. 农产品智能包装

农产品智能包装是物联网技术在农产品营销中的又一重要应用领域。通过物联网传感器的应用,农产品的包装可以实现智能化监控,确保产品在运输和储存过程中始终处于最佳状态,从而有效地延长产品的保鲜期,并降低损耗率。传感器可以实时监测农产品包装内部的温度、湿度、氧气和二氧化碳浓度等关键环境参数。一旦检测到环境异常或超过预定阈值,传感器会立即发出警报,通知相关人员进行及时干预和调整。例如,如果农产品在运输过程中遭遇过高温度,传感器会及时报警,使运输员可以采取措施降低温度,确保产品的品质和安全。智能包装的应用带来了多重好处。首先,通过智能监控,农产品在运输和储存中的保鲜期得以有效延长,有助于减少食品损耗和浪费,提高资源利用率。其次,智能包装提供了实时的数据和信息,帮助企业更好地掌握产品的运输和储存情况,优化物流管理,降低运营成本。农产品智能包装也为营销带来了新的机遇。包装上的智能传感器可以记录产品的历史信息,如种植地点、采摘时间、生产工艺等,通过扫描包装上的二维码或 RFID 标签,消费者可以获取到这些信息,增加产品的透明度和信任度。智能包装为农产品营销提供了全新的互动体验,激发了消费者的兴趣,增加了产品的吸引力。

4. 仓储和物流管理

在农产品市场营销中,物联网技术在仓储和物流管理方面发挥着至关重要的作用。借助物联网传感器,农产品的仓储和运输环节可以实现智能化监控,从而确保农产品在整个供应链中的安全和质量。物联网传感器可以实时监测农产品仓库内部的温湿度、气氛等参数。这些关键环境参数对于农产品的保存和保鲜非常重要。一旦监测到仓库环境异常或超过预定的安全范围,传感器将立即发出警报,通知仓库管理员进行及时调整和处理,避免产品因环境问题而受损。此外,物联网技术还可以应用于农产品的物流管理中。在运输过程中,传感器可以监测运输车辆的温度、湿度等条件,确保产品在运输中保持最佳状态。运输员可以通过实时数据监控产品的状况,及时调整运输条件,以确保产品的质量和安全。物联网技术的应用还为仓储和物流管理带来了更高的智能化水平。传感器可以与物流管理系统相连接,实现全程追踪和监控,提高物流管理的效率和准确性。这有助于减少人力成本和时间成本,提高物流运作的效率和可靠性。

5. 农产品销售和营销

通过物联网传感器,农产品销售点可以实现实时监控和数据采集,从而全面了解销售情况,包括销售数量、销售速度、库存情况,等等。实时监控销售点的数据可以帮助农产品企业及时了解市场需求和消费者偏好的变化,从而做出及时的调整和优化营销策略。例如,当某种农产品的销售量较低时,可以及时降价促销或推出优惠活动,以吸引更多消费者购买;而当某种农产品的销售量较高时,可以增加供应量,以满足市场需求。此外,物联网技术还可以实现农产品销售数据的远程传输和存储,使得农产品企业可以在不同时间和地点对销售数据进行分析和比对。这有助于农产品企业更好地了解销售趋势和市场动向,从而制定更精准的营销策略,提高销售业绩。除了实时监控销售点的销售情况,物联网技术还可以应用于农产品的市场调研和客户画像。通过物联网传感器收集的数据,可以深入了解消费者的购买习惯、偏好和需求,为农产品营销提供更准确的目标客户群体,从而提高营销的精准度和效果。

总体来说,物联网技术为农产品营销提供了更多的数据和智能化工具,可以帮助农业生产者和营销人员更好地了解市场需求,提高农产品的质量和市场竞争力,为农产品营销带来更高效和可持续的发展。

拓展案例

助农直播——短视频平台的农产品营销之道

2022年9月23日是第五个中国农民丰收节,全国不同地区用各自的方式分享着丰收的喜悦。短视频平台快手也于近期发布了《2022年中国农民丰收节快手农产品消费趋势报告》(以下简称《报告》),其中临沂、北京、杭州成为"农产品带货之城",杜果、橘子、榴梿跃居"新国民水果",种子种苗销量走俏等农产品新消费趋势引发关注。

《报告》显示,在以助农直播为首的新服务业态的推动下,我国正涌现出一批特色的"农产品带货之城",不仅加速了农产品的流通,带动农民致富,也丰富了城市农产品供给,让物美价廉的蔬菜水果走入寻常百姓家。同时,"短视频+直播"平台也正在加速从消费力向农业生产力的构建。

助农直播成主流,临沂、北京、杭州成为农产品带货之城

在现代物流体系完善的条件下,快手等平台的出现正在扩宽农产品的贸易范围和客户群体,减轻供需双方的信息不对称的难题,"助农直播"成为畅通农产品通路的主要方式之

一。《报告》显示,2022 年,快手农产品带货数量最高的十个城市分别为:临沂、北京、杭州、连云港、昆明、西安、西宁、青岛、沈阳、攀枝花。除北京、杭州、西安等农产品供需都较为旺盛的高线城市外,越来越多中低线城市在直播的带动下强力"出圈"。其中,作为蔬菜之乡的临沂已然从过往只负责前端蔬菜供应的"菜篮子",变成跑通产销全流程的"带货之城"。

与此同时,西部城市带货势头凶猛,在农产品带货城市增速 TOP10 中,南宁、西安、成都三大西部城市分列 3～5 位。广西沃柑、陕西苹果等特色农产品正在通过"直播带货"的形式走向全国各地。

甘肃定西的王东平,早年因为信息不畅,没有人脉资源被骗 300 万元。2019 年,他在快手开直播聊蔬菜行情,发布蔬菜需求的短视频消息,帮助菜农和外地菜老板搭建了桥梁。让整个卖菜、收菜的过程变得顺畅又高效。目前,王东平拥有 5000 多位菜农粉丝,许多菜农通过王东平提高了收入。

大到国际都市,小到东西部小城,快手已经逐渐成为全新的蔬菜行业上下游人群的集合地,助农直播也成为农户展示自己新鲜农产品的"新集市"。

热带水果席卷全国,杧果、橘子、榴梿成"新国民水果"

"直播+短视频"一面打通了农产品的销路,一面也满足了人们对各地新鲜瓜果蔬菜的口腹之欲。南方的杧果、榴梿,北方的苹果、李子,水果的馨香甘甜从助农直播间飘到了国内各个角落。《报告》显示,2022 年 1—8 月,快手平台上销量最高的水果 TOP 6 分别是杧果、橘子、榴梿、桃李杏、橙子、苹果,热带水果独霸前三位。且无论南北方,杧果都格外受欢迎,成为当之无愧的"新国民水果"。

除杧果这一共同喜好外,南北方对其他水果的喜爱则有所不同,北方人普遍偏爱橘类、瓜类、榴梿等南方水果,而南方对桃李杏等北方特有水果钟爱有加,背后体现的是人们对多元农产品的包容与喜爱。

据统计,2021 年,数十亿个商品订单通过快手发往全国各地,农产品订单有近 5.6 亿个。无论是甘甜如杧果,还是清甜如桃李,丰富的水果种类愉悦了消费者们的味蕾,也提高了农户的收入。

种子种苗成"香饽饽",短视频+直播也能带来生产力

今天的短视频平台不只是个农产品集散市场,更是个农业学习平台,"怎么施肥作物才能长得好""猕猴桃种苗怎么培育"……在快手,全国各地的农业技术专家在讲授着实用的农技知识。

有着近 20 年苹果种植经验的农业经理人陈厚武(网名:江苏小苹果),2018 年开始在快手平台教农民种植苹果。3 年时间里,大批农民朋友通过他的线上指导,使自家苹果产量、质量大幅提升,收入翻倍。陈厚武通过直播苹果种植技术粉丝量达到 40 万,每场直播观众能达到 10 000 人左右,许多农民每晚都听他的直播讲课,认真做笔记。

快手上活跃着许许多多像"江苏小苹果"这样的农业技能主播。短视频平台正逐步成为农民"学技术"的重要渠道之一。除了学农技,农民也在快手上购买各种各样的农资农具,《报告》显示,2022年前八个月,快手电商农资农具销量TOP3的品类分别为种子/种苗、肥料、饲料。为了让广大农民能用上放心的农资农具,快手电商成立50家农资服务站,并和7个品牌农资厂家一起联名推出快手专供款农资商品。

无论是拉动农产品供需的消费力,还是提升农业生产质量的生产力,从农产品消费趋势中不难看出,"直播助农"正在推动数字经济的发展红利向农村地区渗透,这种红利在不断拉近城乡差距的同时,也极大丰富了各个地区的供给。专家表示,快手等短视频直播平台在推动农村高质量发展中正在发挥重要作用,通过数字赋能农业、农村和农民,推动农村的高质量发展。

资料来源:周靖杰.快手发布农产品消费趋势报告:助农直播成农产品的"新集市"[EB/OL].新华网,http://www.xinhuanet.com/tech/20220923/0ae8ff92b5cd41fb9c6874939450176b/c.html.2022-09-23.

思考题

1.人工智能技术在农产品营销中的应用能否改善供应链的可追溯性和产品质量?请探讨如何利用人工智能分析数据来优化农产品供应链,并确保农产品的安全和合规性。

2.人工智能在农产品市场调研和消费者画像方面的应用如何改变了农产品企业的市场分析和营销策略?分析这些新技术如何帮助农产品企业更好地了解消费者需求,并根据市场数据做出更准确的营销决策。

农产品市场营销的信息化平台及其应用

本章将介绍农产品市场营销的各类信息化平台的建设及其应用,旨在帮助学生理解农产品市场营销中信息化平台的重要性和应用价值。通过对农产品市场营销的公共信息平台、直供配送平台、质量追溯平台、中介服务平台的建设及其应用的介绍,帮助学生认识信息化技术在农产品市场营销中的关键作用,及其如何促进农产品的销售和流通、提高市场透明度和质量追溯、加强供需双方的交流与合作,同时了解到信息化技术的推广应用对农业产业的数字化转型和提升竞争力的重要性。

第一节　农产品市场营销的公共信息平台建设与应用

农产品市场营销的公共信息平台是指通过信息化技术建立的一个公共化、开放式的平台,旨在汇集、整合和共享农产品市场信息。这个平台可以涵盖农产品的生产、流通、销售、价格、质量、市场需求等方面的信息,并为生产者、经销商、零售商、消费者等各方提供便捷的信息查询和交流渠道。

公共信息平台的建设与应用对于农产品市场营销具有重要意义。首先,它能够提高市场决策的准确性和效率。通过汇集大量的市场信息,农产品生产者和经营者可以更好地了解市场需求和动态,有针对性地调整生产和销售策略,从而提高市场反应速度,降低经营风险。其次,公共信息平台有助于促进信息公开和透明。农产品市场信息的公开共享,能够减少信息不对称,消除信息壁垒,让所有市场参与者都能获得同样的信息,从而减少信息不对等带来的不确定性,增加市场的竞争公平性。再次,公共信息平台能够加强市场主体之间的交流与合作。通过平台上的信息发布和交流功能,不同的市场主体可以更便捷地联系和合作,形成良性的市场生态圈。例如,农产品生产者可以直接与经销商和零售商沟通,了解市场需求和消费者反馈,从而更好地调整产品质量和种植计划。最后,公共信息平台还有助于提升农产品市场的整体效率和竞争力。通过信息共享和整合,农产品市场可以更高效地配置资源,避免信息碎片化和冗余浪费,从而提高市场运作效率和产品质量,增强市场的竞争力。

总的来说,农产品市场营销的公共信息平台建设与应用,对于推动农产品市场的数字化转型、提高市场运作效率和促进市场主体之间的交流合作,具有重要的推动作用。通过这个平台,农产品市场的信息流动和资源配置将更加顺畅和高效,有助于实现农产品市场的可持续发展和繁荣。

一、农产品市场营销的公共信息平台建设

农产品市场营销的公共信息平台建设是指在农业领域建立一个集成的、开放的、公共的信息平台,用于收集、整合、发布和传播有关农产品市场的信息,以提供全面、准确、及时的市场信息,促进农产品的销售和推广。以下是农产品市场营销的公共信息平台建设的关键步骤和要点。

1. 确定目标与需求

在农产品市场营销的公共信息平台建设中,确定目标与需求是一个至关重要的步骤。首先,建设者需要明确平台的整体目标和使命,即该平台的主要目的和所要达成的目标。例如,该平台的目标可能是促进农产品市场信息的透明度和公开性,提供全面的市场行情和价格信息,增加市场参与者的互动和交流。其次,需要深入了解市场主体的需求。这包括生产者、经销商、零售商和消费者等各方的信息需求和交流需求。通过市场调研、与相关利益相关者的沟通和交流,建设者可以了解到不同市场主体对于信息平台的期望和要求。比如,生产者可能需要及时了解市场的供求状况和价格波动,经销商可能需要更便捷地找到合适的供应商,消费者可能需要了解产品的质量和来源信息。在了解了市场主体的需求后,建设者可以根据这些需求来制定相应的平台功能和服务设计方案。这些功能包括信息发布、交流互动、数据查询等,以满足不同市场主体的需求。此外,建设者还需要考虑平台的技术架构和数据管理方式,确保平台的安全性和可靠性。总的来说,确定目标与需求是农产品市场营销公共信息平台建设的基础,只有充分理解市场主体的实际需求,才能建设出一个符合市场需求、高效可靠的公共信息平台。同时,定期进行用户反馈和市场调研,不断优化和改进平台,以适应市场的变化和发展。

2. 数据收集与整合

在农产品市场营销的公共信息平台建设中,数据收集与整合是一个关键的环节。数据的收集和整合涉及多个方面,包括市场行情、价格信息、产量统计、质量检测等多种数据来源。首先,由建设者确定收集的数据类型和范围。这涉及平台的定位和目标,例如平台是以提供市场价格为主,还是更注重农产品产量和质量等信息。建设者需要明确自己的定位,并确定需要收集的数据种类。其次,建设者需要选择合适的数据收集方法。数据收集可以通过多种途径进行,例如定期向农产品交易市场、产地或农户收集数据,使用传感器等物联网技术实时监测和采集数据,利用调研问卷等方式获取用户反馈等。然后,收集到的各类数据

需要进行整合和清洗。由于数据来源多样,格式可能各异,建设者需要对数据进行统一整合和清洗,以确保数据的准确性和一致性。在数据整合的过程中,还需要考虑数据的安全性和隐私保护。农产品市场涉及各方的商业信息和敏感数据,建设者需要采取相应的措施,确保数据不被泄露和滥用。最后,整合好的数据可以在平台上进行展示和应用。建设者可以通过数据图表、报表等形式,向用户展示市场行情、价格走势等信息,为用户提供决策参考和市场分析依据。总的来说,数据收集与整合是农产品市场营销公共信息平台建设的基础工作,只有确保数据的准确性和完整性,才能为用户提供有用的信息和服务,提升平台的价值和影响力。同时,随着科技的发展和数据技术的不断进步,数据的收集和整合将变得更加智能和高效。

3. 数据分析与挖掘

数据分析与挖掘在农产品市场营销的公共信息平台建设中扮演着至关重要的角色。通过对平台所收集的大量数据进行深入分析和挖掘,可以帮助企业更好地了解用户行为和市场趋势,从而做出更明智的决策和优化营销策略。在数据分析方面,平台可以通过各种指标来评估用户的活跃度、转化率、留存率等关键指标,了解用户对农产品的兴趣和偏好。通过对用户行为的监控和分析,可以发现用户的购买意向和需求,进而有针对性地推出相关农产品或营销活动,提高用户的参与度和转化率。数据挖掘则是更深入的数据分析过程,通过使用各种算法和模型来挖掘潜在的有价值的信息。比如,通过用户行为的模式识别,可以发现用户的隐藏需求和偏好,从而提供更个性化的推荐和定制化的服务,增强用户黏性和满意度。另外,数据分析与挖掘还可以帮助企业发现市场的趋势和竞争对手的动态,及时调整营销策略和产品定位。通过对竞争对手的数据进行对比分析,企业可以找到自身的优势和劣势,找准市场定位和差异化竞争的方向。综上所述,数据分析与挖掘是农产品市场营销的公共信息平台建设中的关键环节,通过科学的数据分析和挖掘,企业可以更好地了解用户和市场,优化营销策略,提高用户满意度,从而推动农产品市场的健康发展。

4. 平台建设与技术支持

平台建设与技术支持是确保平台高效运行和可持续发展的关键要素。在建设公共信息平台时,需要考虑以下几个方面:

(1)平台建设。平台建设包括网站或应用程序的开发和设计。首先,需要确定平台的功能和特性,确保能够满足用户的需求。其次,选择合适的技术和框架来搭建平台,以确保平台的稳定性和可扩展性。平台的界面设计要友好,便于用户使用和导航。

(2)数据安全。农产品市场营销的公共信息平台涉及大量的用户数据和交易信息,因此数据安全是至关重要的。平台建设时需要采取严格的数据加密和安全措施,保护用户的隐私和敏感信息不受泄露或攻击。

(3)技术支持。平台建设后需要持续的技术支持和维护。及时解决平台出现的故障和问题,确保平台的稳定运行。同时,随着技术的不断发展,平台也需要进行升级和优化,以适应市场的变化和用户的需求。

(4)移动端应用。随着移动互联网的发展,移动端应用成为越来越重要的渠道。建设农产品市场营销的公共信息平台时,需要考虑开发移动端应用,以便用户在手机和平板电脑上访问平台和进行交易。

5. 用户参与与反馈

通过积极鼓励用户参与和及时收集用户反馈,平台可以建立起与用户之间的良好互动关系,进而优化农产品的推广和营销策略,提高用户体验和满意度。公共信息平台应该为用户提供多样化的参与机会。这可以包括用户留言板、评论功能、调查问卷、用户投票等方式,让用户参与平台内容的生成和互动。通过及时回应用户的留言和评论,平台可以增强用户的参与感,建立用户的信任和忠诚度。平台应该积极收集用户的反馈信息。用户的反馈包括对农产品的评价、建议和意见等,这些信息对于农产品的改进和优化非常重要。通过收集和分析用户反馈,平台可以了解用户的需求和期望,及时调整产品和服务,提高用户满意度。公共信息平台还可以通过举办线上活动、抽奖等形式,吸引用户参与,增加用户黏性和互动性。同时,平台可以设立用户奖励机制,对于积极参与和提供有价值反馈的用户进行奖励,进一步鼓励用户参与和积极反馈。平台应该及时回应用户的问题和需求。用户在使用农产品市场营销的公共信息平台时可能遇到各种问题,如产品咨询、订单查询等。及时回应用户的问题,解决用户的困扰,能够增加用户的满意度和信任感。用户参与与反馈是农产品市场营销的公共信息平台建设中的重要环节。通过鼓励用户积极参与和收集用户反馈,平台可以建立良好的互动关系,优化农产品的营销策略,提高用户满意度,推动农产品市场的健康发展。

6. 保障数据安全与隐私

在农产品市场营销的公共信息平台建设中,保障数据安全与隐私是至关重要的方面。随着信息化技术的发展,数据的收集和存储变得越来越普遍,但同时也带来了数据安全和隐私保护的挑战。为了确保用户数据的安全和隐私不被泄露或滥用,平台需要采取一系列措施。平台应强化数据安全措施,包括使用加密技术保护数据传输,设置严格的权限控制,建立完善的数据备份和恢复机制,以防止数据丢失或损坏。平台需要遵守相关的法律法规,特别是涉及个人隐私保护的法律规定。平台应明确告知用户数据的收集目的和使用范围,并征得用户的同意。对于未经用户授权的数据使用,平台应严格禁止,并及时处理用户的数据请求和投诉。平台应定期进行安全审查和风险评估,发现潜在的数据安全风险,并及时采取措施进行修复和改进。此外,平台应建立投诉与反馈机制,让用户可以随时向平台反映数据安全和隐私问题,及时处理用户的投诉和请求。平台的员工应接受数据安全和隐私保护方面的培训,提高他们的安全意识和保密意识,确保他们不会滥用用户数据或泄露用户隐私。

保障数据安全与隐私是农产品市场营销的公共信息平台建设中不可忽视的方面。只有建立严格的数据安全措施和隐私保护机制,才能确保用户数据的安全和隐私,增加用户的信任和满意度,推动农产品市场的持续健康发展。

7. 政府支持与合作

政府应支持农产品市场营销的公共信息平台建设,提供相关政策支持和资源投入,同时与平台开展合作,共同维护市场秩序和稳定。在农产品市场营销中,政府支持与合作扮演着重要角色。政府应出台针对农产品市场的支持政策,如补贴销售、提供市场准入优惠、推动品牌建设等,降低成本、拓展销售渠道,提升市场竞争力。政府应为农产品市场提供资金支持,包括展销补贴、营销推广活动资金等,促进农产品推广和销售。政府组织农产品展销会、专业展览等活动,提供对接平台,促进市场需求与农产品供给的有效匹配。同时,政府应加强农产品质量监管,建立质量标准和认证体系,保障农产品的质量与安全,增强消费者信心,推动市场发展。政府还应开展农产品市场营销培训和指导,提升市场意识和经营能力,促进农产品的市场化转型。通过政府的支持与合作,农产品市场营销得到政策和资源的保障,可促进农产品的推广和销售。政府的监管和政策支持也有助于提高农产品的质量与信誉,增强消费者对农产品的认可和信任。政府与农产品企业的紧密合作,是促进农产品市场发展和提升农产品竞争力的重要因素。

通过建设这样的公共信息平台,农产品市场的透明度和效率将得到提高,农产品的销售和推广将更加精准和有效,同时有助于促进农产品市场的健康发展和农业产业的升级。

二、农产品市场营销的公共信息平台应用

农产品市场营销的公共信息平台应用涵盖多个方面,旨在提供全面、准确、及时的市场信息,促进农产品的销售和推广。以下是公共信息平台在农产品市场营销中的应用:

1. 价格信息发布

农产品市场营销的公共信息平台在价格信息发布方面发挥着至关重要的作用。通过这些平台,政府或相关机构可以及时收集、整理、分析并发布农产品的市场价格信息,让农民、生产者、经销商和消费者等各方能够及时了解当前市场价格情况,从而做出更明智的决策。首先,公共信息平台提供实时价格发布,将农产品的价格信息及时传达给广大参与者。农产品的价格受到众多因素的影响,包括季节性、气候变化、市场供求关系,等等,因此价格波动频繁。通过实时发布价格信息,农民和生产者可以根据市场行情调整销售策略,选择最佳时机出售产品,从而获得更好的收益。同时,经销商和消费者也可以及时了解市场价格变动,做出相应的采购和消费决策。其次,公共信息平台进行价格趋势分析,为农产品市场参与者提供市场走势的参考。通过数据分析和挖掘技术,平台可以对历史价格走势进行统计和分析,预测未来价格趋势。这样,农民和生产者可以更好地了解市场的发展趋势,做出相应的

生产和销售计划。同时,价格趋势分析也为经销商和消费者提供了市场走向的预测,有助于调整采购和消费策略,降低市场风险。最后,公共信息平台进行区域价格比较和市场价格监测,促进市场价格的透明和公平竞争。不同地区的市场价格存在差异,通过平台发布的区域价格比较数据,农民和生产者可以选择更具有竞争力的市场进行销售,增加产品的市场竞争力。同时,平台对市场价格的监测和预警有助于发现价格操纵、垄断等不正当行为,维护市场价格的公平竞争环境。价格透明度的提高,消除了信息不对称,有助于促进农产品市场的健康发展。

2. 供需信息分析

通过平台收集、整合和分析农产品的供需信息,农产品市场营销的公共信息平台为农产品市场的参与者提供全面的市场信息和动态,帮助农民和农业企业预测市场需求,调整生产计划,避免产销不平衡。其作用包括以下几个方面。

(1)数据收集与整合。公共信息平台通过从多个渠道收集数据,包括政府部门、农产品生产者、经销商、零售商和消费者,收集大量关于农产品供应和市场需求的数据。这些数据涵盖了不同农产品的产量、库存、销售量、价格和消费者偏好等信息。

(2)市场趋势分析。公共信息平台利用大数据分析和人工智能技术对供需数据进行深入分析,识别市场的趋势和变化。通过对历史数据的挖掘和趋势预测,平台可以帮助农产品市场的参与者了解市场的发展动向,及时做出调整和决策。

(3)市场预测与规划。通过对供需数据的分析,公共信息平台可以预测未来市场的供需状况。这有助于农产品生产者和经销商做出相应的生产规划和销售计划,以满足市场需求和规避市场风险。

(4)定价策略制定。供需信息分析为农产品的定价策略制定提供了依据。平台通过对市场的供应量和需求量进行评估,帮助农产品企业制定合理的定价策略,确保产品在市场中具有竞争力。

(5)市场营销策略优化。公共信息平台还可以为农产品市场营销策略的优化提供支持。通过了解市场需求和竞争情况,平台可以帮助农产品企业优化其市场推广活动,提高产品的知名度和销售量。

农产品市场营销的公共信息平台应用在供需信息分析方面发挥着至关重要的作用。通过收集和整合农产品市场的供应和需求数据,平台利用大数据和人工智能技术对市场状况进行实时监测和分析,从而预测农产品的供需平衡状况,帮助农产品企业和政府部门及时调整生产和销售策略。此外,平台实时监测农产品的供应量和市场需求,帮助分析价格的波动趋势,为市场参与者制定灵活的价格策略提供依据。同时,公共信息平台提供市场调查和决策支持,政府部门和农产品企业可以根据平台提供的市场数据,制定更加科学合理的政策和决策,优化资源配置,提高市场运作效率。通过供需信息分析,不同地区的农产品市场可以实现跨区域的合作与资源整合,优化农产品的生产和销售布局,提高资源利用效率,推动农产品市场的整体发展。综上所述,农产品市场营销的公共信息平台在供需信息分析方面的应用,对于促进农产品市场的健康发展具有重要的意义。

3. 优质产品推广

通过农产品市场营销的公共信息平台,农产品企业可以向广大消费者宣传和推广其优质产品。首先,平台提供了一个广阔的传播渠道,使优质农产品得以展示在全球范围内。通过多种形式的信息发布,如图片、视频、文字等,企业能够生动地展示产品的种植、生产、加工过程,突出产品的独特之处和高品质特点,吸引潜在消费者的注意。其次,公共信息平台为企业提供了定向推广的机会。通过精准的用户定位和数据分析,企业可以将优质产品的广告投放给感兴趣的目标客户群体,提高推广效果和转化率。再者,平台上的用户互动和反馈功能,使得消费者能够直接参与产品的讨论和评论,提供宝贵的意见和建议。企业可以借此机会与消费者进行更紧密的互动,增强用户黏性和忠诚度。最后,公共信息平台的可信度和透明度,为优质产品的推广增添了信心。消费者可以通过平台查看产品的质量追溯信息、认证机构评价和其他用户的评价,对产品的质量和信誉产生信任。综上所述,农产品市场营销的公共信息平台在优质产品推广方面具有重要意义,有助于提升农产品的知名度和竞争力,促进优质产品在市场中获得更广泛的认可和销售。

4. 进出口贸易信息

农产品市场营销的公共信息平台在进出口贸易信息方面发挥着重要作用。该平台为农产品企业提供了及时、全面的进出口贸易信息,帮助企业了解国际市场的需求与供应情况,从而更好地开展贸易活动。首先,平台汇集了各类农产品的进出口贸易数据,包括价格、数量、目的地国家等信息。通过这些数据,企业可以对农产品的国际市场趋势进行分析和预测,有针对性地调整产品的定价和市场推广策略。其次,公共信息平台为农产品企业提供了一个展示产品的窗口。通过平台发布优质农产品的详细信息和贸易条件,企业能够吸引更多国际买家的关注,促成更多的贸易合作。平台的多语言功能也有助于突破语言障碍,扩大产品的国际影响力。再次,平台上的进出口贸易相关政策和法规解读,为企业提供了准确的贸易法规信息和政策指导。这有助于企业合规经营,降低贸易风险,避免因不了解相关法规而导致的贸易纠纷。最后,公共信息平台为进出口贸易提供了交流和合作的机会。通过平台的社交功能,企业可以与国际买家建立联系,开展线上线下的贸易洽谈,推动农产品的国际化发展。农产品市场营销的公共信息平台在进出口贸易信息方面的应用对于促进农产品的国际贸易合作,开拓国际市场具有积极作用。

5. 供应链信息追溯

通过公共信息平台追溯农产品的供应链信息,可以增加产品的可信度和安全性,提高消费者的信任度。通过该平台,农产品企业可以实现对供应链全程的信息追溯,从生产环节到消费环节,确保产品质量和安全。首先,平台收集和整合了农产品生产、加工、运输等各个环节的数据,包括生产者信息、种植和养殖条件、生产过程等。这些数据可以通过扫描产品上的二维码或 RFID 标签来获取,消费者可以随时了解产品的生产过程和来源,增加对产品的信任和认可。其次,平台还可以追溯农产品的运输和储存情况,监测温度、湿度等参数,确保产品在供应链各个环节的安全和质量。如果出现问题,可以追溯到具体环节,及时采取措施,避免扩大影响。再次,公共信息平台还为农产品企业提供了溯源认证和品质证明的功能。通过平台认证,企业的产品质量和供应链透明度得到认可,增加了产品的市场竞争力。最后,供应链信息追溯也有助于推动农产品的溯源标签和认证体系的建立,提高整个行业的质量标准和信誉度。综合而言,农产品市场营销的公共信息平台在供应链信息追溯方面的应用对于保障农产品质量与安全,增强消费者对产品的信任和认可,促进整个农产品产业的健康发展具有重要意义。

6. 交易撮合服务

公共信息平台提供交易撮合服务,将生产者和经销商联系起来,促成交易,提高市场效率。该平台充当着连接买家和卖家的桥梁,通过信息共享和匹配,促进农产品的买卖交易。首先,平台汇集了大量的农产品供应信息和需求信息,包括不同类型的农产品、产地、规格、数量等。买家可以通过平台快速查询和筛选所需产品,节省了寻找合适供应商的时间成本。同时,卖家也能够在平台上发布自己的产品信息,扩大产品的曝光度,吸引更多潜在客户。其次,公共信息平台利用先进的数据分析和智能匹配技术,将买家的需求与卖家的供应进行精准撮合,提高交易的效率和成功率。这种智能撮合服务有助于解决买卖双方信息不对称的问题,促进交易的顺利进行。此外,平台还提供了交易的在线支付和物流配送等服务,进一步简化了交易流程,提升了交易的便利性和安全性。最后,交易撮合服务也为农产品企业提供了更多的合作机会。在平台上,不仅可以找到交易伙伴,还可以寻求合作伙伴,推动农产品产业链的合作与协作。农产品市场营销的公共信息平台在交易撮合服务方面的应用为买卖双方提供了便利,促进了农产品的有效流通和交易,推动了整个农产品市场的发展。

7. 农业技术和培训

农产品市场营销的公共信息平台在农业技术和培训方面发挥着关键作用。首先,该平台通过整合和分享最新的农业技术信息,为农民和农产品生产企业提供了快捷的技术获取途径。农民可以在平台上学习到先进的种植、养殖、施肥、病虫害防治等技术,从而提高农产品的产量和质量。同时,农产品企业也可以了解到最新的生产技术和管理经验,优化生产流程,降低成本,提高效益。其次,公共信息平台为农业培训提供了在线学习和培训资源。通过平台上的培训课程和教学视频,农民和农业从业者可以随时随地学习相关知识和技能,提高自己的专业水平。这种灵活的学习方式有助于解决传统农业培训的时间和地点限制问题,提高培训的覆盖率和效果。此外,农业技术和培训也促进了农业产业链的升级和转型。

通过学习和应用新技术,农民和农业企业可以生产出更加优质和符合市场需求的农产品,提升产品竞争力。同时,农产品市场营销的公共信息平台还为农业专家和技术人员提供了交流和分享的平台,促进了农业技术的创新和进步。总的来说,农产品市场营销的公共信息平台在农业技术和培训方面的应用为农业发展带来了新的机遇和挑战,推动了农业产业的可持续发展。

通过公共信息平台的应用,农产品市场的信息传递更加迅速、准确,生产者和经销商可以更好地把握市场动态,制定更科学的营销策略,推动农产品市场的发展和农业产业的提升。同时,公共信息平台的开放性和公正性也有助于维护市场秩序和促进资源优化配置。

第二节　农产品市场营销的直供配送平台建设与应用

农产品市场营销的直供配送平台是一种利用信息技术和互联网平台,将农产品生产者、供应商和消费者直接连接起来的平台。它的主要目标是通过优化供应链管理,使农产品从产地直接送达消费者手中,去除中间环节,降低物流成本,提高供应链的效率和稳定性。在这个平台上,农产品生产者可以将他们的产品直接发布在平台上,包括产品的品种、产地、质量、价格等信息,供应商可以根据需求在平台上选择购买农产品,并直接送达消费者。这样一来,消费者可以直接从农产品生产者那里购买到新鲜、优质的农产品,同时也为农产品生产者提供了更直接的销售渠道,增加农民的收入。这种直供配送平台通过信息化技术和大数据分析,可以实现农产品的精准匹配,根据消费者的需求和地理位置,将最合适的农产品送达消费者。同时,平台上的数据分析还可以为农产品的市场推广和营销提供科学依据,帮助农产品企业更好地了解市场需求和趋势,制定更精准的营销策略。

总的来说,农产品市场营销的直供配送平台是一种创新的农产品销售模式,通过信息化技术的应用,实现了农产品生产者、供应商和消费者之间的直接连接,优化了供应链管理,能够提高农产品的销售效率和质量,促进农产品市场的发展和繁荣。

一、农产品市场营销的直供配送平台建设

农产品市场营销的直供配送平台是为了实现农产品的快速、高效、安全的流通,将生产者与消费者直接联系起来,减少中间环节,提高农产品的附加值和市场竞争力。农产品市场营销的直供配送平台建设是农产品供应链中的重要环节,它涉及平台规划与设计、农产品供应链整合、农产品信息管理、订单管理系统、物流与配送系统、供应链金融服务、数据分析与营销、用户体验与服务、安全与质量保障,以及宣传与推广等关键要点。

1. 平台规划与设计

农产品直供配送平台的建设首先需要明确平台的目标市场和服务范围。要根据不同的农产品和消费者需求,制定相应的运营策略和商业模式。平台的定位和功能设计也至关重要,需要考虑平台提供的服务内容,如农产品的种类和品质,以及是否提供定制化的服务。此外,技术支持也是平台建设的关键要素,包括平台的软件开发和硬件设施。

2. 农产品供应链整合

农产品直供配送平台需要整合农产品的供应链,确保农产品从产地到消费者手中的畅通无阻。这包括农产品的生产、采购、仓储和物流等环节。平台需要与农产品生产者和供应商建立合作关系,确保农产品的稳定供应和质量可控。同时,物流环节也需要得到有效规划和管理,以确保农产品能够及时、安全地运送到消费者手中。

3. 农产品信息管理

农产品直供配送平台需要搭建农产品信息管理系统,用于采集、录入和更新农产品的相关信息。这些信息包括农产品的品种、产地、质量、价格等,消费者可以通过平台了解到农产品的详细信息,从而做出购买决策。同时,农产品信息管理系统也有助于平台进行数据分析,了解市场需求和产品销售情况,从而更好地调整产品供应。

4. 订单管理系统

建设订单管理系统是农产品直供配送平台的另一个关键要点。该系统需要方便消费者在线下单,实现订单的处理、跟踪和反馈。消费者可以通过平台选择心仪的农产品,并进行在线支付和配送方式的选择。订单管理系统需要高效地处理大量的订单信息,确保订单的准确处理和及时送达。

5. 物流与配送系统

物流与配送系统在农产品直供配送平台中起着至关重要的作用。该系统需要与合作的物流公司进行有效对接,确保农产品能够及时送达消费者手中。物流与配送系统也需要提供物流跟踪服务,让消费者随时了解农产品的配送状态。此外,平台还可以提供灵活的配送方式,如自提点和配送时间的选择,以满足不同消费者的需求。

6. 供应链金融服务

农产品直供配送平台应提供供应链金融服务,解决生产者的资金问题。通过与金融机构合作,为生产者提供资金支持和贷款服务,帮助他们提高生产能力和供应链的稳定性。这将有助于确保供应链的连续性和可靠性,增强农产品的流通能力。

7. 数据分析与营销

农产品直供配送平台需要利用大数据分析技术对农产品市场进行深入分析,了解消费者需求和市场趋势。通过数据分析,平台可以为农产品的推广和营销提供科学依据,制定更有针对性的营销策略,提高销售效率和市场竞争力。

8. 用户体验与服务

农产品建设用户友好的平台界面和服务体系是农产品直供配送平台的重要任务。提供便捷的下单和支付方式,快速的配送服务,以及及时、周到的客户服务,可以增强用户黏性,促进用户重复购买,从而稳固用户基础。

9. 安全与质量保障

直供配送平台必须确保平台上农产品的质量和安全,这是吸引消费者信任的关键因素。建立健全的食品安全管理体系,加强与农产品生产者的质量监控机制,保障消费者的安全和健康,有助于维护平台的信誉和声誉。

10. 宣传与推广

直供配送平台需要加大宣传与推广力度,提高平台的知名度和影响力。通过多种渠道和媒体进行广告宣传,吸引更多的消费者和农产品生产者加入平台,扩大平台的用户规模和市场份额。同时,可以通过与社交媒体、电商平台等合作,进一步扩大平台的影响力和曝光度。

农产品市场营销的直供配送平台的建设需要充分考虑农产品市场的特点和需求,通过技术手段和供应链整合,实现农产品的高效流通和市场拓展,促进农产品产业的发展。同时,平台的建设还需要积极与政府、农民合作,共同推动农产品市场的转型升级。

二、农产品市场营销的直供配送平台应用

农产品市场营销的直供配送平台是为了实现农产品从生产者到消费者的直接供应和销售,从而减少中间环节,提高产品的供应效率和降低成本。这种平台应用在农产品市场营销中具有重要作用,主要涉及以下几个方面。

1. 农产品销售与交易

平台建立线上交易系统,为农产品的销售提供了一个高效便捷的渠道,同时为消费者提供了更加方便和多样化的购买选择。通过直供配送平台,生产者可以直接将农产品销售给消费者,省去了中间环节的费用和时间,降低了农产品的销售成本。而消费者则可以在平台上直接购买所需的农产品,无须到实体店面,节省了购物时间。另外,直供配送平台的灵活性也为农产品交易带来了便利。生产者可以根据市场需求和实际情况,灵活调整产品种类和数量,实现精准供应。与此同时,消费者也可以根据个性化的购买需求,在平台上选择适合的农产品。数据分析是直供配送平台的又一亮点,它为农产品的销售和交易提供了科学依据。通过大数据分析技术,平台能够了解消费者的购买习惯和偏好,为生产者提供市场预测和产品推广的参考,增加销售成功的机会。重要的是,该平台加强了生产者与消费者之间的直接联系,建立起信任和合作的关系。消费者可以更好地了解农产品的生产过程和质量保障措施,增加对农产品的信任度。生产者也可以通过与消费者直接沟通,了解市场需求,

改进产品质量,提高用户满意度。

2. 农产品信息发布与推广

平台提供农产品的详细信息,通过该平台,生产者可以将农产品的详细信息、品种特点、产地介绍等发布给广大消费者。这种直接传递农产品信息的方式,有效地提高了农产品的知名度和曝光率。而消费者则可以在平台上轻松浏览到各类农产品的信息,了解其品质、价格、产地等关键信息,使购物更加便捷和透明。此外,直供配送平台为农产品推广提供了一个更加智能化的途径。通过数据分析技术,平台能够深入了解消费者的购买习惯和偏好,从而有针对性地进行农产品推广策略。定向的推广手段可以更好地吸引目标消费者,提高推广效果,同时减少了不必要的广告成本。直供配送平台还可以为特色农产品的推广提供有力支持。通过平台上的特色农产品专区或推荐栏目,生产者可以突出展示农产品的独特性和地域特色,吸引更多消费者的关注和购买。这种专业化的推广方式,有助于扩大特色农产品的市场份额和影响力。

3. 供应链管理

农产品市场营销的直供配送平台在供应链管理方面扮演着至关重要的角色。平台的建设与运营旨在实现农产品供应链的高效整合和优化,从农产品的生产到最终消费者手中的无缝对接。首先,平台通过信息化手段将生产者、经销商和零售商等各个环节紧密连接,实现供应链的纵向整合,从而确保农产品的顺畅流通和即时供应。其次,直供配送平台能够通过大数据技术对供应链进行深度分析和预测,根据市场需求和消费趋势进行精准的供应链管理。通过对销售数据的实时监控,平台可以迅速调整供应链的供应量和货源配置,确保农产品的及时交付和库存的有效控制。这种数据驱动的供应链管理手段,有效提高了农产品供应链的响应速度和灵活性,更好地满足市场需求。此外,直供配送平台还可以优化农产品的配送环节,提高物流效率和节约成本。通过合理规划配送路线和运输方式,平台能够减少农产品的运输距离和时间,降低物流成本,同时保障农产品的新鲜度和品质。这种高效的配送管理,不仅提升了消费者的满意度,还提高了整个供应链的运作效率。农产品市场营销的直供配送平台在供应链管理方面发挥着重要作用。通过供应链的整合与优化、数据驱动的供应链管理和高效的配送管理,平台为农产品的流通与交付提供了全方位的支持,进一步促进了农产品市场营销的发展和升级。

4. 数据分析与营销

农产品市场营销的直供配送平台在数据分析与营销方面发挥着至关重要的作用。通过平台上的数据分析技术,可以对农产品市场进行深入研究和分析,了解消费者的需求和偏好,把握市场趋势,为农产品的推广和营销提供科学依据。首先,直供配送平台通过大数据技术对销售数据、用户行为和消费趋势进行实时监控和分析。这些数据包含了消费者对不同农产品的偏好、购买频次、购买渠道等信息,从而帮助农产品企业更准确地了解消费者需求,调整产品结构和营销策略,提供更符合市场需求的农产品。其次,平台可以通过数据分析为农产品的定价和促销提供指导。根据市场供求关系和竞争情况,平台可以确定合理的定价策略,确保农产品的价格既具有竞争力又能保障农民的利益。同时,平台可以根据消费者的购买习惯和偏好进行个性化的促销活动,提高销售量和用户满意度。此外,直供配送平台还可以通过数据分析为农产品的市场推广提供支持。通过对消费者的社交媒体行为和口碑评价进行分析,平台可以了解消费者对农产品的评价和反馈,帮助农产品企业优化产品品质和服务,树立良好的品牌形象。农产品市场营销的直供配送平台在数据分析与营销方面的应用,为农产品的推广和营销提供了科学依据和有力支持。通过深入分析市场数据,平台可以更准确地了解消费者需求和市场趋势,从而提供更具竞争力的农产品和更满意的购物体验,促进农产品市场的发展和壮大。

通过直供配送平台的应用,农产品市场营销可以实现从传统线下销售向线上销售的转变,提高销售效率和市场覆盖面,同时降低中间环节,让消费者更便捷地获取优质的农产品,促进农产品市场的健康发展。

第三节 农产品市场营销的质量追溯平台建设与应用

农产品市场营销的质量追溯平台是一种基于信息技术和互联网平台的系统,旨在追踪和记录农产品从生产到销售的全过程,以确保产品的质量、安全和可追溯性。该平台通过收集和整合农产品生产、加工、运输和销售等环节的数据,对农产品的生产、流通和消费进行全程监控和追溯。质量追溯平台通常会使用一系列标识符,如二维码、RFID 标签等,将这些标识符与农产品绑定,以实现对产品信息的溯源。生产者在种植或养殖过程中,会将相关的生产数据上传到平台,包括农药使用、养殖条件、采收日期等。加工和运输环节也会记录相关数据,如加工过程、运输路径等。消费者在购买产品时,可以通过扫描产品上的标识符,查询产品的生产、加工和运输等信息,从而了解产品的质量和安全情况。

农产品市场营销的质量追溯平台的优势在于它提供了一种透明、可信赖的方式来确保农产品的质量和安全。消费者可以通过平台获得更多的产品信息,对产品有更深入的了解,从而增加信任度和满意度。对于农产品企业来说,质量追溯平台还可以帮助他们发现潜在的问题和风险,及时采取措施进行改进,提升产品质量和竞争力。总的来说,农产品市场营销的质量追溯平台是一种重要的质量管理工具,通过信息化技术的应用,实现了农产品全程数据的追踪和监控,保障了农产品的质量和安全,增强了产品的市场竞争力。

一、农产品市场营销的质量追溯平台建设

农产品市场营销的质量追溯平台是为了确保农产品质量和安全,实现产品的可追溯和透明化,从而增加消费者对农产品的信任和认可。农产品市场营销的质量追溯平台建设是一个复杂而关键的过程,涉及多个方面的工作。以下是关于质量追溯平台建设的要点,可以帮助确保平台的有效运作和质量管理。

1. 制定标准和规范

制定标准和规范是农产品质量追溯平台建设的基础。平台应该明确农产品质量追溯的标准和规范,涵盖农产品的生产、采购、仓储、运输、销售等各个环节的质量要求和流程。这些标准和规范应该基于国家相关法律法规和标准,同时结合农产品的特点和行业实践进行制定。制定明确的标准和规范可以确保追溯的数据准确和可靠,为后续数据采集和分析提供基础。

2. 数据采集与记录

数据采集与记录是质量追溯平台建设的核心。平台需要建立农产品质量信息的数据采集系统,涵盖从生产者到供应链各个环节的数据采集。生产者和供应链的参与方需记录相关数据,包括农产品的品种、产地、生产日期、采购渠道、运输信息等。数据采集的准确和及时性对于追溯的有效性至关重要。通过建立数据采集系统,可以将质量信息记录下来,为后续的数据分析和追溯提供支持。

3. 区块链技术应用

区块链技术的应用是农产品质量追溯平台建设的关键。区块链技术可以确保数据的安全性和不可篡改性,保护质量信息不受篡改和泄露。每一条质量信息都将被记录在区块链上,每个区块都有唯一的身份标识,并且不可篡改。这样可以确保数据的真实性和可信度,增强消费者对质量追溯数据的信任。区块链技术还可以实现数据的分布式存储和共享,为平台上的数据共享与透明化提供技术支持。

4. 数据共享与透明化

数据共享与透明化是农产品质量追溯平台的关键目标之一。平台应该设计成可以实现生产者、供应商、批发商、零售商和消费者之间的数据共享的平台。每个环节的数据都可以被其他参与方查看,确保质量信息的透明化和公开化。通过数据共享,消费者可以通过扫描产品上的二维码或查看平台上的数据,了解产品的生产过程和质量信息,增加对产品的信任度。同时,数据共享也有助于供应链的管理和优化,提高农产品市场的整体运作效率。

5. 溯源查询系统

溯源查询系统是质量追溯平台的重要组成部分。通过建立溯源查询系统,消费者可以通过平台查询农产品的溯源信息,追溯产品的生产和流通过程。消费者只需扫描产品上的

二维码或输入产品编号,即可获得产品的生产地点、生产日期、采购渠道、运输信息等详细数据。这些信息的透明公开,让消费者了解产品的质量和安全情况,增加对产品的信任度,同时也鼓励农产品生产者和供应链各环节更加重视产品质量和安全。

6. 安全验证体系

安全验证体系在质量追溯平台建设中起到关键作用。引入验证机制对农产品质量信息进行审核和验证,确保数据的准确性和可靠性。平台需要建立安全的数据存储和传输机制,保护质量信息不受篡改和泄露。同时,为了确保数据的真实性,平台应该建立严格的数据验证体系,对数据进行审查和确认。这样可以防止虚假信息的传播,保障追溯数据的可信度,提高消费者对平台的信任度。

7. 技术支持与培训

技术支持与培训是质量追溯平台建设的必要环节。平台应该提供相关技术支持和培训,帮助农产品生产者和供应链各环节人员正确使用质量追溯平台。培训内容包括平台操作指南、数据录入要求、数据上传流程等,确保数据的正确记录和上传。技术支持和培训可以提高平台的使用效率,减少错误数据的产生,为追溯数据的准确性和及时性提供保障。

8. 合规管理

合规管理是质量追溯平台建设的重要保障措施。平台的建设必须符合相关法律法规和标准要求,保护消费者权益和隐私安全。平台需明确数据收集和使用的合法性,保障消费者个人信息的隐私安全。同时,平台应该建立健全的食品安全管理体系,严格执行产品质量标准和安全措施。合规管理是平台信誉的体现,也是消费者放心购买的保障。

通过质量追溯平台的建设,农产品市场营销可以提高产品质量和安全,增加消费者的信任度,促进农产品市场的良性发展。同时,这也是一个有效的市场营销手段,让消费者更愿意购买品质有保障的农产品。

二、农产品市场营销的质量追溯平台应用

农产品市场营销质量追溯平台的应用在于为消费者提供农产品的全程追溯信息,保障农产品质量和安全,增强消费者对产品的信任。以下是质量追溯平台在农产品市场营销中的应用:

1. 产品信息透明化

通过这个平台,消费者可以轻松地获取农产品的详细信息,包括产地、生产过程、质量检测报告等。一方面,消费者可以通过扫描农产品包装上的二维码或输入产品编号,快速查询产品的来源和流通信息,真实了解产品的品质和安全状况。这种信息透明化能有效提高消费者对农产品的信任度和满意度。另一方面,农产品生产者和供应商也从中受益匪浅。他们可以通过质量追溯平台将产品信息全面、准确地记录和上传,展示产品的优势和质量保障

措施。通过这种途径,农产品的品牌价值和竞争优势得以凸显,有助于提升产品在市场中的知名度和美誉度。同时,农产品生产者还可以根据平台上的消费者反馈和需求信息,进行及时调整和改进产品,以满足市场的需求。此外,产品信息透明化还可以加强农产品市场的监管和管理。监管部门可以通过质量追溯平台对农产品的质量和安全进行实时监控和把关。一旦发现问题,可以及时采取措施,保障农产品市场的健康发展。这种监管机制可以有效提高农产品的质量和安全水平,对于消费者来说,购买农产品更加放心和可靠。

2. 安全保障

农产品市场营销质量追溯平台在安全保障方面发挥着重要作用。通过该平台,可以确保农产品的质量和安全信息得到有效管理和保护,从生产到销售的每个环节都能得到监控和验证,有效预防和应对可能出现的安全问题。首先,农产品质量追溯平台采用区块链技术,保障了数据的安全性和不可篡改性。区块链是一种分布式数据库技术,每个数据块都包含前一个数据块的信息和时间戳,任何数据的更改都会被记录在区块链中,且不可逆转。这种技术确保了农产品质量信息的真实性和可信度,避免了数据被篡改或伪造的可能性。其次,质量追溯平台实现了数据的共享与透明化。平台上的数据可以被生产者、供应商、批发商、零售商和消费者等各个参与方查看,实现了信息的共享和公开。这种透明化让每个环节的数据都可以被其他参与方核实,确保数据的准确性和可靠性。同时,对于违规行为,平台可以实施相应的惩罚措施,提高数据的真实性和可信度。此外,农产品质量追溯平台建立了验证机制,对数据进行审核和验证。这种机制可以确保数据的准确性和可靠性,防止虚假信息的传播。同时,平台还对数据的上传者进行身份认证,确保只有授权的人员可以录入和修改相关数据,增强数据的安全性。总体而言,农产品市场营销质量追溯平台在安全保障方面发挥着重要作用。通过区块链技术的应用、数据共享与透明化以及验证机制的建立,平台确保了农产品质量信息的真实性和可信度,有效预防和应对可能出现的安全问题,保障了农产品市场的健康发展和消费者的权益。

3. 品质证明

通过该平台,可以提供全方位的品质证明信息,帮助消费者了解农产品的质量和安全标准,增强消费者对产品的信心,促进市场的健康发展。首先,农产品质量追溯平台收集并记录了农产品的生产过程、采购渠道、运输情况等详细信息。这些数据可以帮助消费者了解农产品的种植或养殖环境、使用的农药或饲料、采摘或屠宰日期等关键信息,从而判断农产品的品质和安全水平。同时,平台还提供了产品的质量检测报告和认证证书,进一步证明产品的品质。其次,质量追溯平台采用区块链技术确保数据的可信度和完整性,为农产品提供了可靠的品质证明。此外,农产品质量追溯平台还提供了消费者评价和反馈功能,让消费者可以在平台上对购买的农产品进行评价和分享使用体验。这些真实的用户评价可以为其他消费者提供参考,帮助消费者做出更明智的购买决策。综上所述,农产品市场营销质量追溯平台在品质证明方面发挥着重要作用。通过收集全面的农产品信息、提供质量检测报告和认证证书、采用区块链技术保障数据可信度，以及提供消费者评价和反馈功能，平台为消费者提供了可靠的品质证明，增强了消费者对农产品的信心，促进了农产品市场的稳健发展。

4. 溯源查询

农产品市场营销质量追溯平台在溯源查询方面发挥着重要作用。通过该平台，消费者可以方便地查询农产品的溯源信息，追溯产品从生产到销售的全过程，获得更多关于产品的可靠信息，从而增加对农产品的信任度和满意度。首先，农产品质量追溯平台搭建了完善的溯源查询系统。消费者只需通过平台上的搜索功能或扫描产品上的二维码，就能轻松获取产品的溯源信息。这些信息包括农产品的种植或养殖地点、生产日期、采摘或屠宰过程、加工和包装环节，甚至是物流运输情况等。通过这些详细的溯源信息，消费者可以全面了解产品的生产和流通情况，确保产品的质量和安全。其次，质量追溯平台采用区块链技术确保数据的安全和可信。区块链技术是一种分布式数据库技术，所有的数据都被加密和存储在多个节点上，任何数据的更改都需要经过共识机制，保证数据的完整性和不可篡改性。这使得农产品的溯源信息更加可靠和透明，消费者可以放心查询产品的来源和质量信息。此外，溯源查询功能也促进了农产品的品牌建设和市场竞争力。在信息化时代，消费者对产品的质量和安全越来越关注，而农产品质量追溯平台为消费者提供了直接获取真实信息的途径，为优质农产品树立了良好的品牌形象。对于生产者来说，优质农产品通过平台的溯源查询功能，可以凸显自身的品质优势，增强市场竞争力，吸引更多消费者选择自己的产品。总而言之，农产品市场营销质量追溯平台在溯源查询方面的应用为消费者提供了方便、透明和可靠的产品溯源信息，增加了消费者对农产品的信任和满意度。同时，这也有助于提升农产品的品牌形象和市场竞争力，促进了整个农产品市场的健康发展。

5. 回溯追责

通过该平台，可以对农产品的生产和流通环节进行全程监控和记录，一旦出现质量问题，可以快速回溯追责，保障消费者的权益，同时促进农产品行业的规范发展。推动整个行业向着更加健康和可持续的方向发展。首先，质量追溯平台建立了完整的农产品生产和流通信息档案。从农产品的种植或养殖、采摘或屠宰、加工和包装、物流运输等环节，每个环节都有相应的数据记录。这些数据包括生产者的身份信息、生产时间、生产地点、加工工艺等，通过区块链等技术确保数据的安全和可信。一旦出现质量问题，可以通过平台快速查找到问题所在，实现对问题批次的精准追溯。其次，回溯追责功能保障了消费者的权益。在质量问题发生时，消费者可以通过平台查询到问题产品的全部生产和流通信息，了解问题的原因和责任所在。消费者可以及时向生产者或销售者反馈问题，获得解决方案或退换货服务。通过回溯追责，消费者的权益得到保障，也提高了生产者和供应链各环节的责任意识。此外，回溯追责功能也对农产品行业的规范发展产生积极影响。由于质量追溯平台的应用，各个环节都要严格遵守操作规范和质量标准,确保数据的真实和准确。同时,面对质量问题,生产者和供应链各参与方都会加强内部管理,提高产品质量,避免出现质量问题,提升整个行业的质量水平和竞争力。总体而言,农产品市场营销质量追溯平台在回溯追责方面的应用为农产品行业提供了监控和追责的有效手段。

农产品市场营销的质量追溯平台应用可以提高产品的透明度和安全性,增加消费者对产品的信任和认可,帮助农产品建立良好的品牌形象,提高市场竞争力,同时为生产者提供科学依据和决策支持,促进农产品市场的健康发展。

第四节　农产品市场营销的中介服务平台建设与应用

农产品市场营销的中介服务平台是一种专门为农产品生产者、供应商、批发商、零售商和消费者之间提供中介服务的信息化平台。这种平台通过利用现代科技手段,将各个参与方联系在一起,促进农产品的销售和交易,提高市场效率和资源利用率。

通过中介服务平台的应用,农产品的销售和流通变得更加高效和便捷,各个参与方能够更好地实现资源共享和互利共赢,促进农产品市场的健康发展。这种平台的兴起,不仅为农产品市场的推广和营销提供了新的方式,也为农产品产业的数字化转型和升级提供了有力支持。

一、农产品市场营销的中介服务平台建设

农产品市场营销的中介服务平台建设是指搭建一个连接农产品供应商和需求方的平台,以促进农产品的交易和流通。该平台可以充当信息传递、交易撮合、支付结算、物流配送等方面的中介角色,提供便捷高效的交易环境,从而推动农产品市场的发展和优化。中介服务平台的建设包括以下方面:

1. 规划和定位

规划和定位是农产品市场营销的中介服务平台建设中的首要步骤。在规划和定位阶段,需要对市场进行深入调研和分析,了解农产品市场的需求和特点,明确平台的定位和目标市场。首先,要进行市场调研,了解不同农产品的生产情况、销售渠道、消费者需求等信息。通过对市场的深入了解,可以找出市场中的痛点和需求,为平台的定位提供依据。其次,要明确平台的定位,即平台要提供哪些服务和功能,面向哪些参与方。农产品市场涉及生产者、供应商、采购商、物流公司、零售商等多个参与方,平台的定位要与这些参与方的需求相匹配,为每个环节提供专业化的服务。同时,要明确平台的目标市场,即平台要覆盖的地域范围和目标客户群体。不同地区和不同农产品的市场需求可能有所不同,平台要根据

实际情况确定目标市场,进行精准定位。在规划和定位的过程中,还需要考虑平台的商业模式和盈利方式。平台可以选择收取交易佣金、广告费用、服务费用等方式来获取收益。确定盈利方式后,需要确保平台的服务和功能能够为参与方带来足够的价值,吸引更多的用户使用平台。此外,还要考虑平台的发展前景和长远规划。随着农产品市场的发展和变化,平台需要具备一定的灵活性和可扩展性,能够及时调整和优化服务,满足市场不断变化的需求。

2. 技术支持

在农产品市场营销的中介服务平台建设中,技术支持是一个至关重要的方面。技术支持团队负责搭建和开发平台的技术架构,确保平台能够稳定运行和支持大量用户同时访问。他们需要选择合适的技术框架和数据库,并进行系统的开发和测试,确保平台的性能和安全性。在农产品市场营销平台中,涉及大量的数据收集、存储和处理工作。技术支持团队负责建立数据管理系统,确保数据的准确性和完整性,并采用安全措施保护用户的个人信息和交易数据,防止数据泄露和篡改。技术支持团队要密切关注用户的反馈和需求,不断优化平台的用户界面和功能,提高用户体验。他们会收集用户的意见和建议,进行系统的更新和升级,确保平台能够满足用户的需求和期望。此外,技术支持还会对平台的管理员和使用者提供培训和技术支持,帮助他们正确使用平台功能和解决问题。他们会提供在线帮助文档和技术支持渠道,及时解答用户的疑问和解决技术故障。除了日常的技术维护,技术支持团队会对平台进行持续的监控,确保平台的稳定运行。他们会及时发现和处理系统故障,确保平台的高可用性和稳定性。同时,他们还会不断改进平台的功能和性能,以适应市场的变化和用户的需求。只有拥有强大的技术支持,农产品市场营销的中介服务平台才能在激烈的市场竞争中脱颖而出,取得成功。技术支持的重要性不可忽视,它是保障平台顺利运营和用户满意度的关键因素。

3. 数据整合与共享

在农产品市场营销的中介服务平台建设中,数据整合与共享是至关重要的环节。平台需要整合不同来源的大量数据,包括生产者、供应商、批发商、零售商和消费者等各个参与方的数据。这些数据涵盖了农产品的品种、产地、生产过程、采购渠道、运输信息、质量检测等诸多方面。数据整合的过程需要确保数据的准确性和完整性,确保所有的数据都可以被有效地整合和共享。在数据整合的过程中,需要采用先进的数据处理技术和算法,确保数据的快速处理和准确分析。数据整合还需要遵循数据隐私和安全的原则,确保敏感数据不被泄露和滥用。数据共享是农产品市场营销平台的重要特点之一。通过数据共享,平台上的各个参与方可以共享农产品的相关信息,包括品种、产地、质量等,从而更好地了解市场需求和供应情况。同时,数据共享也促进了各参与方之间的合作与交流,提高了农产品市场的效率和透明度。数据整合与共享还可以帮助农产品市场营销平台进行数据分析和挖掘。通过对大量数据的分析,平台可以发现市场的趋势和规律,为农产品的推广和营销提供科学依据。

同时,数据挖掘还可以帮助平台发现潜在的市场机会和需求,为农产品的开发和创新提供指导。

中介服务平台的应用可以提高农产品的市场流通效率,拓展农产品的市场覆盖范围,增加农产品的销售渠道,促进供需双方的合作和互利共赢。同时,平台的建设也可以促进农产品市场的规范化和信息化,提升整个农产品市场的竞争力和发展水平。

二、农产品市场营销的中介服务平台应用

农产品市场营销的中介服务平台在实际应用中发挥着重要作用,为生产者、供应商、批发商、零售商和消费者等各个参与方之间提供高效便捷的交易和信息服务。以下是中介服务平台在农产品市场营销中的应用:

1. 信息发布与传递

农产品市场营销的中介服务平台在信息发布与传递方面发挥着关键作用。作为信息的汇聚和传递中心,平台通过整合来自各个环节的农产品信息,包括品种、产地、规格、质量、价格等数据,并定期发布农产品的价格信息和市场行情,让生产者和供应商及时了解市场动态,做出明智的经营决策。同时,平台也将农产品的品质和质量信息传递给消费者,包括产品的生产过程、质检报告、安全认证等,增加消费者对产品的信任和满意度。通过数据分析和挖掘技术,平台实现供需匹配信息的发布,帮助生产者调整生产计划,供应商找到适合的销售渠道,实现供需平衡和市场资源优化配置。此外,利用大数据分析技术,平台进行市场分析和趋势预测,帮助生产者和供应链各环节人员制定科学的市场营销策略,提高市场竞争力。通过信息的透明化和共享,农产品市场营销的中介服务平台推动了农产品市场的现代化发展,促进了农产品市场的健康运行,实现了生产者、供应商和消费者的共赢局面。

2. 供需匹配与撮合

农产品市场营销的中介服务平台在供需匹配与撮合方面发挥着关键作用。通过数据分析,平台可以准确地了解生产者提供的农产品种类、数量和质量等信息,同时收集消费者的需求和偏好,实时掌握市场供需情况。平台利用这些数据,进行供需匹配,即将生产者提供的农产品与消费者的需求进行精准匹配,确保农产品能够在合适的时间、合适的地点被合适的消费者购买。除了供需匹配,中介服务平台还承担着撮合的重要角色。在供应链中,涉及多个环节,例如生产者、供应商、批发商、零售商等,彼此之间需要进行交易和合作。中介服务平台通过数据分析和信息传递,促成不同环节之间的合作和交易,实现资源的共享和优化配置。例如,平台可以将生产者的农产品信息与供应商的需求进行撮合,使供应商可以从生产者处采购所需的农产品,同时帮助生产者找到稳定的销售渠道,增加农产品的销售量和市场份额。通过供需匹配与撮合,农产品市场营销的中介服务平台实现了农产品市场的高效运转和资源的优化配置。生产者可以更加准确地满足消费者的需求,提高产品的销售量和

市场竞争力。同时,供应链中的各个环节能够更好地合作和协调,提高整体运作效率,降低成本,增加收益。中介服务平台的应用促进了农产品市场的繁荣发展,为生产者和消费者创造了更多的经济和社会价值。

3. 支付与结算

在农产品市场营销的中介服务平台中,支付与结算是至关重要的环节。随着电子商务的兴起,线上交易成为主流,因此,中介服务平台必须建设高效、安全的支付与结算系统,以确保交易的顺利进行。首先,中介服务平台需要整合多种支付方式,为用户提供灵活多样的支付选择。这包括传统的银行转账、信用卡支付,以及更为便捷的第三方支付平台,如支付宝、微信支付等。通过整合多种支付方式,消费者可以根据自己的偏好和方便进行支付,提高了交易的便捷性和满意度。其次,支付与结算系统必须确保交易的安全性。中介服务平台需要采用先进的加密技术和安全措施,保护用户的支付信息不被泄露和滥用。同时,平台还应建立风险控制机制,及时发现和阻止可能存在的欺诈行为,保障交易的安全和可靠性。另外,支付与结算系统还要具备高效的处理能力。随着交易量的增加,平台需要能够及时处理大量的交易请求,避免出现延迟和错误。快速、准确的支付与结算系统能够提高交易的效率,增加用户的满意度,同时也有利于提高平台的交易量和市场份额。最后,支付与结算系统还需要具备良好的售后服务和客户支持。在交易过程中,可能会出现一些问题或纠纷,中介服务平台需要及时回应用户的需求和问题,解决交易中的疑虑和困扰,保障用户的权益和利益。

4. 物流配送

农产品市场营销的中介服务平台在物流配送方面应用广泛且至关重要。中介服务平台在物流配送方面的应用包括以下方面:

(1)建设高效的物流网络。中介服务平台通常与专业物流公司合作,建设高效的物流网络,覆盖广泛的地域范围。这样可以确保农产品从生产地快速、安全地运输到消费地,减少时间和空间上的距离,提高配送效率。

(2)实时物流跟踪。平台利用现代物流技术,为农产品配送过程提供实时跟踪和监控功能。消费者可以通过平台追踪订单的物流状态,了解产品所处位置,预计送达时间等信息,提高物流过程的透明度和消费者的满意度。

(3)灵活应对需求波动。农产品的供应和需求可能会因气候、季节、市场需求等因素发生波动。中介服务平台需要灵活调整物流配送计划,根据不同情况安排合理的运输路线和车辆,确保及时满足消费者的需求。

(4)货物安全和质量保障。中介服务平台需建立完善的物流管理制度,确保农产品在配送过程中得到妥善处理,避免产品的损坏和变质。同时,要确保配送过程符合食品安全标准和质量要求,保障消费者的健康和权益。

（5）优化配送成本。通过物流数据分析，中介服务平台可以优化配送路线和方式，降低运输成本，提高效率。同时，平台可以整合多个订单，实现批量配送，降低运输成本，为消费者提供更优惠的价格。

（6）环保与可持续性。中介服务平台可以推动采用环保型运输方式，如使用电动车辆或推广共享物流服务，减少对环境的影响，促进农产品配送的可持续发展。

5. 服务和支持

农产品市场营销的中介服务平台在服务和支持方面应用多种策略和技术，旨在提供全面且优质的服务，增强用户体验，以及支持农产品生产者和供应链的发展。以下是中介服务平台在服务和支持方面的应用：

（1）客户服务与咨询。中介服务平台建立了专业的客户服务团队，通过多种渠道（例如在线咨询、电话、电子邮件等）为用户提供即时咨询和帮助。消费者和农产品生产者可以通过平台获得关于产品信息、订单状态、物流跟踪等问题的解答，增强用户对平台的信任感。

（2）培训与支持。平台为农产品生产者和供应链各环节人员提供相关培训和支持，包括农产品质量管理、物流配送技巧、平台操作等方面。通过提供专业的培训和指导，平台帮助用户掌握相关技能，提高生产和运营水平。

（3）信息共享与学习。中介服务平台促进农产品生产者、供应商和消费者之间的信息共享和学习。平台上发布有关农产品市场趋势、营销策略、新技术应用等方面的文章和资讯，帮助用户了解市场动态，提高决策水平。

（4）问题解决与投诉处理。平台设立问题解决和投诉处理机制，及时回应用户的反馈和投诉，并采取有效措施解决问题。通过积极应对用户反馈，平台可提升用户满意度，维护良好的品牌声誉。

（5）社区互动与促销活动。中介服务平台建立了社区互动平台，鼓励用户在平台上进行交流和分享。平台还组织促销活动，如限时优惠、打折销售等，吸引更多用户参与和购买农产品。

（6）支持技术创新。中介服务平台积极支持技术创新，例如推广使用无人机进行农产品监测，引入人工智能技术进行数据分析等。这些创新技术可以提高农产品的质量和生产效率，帮助农产品生产者在市场中保持竞争力。

通过中介服务平台的应用，农产品的市场流通和销售过程更加高效、便捷、安全，有助于提升农产品市场的竞争力和发展水平，促进供需双方的合作和互利共赢。同时，中介服务平台的应用还可以推动农产品市场的规范化和信息化，促进整个农业产业链的优化和升级。

拓展案例

湖南省1000家企业3000个农产品入驻管理营销平台

为全面实施质量兴农、乡村振兴战略,湖南积极探索创新农业质量发展路径和品牌建设管理方式,在全省建立农产品"身份证"管理体系;即坚持市场导向,统一品牌建设、管理和营销策略,按照"生产有标准、质量可管控、产品有标识、信息可查询、营销有策略、政策可支撑"的要求,推进发展质量、提升品质、打造品牌、拓展市场,增强消费辨识度美誉度,提升"湘"字号农产品竞争力,促进湖南兴农强农。

湖南在推行农产品"身份证"管理中,一方面,以加强质量管理、集中展示品牌、推进现代营销为核心,建立管理平台。平台由湖南省农业农村厅主管、湖南省农产品质量安全协会承办,依托大数据、物联网,汇聚湖南数千个优质、特色农产品,进行集中展示和营销。平台支持分类检索、信息查询、产品追溯、生产场景展示、GIS地图追踪、投诉举报、农产品在线交易等。另一方面,以提升产品品质、强化品牌认知、增强竞争力为核心,构建湖南农产品"身份证"管理体系。重点构建生产标准体系、产品追溯体系、质量控制体系、监督管理体系、现代营销体系、制度保障体系等"六大体系",全面推行一个产品一个生产规范、一个品牌一套质量标准,统一标识、一品一码,细分市场、精准营销,加强质量安全全程控制,实行网格化监管责任制,建立企业和产品准入退出制度,旨在挖掘和彰显品牌核心价值,打造优异品质和精良品牌,更好地满足广大消费者绿色、优质、健康、风味等多样化个性化消费需求。

目前,湖南已制定推行2700余项农业技术规程和地方标准;全省1700余个绿色、有机、地理标志认证农产品全部实行"身份证"管理;1000余家农业企业近3000个优质、特色农产品入驻农产品"身份证"管理营销平台,实现线上销售;平台上线近2个月来,访问量已突破100万人次。

资料来源:黄星星,周胜燕,印睿,等.湖南大力推行农产品"身份证"管理　1000家企业3000个农产品入驻管理营销平台[J].中国质量万里行,2019(1):93.

思考题

1.信息化平台如何帮助农产品市场营销提高效率和降低成本?举例说明其中的关键功能和优势。

2.数据分析在农产品市场营销中的角色是什么?探讨信息化平台如何利用数据分析技术提供市场洞察和决策支持。

3.信息化平台对于农产品质量追溯和安全保障有何重要意义?阐述其如何确保农产品的质量和安全,如何增强消费者的信任度。

参考文献

［1］李崇光,赵宪军,周发明.农产品营销学［M］.4 版.北京:高等教育出版社,2021.

［2］库尔斯,乌尔.农产品市场营销学［M］.9 版.孔雁,译.北京:清华大学出版社,2021.

［3］马克思.资本论(第一卷)［M］.北京:人民出版社,2018.

［4］马克思.资本论(第三卷)［M］.北京:人民出版社,2018.

［5］包乌兰托亚,李中华.农产品营销与品牌建设［M］.北京:中国林业出版社,2020.

［6］廖桂平.农村信息化管理［M］.北京:清华大学出版社,2018.

［7］关红.农产品市场营销实践［M］.北京:中国农业大学出版社,2016.

［8］何瑶,邓宗胜,符立,等.农产品市场营销［M］.西安:西安交通大学出版社,2020.

［9］宋治国.农产品市场营销时代变革及创新路径研究［J］.中国果树,2023(1):146-147.

［10］任书娟."互联网+"背景下农产品市场营销的机遇、挑战与现实路径［J］.农业经济,
　　　2022(9):130-132.

［11］朱嫒玲.乡村振兴背景下农产品市场营销策略创新研究:评《农产品市场营销策略》
　　　［J］.中国瓜菜,2021,34(12):130-132.

［12］王华.信息时代农产品市场营销的现状及策略:评《农产品市场营销与电子商务》［J］.
　　　人民长江,2021,52(4):232.

［13］焦翔,辛绪红,李梦蛟,等.乡村振兴背景下提升农产品市场竞争力对策研究:以江苏为
　　　例［J］.农业经济,2023(5):128-130.

［14］李玉梅.探析新时期中国食品法律与规范标准:《食品法律法规与标准(第3版)》评述
　　　［J］.食品与机械,2023,39(1):251-252.

［15］陈熠,赵冠,张艳虹."一带一路"背景下我国农产品国际竞争力提升对策研究［J］.农场
　　　经济管理,2023(5):38-40.

［16］张会影,王宗英,田岩,等.我国绿色食品、有机农产品和地理标志农产品品牌竞争力提
　　　升对策研究［J］.农产品质量与安全,2022(4):65-68.

［17］李玉梅.乡村振兴视阈下河南农产品品牌建设策略探析［J］.中国管理信息化,2022,
　　　25(12):192-194.

［18］曾庆璐,孟琪,张国宝.安徽怀远石榴品牌拓展路径探索［J］.合作经济与科技,2023
　　　(2):80-82.

[19]梁瑞华.全国统一大市场背景下农产品批发市场的发展战略研究[J].中国商论，2023(3):5-8.

[20]林秋雄.基于乡村振兴战略背景的农产品电商物流发展困境及对策探讨[J].物流工程与管理，2023,45(3):84-86.

[21]廖峰.供求理论视角下农产品区域公用品牌溢价机制研究:基于"丽水山耕"的个案分析[J].丽水学院学报，2022,44(1):1-10.

[22]宫丽云,李玉萍.农产品区域品牌长效发展研究:以丽水山耕为例[J].农业与技术，2020(3):148-151.

[23]廖峰,李少敏.农产品区域公用品牌可持续发展亟待妥善处理的十大关系:基于多学科视角下的"丽水山耕"个案研究[J].丽水学院学报，2019,41(3):1-6.

[24]陈震宇,陈晓荣,罗琳燕,等.农产品冷链物流标准化引领行业高质量发展[J].质量与市场，2023(11):4-6.

[25]尤璞,宋丽龄,姚啸颖,等.基于区块链的生鲜农产品冷链物流可追溯体系设计研究[J].物流科技，2023,46(13):122-124.

[26]田亚军,张正佳,迟亮,等.我国农产品冷链物流发展现状、问题与建议[J].中国食物与营养，2023,29(5):28-31.

[27]黄俐舒.鲜活农产品物流仓储问题研究[J].物流工程与管理，2021,43(11):99-101.

[28]张成鹏,张义博,宋霞.平台经济下农产品供需匹配模式研究[J].价格理论与实践，2023(3):38-43.

[29]毕玉枝,朱俊.乡村振兴背景下百色山茶油营销推广策略研究[J].南方农机，2023,54(2):93-96.

[30]雷瑞芳.成品油销售企业营销创新探讨[J].市场周刊(理论版),2020(29):67.

[31]鲁怀坤.论观光农业及其发展[J].学习论坛，2002(7):31-33.

[32]生秀东.订单农业的契约困境和组织形式的演进[J].中国农村经济，2007(12):35-39,46.

[33]国家发展改革委宏观院和农经司课题组.推进我国农村一二三产业融合发展问题研究[J].经济研究参考，2016(7):26-44.

[34]李道亮.物联网与智慧农业[J].农业工程，2012(1):1-7.

[35]李国英."互联网+"背景下我国现代农业产业链及商业模式解构[J].农村经济，2015(9):29-33.

[36]孙俊娜,胡文涛,汪三贵.数字技术赋能农民增收:作用机理、理论阐释与推进方略[J].改革，2023(6):73-82.

[37]刘肖冰.乡村振兴视域下红旗渠红色文化资源融入文旅文创设计[N].中国文化报，2023-03-28(3).